Cómo suprimir las preocupaciones
y disfrutar de la vida

Diseño de tapa: María L. de Chimondeguy / Isabel Rodrigué

DALE CARNEGIE

Cómo suprimir las preocupaciones
y disfrutar de la vida

EDICIÓN REVISADA

Traducción de
MIGUEL DE HERNANI

EDITORIAL SUDAMERICANA
BUENOS AIRES

VIGÉSIMO TERCERA EDICIÓN POCKET
Junio de 1999
PRIMERA EDICIÓN EN MÉXICO
Octubre 2000
QUINTA REIMPRESIÓN EN MÉXICO
Marzo de 2003

ISBN 968-11-0453-6

Título del original en inglés
How to Shop Worrying Start Living

This edition Publisher by arrangement whit the original
publisher, Simon & Schuster, New York.

IMPRESO EN MÉXICO / PRINTED IN MEXICO

Esta obra se terminó de imprimir en marzo de 2003 en
Impresiones Gráficas de Arte Mexicano, S.A. de C.V.
Venado 104, Col. Los Olivos, México, D.F.

*Este libro está dedicado a un hombre
que no necesita leerlo: Lowell Thomas*

PREFACIO

CÓMO Y POR QUÉ FUE ESCRITO ESTE LIBRO

En 1909, yo era uno de los jóvenes más desgraciados de Nueva York. Me ganaba la vida vendiendo camiones. No sabía qué era lo que hacía andar a un camión. Y esto no era todo: tampoco quería saberlo. Despreciaba mi oficio. Despreciaba mi barata habitación amueblada de la Calle 58 Oeste, una habitación llena de cucarachas. Recuerdo todavía que tenía una serie de corbatas colgando de la pared y que, cuando tomaba una de ellas por las mañanas, las cucarachas huían en todas direcciones. Me deprimía tener que comer en restaurantes baratos y sucios que probablemente también estaban infestados de cucarachas.

Volvía todas las noches a mi solitaria habitación con un terrible dolor de cabeza, un dolor de cabeza que era producto de la decepción, la preocupación, la amargura y la rebeldía. Me rebelaba porque los sueños que había alimentado en mis tiempos de estudiante se habían convertido en pesadillas. ¿Era esto la vida? ¿Era esto la aventura que había esperado con tanto afán? ¿Era esto lo que la vida significaría siempre para mí: trabajar en un oficio que desdeñaba, vivir con las cucarachas, alimentarme con pésimas comidas, sin esperanzas para el futuro? Ansiaba tener ocios para leer y para escribir los libros que había soñado escribir en mis tiempos de estudiante.

Sabía que tenía mucho que ganar y nada que perder si abandonaba el oficio que despreciaba. No me interesaba hacer mucho dinero sino vivir intensamente. En pocas palabras: había llegado al Rubicón, al momento de la deci-

9

sión que enfrentan la mayoría de los jóvenes cuando se inician en la vida. En consecuencia, tomé una decisión, una decisión que cambió completamente mi futuro. Hizo mis últimos treinta y cinco años más felices y compensadores que en mis aspiraciones más utópicas.

Mi decisión fue ésta: abandonaría el trabajo que odiaba y, como había pasado cuatro años en el Colegio Normal del Estado de Warrensburg, Missouri, preparándome para la enseñanza, me ganaría la vida enseñando en las clases de adultos de las escuelas nocturnas. De este modo tendría mis días libres para leer libros, preparar conferencias y escribir novelas y cuentos. Quería "vivir para escribir y escribir para vivir".

¿Qué tema enseñaría a los adultos por las noches? Al recordar y evaluar mi preparación universitaria, vi que el adiestramiento y la experiencia que tenía como orador me habían servido en los negocios —y en la vida— más que el conjunto de todas las demás cosas que había estudiado. ¿Por qué? Porque habían eliminado mi timidez y mi falta de confianza en mí mismo y me habían procurado valor y aplomo para tratar con la gente. También me habían hecho ver que el mando corresponde por lo general a la gente que puede ponerse de pie y decir lo que piensa.

Solicité un cargo de profesor de oratoria en los cursos nocturnos de ampliación de las Universidades de Columbia y Nueva York, pero las dos decidieron que podían arreglarse sin mi ayuda.

Quedé entonces decepcionado, pero ahora doy gracias a Dios de que me rechazaran, porque comencé a enseñar en las escuelas nocturnas de la Asociación Cristiana de Jóvenes, donde tenía que obtener resultados concretos y obtenerlos rápidamente. ¡Cómo me vi puesto a prueba! Estos adultos no venían a mis clases en busca de títulos universitarios o de prestigio social. Venían por una sola razón: querían resolver sus problemas. Querían ser capaces de ponerse de pie y decir unas cuantas palabras en una reunión de negocios sin desmayarse de miedo. Los vendedores querían poder visitar a un cliente difícil sin tener que dar tres vueltas a la cuadra concentrando valor. Querían desarrollar el aplomo y la confianza en sí mismos. Querían progresar en sus negocios. Querían disponer de más dinero para sus familias. Y como pagaban su instrucción a plazos —dejaban de pagar si no obtenían resultados—, y a mí se me pagaba sólo un porcentaje de los beneficios, tenía que ser práctico si quería comer.

En aquel tiempo me dije que estaba enseñando en condiciones desfavorables, pero ahora comprendo que obtenía un adiestramiento magnífico. *Tenía* que motivar a mis alumnos. *Tenía* que ayudarlos a *resolver sus problemas. Tenía que hacer cada sesión tan interesante que provocara en ellos el deseo de continuar.*

Era un trabajo que me entusiasmaba y que me gustaba. Quedé atónito al ver cuán rápidamente estos profesionales del comercio adquirían confianza en sí mismos y se aseguraban en muchos casos ascensos y aumentos de remuneración. Las clases iban constituyendo un triunfo que excedía de mis esperanzas más optimistas. Al cabo de tres sesiones, la Asociación Cristiana de Jóvenes que me había negado un salario de cinco dólares por noche, me estaba pagando treinta dólares por noche de acuerdo con el porcentaje. En un principio enseñé sólo oratoria, pero con el correr de los años vi que estos adultos también necesitaban la habilidad de ganar amigos e influir en las personas. Como no podía encontrar un texto adecuado sobre las relaciones humanas, lo escribí yo mismo. Fue escrito... Pero no, no fue escrito al modo habitual: surgió de las experiencias de los adultos en estas clases. Lo llamé *Cómo ganar amigos e influir sobre las personas.*

Como fue escrito únicamente como un libro de texto para mis propias clases de adultos, y como ya había escrito otros cuatro libros de los que nadie ha oído hablar jamás, nunca soñé que éste tendría una venta considerable; soy quizás uno de los autores más asombrados que actualmente existen.

A medida que corrían los años, fui comprendiendo que otro de los grandes problemas de estos adultos era la *preocupación.* Una gran mayoría de mis alumnos estaban dedicados a los negocios, como gerentes, vendedores, ingenieros, contadores; constituían una sección transversal de todos los oficios y profesiones. ¡Y casi todos tenían sus problemas! Había mujeres en las clases: profesionales y amas de casa. ¡Y también tenían sus problemas! Era manifiesto que necesitaba un libro de texto sobre el modo de imponerse a la preocupación; por lo tanto, traté de encontrar uno. Fui a la gran Biblioteca pública neoyorquina de la Quinta Avenida y la Calle 42 y descubrí con asombro que este centro sólo tenía veintidós libros bajo el rubro PREOCUPACIÓN. También advertí, muy divertido, que tenía ciento ochenta y nueve libros bajo el rubro de GUSANOS. *¡Había casi nueve veces más libros sobre gusanos que sobre preocupaciones!* Asombroso, ¿no es así? Como la preocupación es uno de los mayores problemas que encara la humanidad, cabría suponer que todos los centros de enseñanza secundaria y universitaria del país darían un curso sobre "Cómo librarse de la preocupación". Sin embargo, si es que hay un curso así en una universidad cualquiera del país, nunca he oído hablar de él. No es extraño que David Seabury dijera en su libro *Cómo preocuparse eficazmente (How to Worry Successfully):* "Llegamos a la madurez con tan poca preparación para las presiones de la experiencia como un gusano de libro al que se le pidiera un ballet".

¿El resultado? Más de la mitad de las camas de hospitales están ocupadas por personas con enfermedades nerviosas o emocionales.

Hojeé esos veintidós libros sobre preocupaciones que descansaban en los estantes de la Biblioteca Pública de Nueva York. Además, adquirí todos los libros sobre el tema que pude encontrar. Sin embargo, no pude descubrir ninguno utilizable como texto en mi curso para adultos. Fue así como decidí escribir uno yo mismo.

Comencé a prepararme para escribir este libro hace siete años. ¿Cómo? Leyendo lo que filósofos de todas las épocas habían escrito acerca de la preocupación. También leí cientos de biografías, desde Confucio a Churchill. También tuve entrevistas con docenas de personas destacadas en todos los campos de la vida, como Jack Dempsey, el general Omar Bradley, el general Mark Clark, Henry Ford, Eleanor Roosevelt y Dorothy Dix. Esto fue sólo el comienzo.

Pero también hice algo que era más importante que las entrevistas y las lecturas. Trabajé durante cinco años en un laboratorio para librarse de las preocupaciones, un laboratorio que funcionaba en nuestras propias clases de adultos. Que yo sepa, es el primero y único laboratorio de su clase en el mundo. Lo que hicimos es esto: dimos a los alumnos una serie de normas sobre cómo dejar de preocuparse y les pedimos que aplicaran estas normas a sus propias vidas y dijeran después a la clase los resultados obtenidos. Otros dieron cuenta de las técnicas que habían utilizado en el pasado.

Como resultado de esta experiencia, creo haber escuchado más conversaciones acerca de "Cómo me libré de la preocupación" que cualquier otro individuo que haya pasado jamás por este mundo. Además, leí cientos de otras declaraciones sobre "Cómo me libré de la preocupación"; eran declaraciones que se me enviaban por correo, declaraciones que ganaron premios en nuestras clases, organizadas en todo el mundo. Por tanto, este libro no ha salido de una torre de marfil. Tampoco es una prédica académica sobre el modo en que la preocupación *podría* ser vencida. Por el contrario, he tratado de escribir *un informe ágil, conciso y documentado sobre el modo en que la preocupación ha sido vencida por miles de adultos.* Una cosa es cierta: este libro es práctico. Todos pueden hincarle los dientes.

"La ciencia es una colección de recetas afortunadas", dice el filósofo francés Valéry. Tal cosa es este libro: una colección de recetas afortunadas y sancionadas por el tiempo para librar nuestras vidas de la preocupación. Sin embargo, permítaseme una advertencia: no ha de encontrarse en él nada nuevo, sino muchas cosas que generalmente no se aplican. Y, si vamos a esto, ni usted ni yo necesitamos que nos digan nada nuevo. Sabemos lo bastante para llevar unas vidas perfectas. Todos hemos leído la regla áurea y el Sermón de la Montaña. Nuestro punto flaco no es la ignorancia, sino la inacción. La finalidad de este libro es refirmar, ilustrar, estilizar, acondicionar y glorificar una serie de antiguas y básicas verdades. Y, al mismo tiempo, darle a usted un golpe en la espinilla e inducirlo a hacer algo para aplicarlas.

Usted no ha tomado este libro para enterarse de cómo fue escrito. Usted quiere acción. Muy bien, vamos a ello. Lea la Parte I y la Parte II de este libro, y si no siente para entonces que ha adquirido un poder nuevo y una nueva inspiración para vencer a la preocupación y disfrutar de la vida, tire el libro al cajón de la basura. Éste no es para usted.

DALE CARNEGIE

Nueve sugerencias sobre la manera de obtener el máximo provecho de este libro

1. Si usted desea obtener el máximo provecho de este libro, hay una condición indispensable, algo esencial que es infinitamente más importante que cualquier norma o técnica. Como no cuente usted con este requisito fundamental, un millar de normas acerca del modo de estudiar le servirán de muy poco. Y si dispone de esta facultad cardinal, conseguirá usted maravillas sin necesidad de leer indicaciones sobre la manera de conseguir el provecho máximo de un libro.

¿En qué consiste esta mágica condición? *Sólo en esto: un fervoroso deseo de aprender, la vigorosa determinación de librarse de la preocupación y de comenzar a vivir.*

¿Cómo puede crearse este afán? Recordando constantemente cuán importantes son estos principios para usted. Imagínese lo que ha de ayudarle el dominarlos para llevar una vida más rica y feliz. Dígase usted una y otra vez: "Mi paz de espíritu, mi felicidad, mi salud y tal vez hasta mis ingresos dependerán en gran parte, a la larga, de la aplicación de las viejas, evidentes y eternas verdades que se enseñan en este libro".

2. Lea cada capítulo rápidamente en un principio, a fin de obtener de él un cuadro a vista de pájaro. Tal vez sienta la tentación de pasar en seguida al capítulo siguiente. Pero no lo haga. A no ser que esté usted leyendo únicamente como pasatiempo. Pero si está usted leyendo porque quiere dejar de preocuparse y comenzar a vivir, retroceda y *lea de nuevo a fondo cada capítulo.* A la larga, esto significará ahorrar tiempo y obtener resultados.

3. *Deténgase frecuentemente en su lectura para pen-*

sar acerca de lo que está leyendo. Pregúntese cómo y cuándo puede aplicar cada sugerencia. Este modo de leer le ayudará mucho más que correr como un lebrel tras un conejo.

4. *Lea con un bolígrafo resaltador en la mano y, cuando llegue a una indicación que le parezca utilizable, trace una línea junto a ella.* Si es una indicación muy importante, subraye todas sus frases o márquelas con "XXXX". Marcar y subrayar un libro es hacerlo más interesante y de mucha más fácil revisión.

5. Conozco a una mujer que ha sido gerente de una oficina de una importante empresa de seguros durante cinco años. Lee todos los meses todos los contratos de seguros que emite la compañía. Sí, lee los mismos contratos mes tras mes, año tras año. ¿Por qué? Porque la experiencia le ha enseñado que es éste el único modo de tener claramente en la cabeza las diversas cláusulas.

En una ocasión pasé casi dos años escribiendo un libro sobre oratoria y, sin embargo, tenía que volver de cuando en cuando sobre mis pasos para recordar lo que había escrito en mi propio libro. Es asombrosa la rapidez con que olvidamos.

Por tanto, si usted quiere obtener un beneficio real y duradero de este libro, no se imagine que una lectura superficial será suficiente. Después de leerlo detenidamente, debe dedicar todos los meses varias horas a repasarlo. Téngalo todos los días sobre su mesa de trabajo, frente a usted. Hojéelo con frecuencia. Fomente constantemente la impresión de que son muy ricas las posibilidades que existen todavía para usted mar afuera. Recuerde que el uso de estos principios sólo puede convertirse en un hábito inconsciente mediante una vigorosa campaña de revisión y aplicación. No hay otro modo.

6. Bernard Shaw observó una vez: "Si se enseña algo a un hombre, nunca lo aprenderá". Shaw tiene razón. *Aprender es un proceso activo. Aprendemos actuando. Así, si usted desea dominar los principios que está estudiando en este libro, haga algo en relación con ellos. Aplique estas normas en todas las oportunidades que se le presen-*

ten. Si no lo hace, las olvidará rápidamente. Sólo el conocimiento que se utiliza queda grabado en el espíritu.

Probablemente le parecerá difícil aplicar estas recomendaciones todo el tiempo. Lo sé, porque yo soy quien ha escrito este libro y, sin embargo, me ha resultado difícil muchas veces aplicar cuanto aquí propongo. Por tanto, mientras lee este libro, recuerde que no está usted limitándose a adquirir información. Está usted tratando de formarse nuevos hábitos. Sí, está usted intentando un nuevo modo de vida. Esto reclamará tiempo, perseverancia y una aplicación cotidiana.

Refiérase, pues, con frecuencia a estas páginas. Considere este libro como un manual en activo sobre el modo de vencer a la preocupación y, cuando se vea ante un grave problema, no se ponga todo exaltado. No haga la cosa natural, la cosa impulsiva. Esto es por lo general una equivocación. En lugar de ello, vuelva a estas páginas y revise los párrafos que haya usted subrayado. Después, pruebe estos nuevos modos y observe cómo obran maravillas para usted.

7. *Ofrezca a los miembros de su familia o amigos una suma de dinero por cada vez que sea sorprendido violando uno de los principios propugnados en este libro. ¡Lo mantendrá en vilo!*

8. Vaya a las páginas 238 y 239 de este libro y lea cómo el banquero de Wall Street H. P. Howell y el bueno de Ben Franklin corrigieron sus equivocaciones. ¿Por qué no utiliza las técnicas de Howell y Franklin para verificar el modo en que aplicaron los principios de este libro? Si lo hace, resultarán dos cosas.

Primeramente, se verá usted dedicado a un proceso educativo que es interesantísimo y de un valor incalculable.

En segundo lugar, verá usted que su capacidad para el trato de gentes crece y se extiende como un verde laurel.

9. Lleve un diario, un diario en el que consigne todos sus triunfos en la aplicación de estos principios. Sea concreto. Incluya nombres, fechas, resultados. Llevar un registro así lo inducirá a grandes esfuerzos. ¡Y qué interesantes serán estas anotaciones cuando las recorra durante alguna velada, transcurridos ya los años!

En síntesis

1. Desarrolle un fervoroso deseo de dominar los principios de vencer la preocupación.
2. Lea cada capítulo dos veces antes de pasar al siguiente.
3. Mientras lee, deténgase con frecuencia para preguntarse cómo aplica cada sugerencia.
4. Subraye toda idea importante.
5. Repase el libro todos los meses.
6. Aplique estos principios en todas las oportunidades. Use este volumen como un manual en activo que le ayuda a resolver sus problemas cotidianos.
7. Haga un juego de su aprendizaje ofreciendo a alguna persona amiga una moneda por cada vez que sea sorprendido por ella violando uno de estos principios.
8. Verifique todas las semanas el progreso que está haciendo. Pregúntese qué equivocaciones ha cometido, cómo ha mejorado, qué lecciones ha aprendido para el futuro.
9. Lleve un diario junto a este libro que muestre cómo y cuándo ha aplicado estos principios.

PRIMERA PARTE

Datos fundamentales
que debe saber
acerca de la preocupación

1
VIVA EN "COMPARTIMIENTOS ESTANCOS"

En la primavera de 1871 un joven tomó un libro y leyó veintidós palabras que tuvieron un profundo efecto en su futuro. Estudiante de Medicina en el Hospital General de Montreal, estaba preocupado por sus exámenes finales, lo que debía hacer, adónde iría, cómo se crearía una clientela, cómo se ganaría la vida.

Las veintidós palabras que este joven estudiante de Medicina leyó en 1871 lo ayudaron a convertirse en el médico más famoso de su generación. Organizó la mundialmente famosa Escuela de Medicina Johns Hopkins. Se convirtió en *Regius Professor* de Medicina en Oxford, lo que constituye el mayor honor que se puede conceder a un médico en el Imperio Británico. Fue hecho caballero por el Rey de Inglaterra. Cuando murió, hicieron falta dos volúmenes con 1466 páginas para contar la historia de su vida.

Su nombre es Sir William Osler. Aquí están las veintidós palabras que leyó en la primavera de 1871, las veintidós palabras de Thomas Carlyle que lo ayudaron a vivir libre de preocupaciones: *"Lo principal para nosotros es no ver lo que se halla vagamente a lo lejos, sino lo que está claramente a mano".*

Cuarenta y dos años después, en una suave noche de primavera, cuando los tulipanes florecían en los jardines, Sir William Osler habló a los estudiantes de la Universidad de Yale. Dijo a estos estudiantes que solía suponerse que un hombre como él, que había sido catedrático en cuatro universidades y había escrito un libro muy leído, tenía "un cerebro de calidad especial". Declaró que esto era inexacto. Dijo que sus más íntimos amigos sabían que su cerebro era "de la naturaleza más mediocre".

¿Cuál era, entonces, el secreto de su triunfo? Manifestó que éste era debido a lo que llamó vivir en "compartimientos estancos". ¿Qué quería decir con esto? Pocos meses antes de hablar en Yale, Sir William Osler había cruzado el Atlántico en un gran paquebote donde el capitán, de pie en el puente, podía apretar un botón y, ¡zas!, se producía un estrépito de maquinaria y varias partes del barco quedaban aisladas entre ellas, aisladas en compartimientos estancos. Y el Dr. Osler dijo a los estudiantes: "Ahora bien, cada uno de vosotros es una organización mucho más maravillosa que el gran paquebote, y efectúa un viaje más largo. Lo que os pido es que aprendáis a manejar la maquinaria que os permita vivir en compartimientos estancos al día, como el mejor modo de garantizar la seguridad del viaje. Subid al puente y comprobad si por lo menos los grandes mamparos funcionan bien. Apretad el botón y escuchad, en todos los niveles de vuestra vida, las puertas de hierro que cierran el Pasado, los oyeres muertos. Apretad otro botón y cerrad, con una cortina metálica, el Futuro, los mañanas que no han nacido. Así quedaréis seguros, seguros por hoy... ¡Cerrad el pasado! Dejad que el pasado entierre a sus muertos. Cerrad los ayeres que han apresurado la marcha de los necios hacia un triste fin... Llevar hoy la carga de mañana unida a la de ayer hace vacilar al más vigoroso. Cerremos el futuro tan apretadamente como el pasado... El futuro es hoy... No hay mañana. El día de la salvación del hombre es aquí, ahora. El despilfarro de energías, la angustia mental y los desarreglos nerviosos estorban los pasos del hombre que siente ansiedad por el futuro... Cerrad, pues, apretadamente, los mamparos a proa y a popa y disponeos a cultivar el hábito de una vida en compartimientos estancos al día".

¿Quiso decir acaso el Dr. Osler que no debemos hacer esfuerzo alguno para preparar el futuro? No. En absoluto. Pero continuó diciendo en ese discurso que el mejor modo de prepararse para el mañana es concentrarse, con toda la inteligencia, todo el entusiasmo, es hacer soberbiamente hoy el trabajo de hoy. Es éste el único modo en que uno puede prepararse para el futuro.

Sir William Osler invitó a los estudiantes de Yale a comenzar el día con la oración de Cristo: "Danos hoy el pan nuestro de cada día".

Recordemos que esta oración pide el pan solamente *para hoy*. No se queja del pan rancio que comimos ayer y no dice tampoco: "¡Oh, Dios mío! Ha llovido muy poco últimamente en la zona triguera y podemos tener otra sequía. Si es así, ¿cómo podré obtener mi pan el próximo otoño? O supongamos que pierdo mi empleo... ¡Oh, Dios mío! ¿Cómo podré conseguir entonces mi pan cotidiano?"

No, esta oración nos enseña a pedir solamente el pan de *hoy*. El pan de hoy es el único pan que se puede comer.

Hace años un filósofo sin un centavo deambulaba por un país pedregoso donde las gentes se ganaban la vida de modo muy duro. Un día se congregó una multitud a su alrededor en una altura. Y el filósofo pronunció lo que constituye probablemente el discurso más citado de todos los tiempos: "No os cuidéis, pues, del mañana, porque el mañana cuidará de sus propias cosas. Cada día trae su afán".

Muchos han rechazado estas palabras de Jesús: "No os cuidéis del mañana". Han rechazado estas palabras como un consejo de perfección, como cosa de misticismo oriental. Y dicen: *"Tengo que* cuidarme del mañana. *Tengo que* asegurarme para proteger a mi familia. *Tengo que* ahorrar dinero para mi vejez. *Tengo que* establecer planes para salir adelante".

¡Claro que sí! Ello es indudable. Lo que pasa es que esas palabras de Jesús, traducidas hace más de trescientos años, no significan hoy lo que significaban durante el reinado del Rey Jacobo. Hace trescientos años la palabra *cuidado* significaba frecuentemente ansiedad. Las versiones modernas de la Biblia citan a Jesús con más exactitud al decir: "No tengáis ansiedad por el mañana".

Hay que cuidar del mañana por todos los medios, meditando, proyectando y preparándose. Pero sin ansiedades.

Durante la guerra, nuestros jefes militares *proyectaban* para el mañana, pero no podían permitirse el dejarse ganar por la ansiedad. El almirante Ernest J. King, que mandó la Marina de los Estados Unidos, dijo: "He proporcionado los mejores hombres con los mejores equipos y les he señalado la misión que parece más acertada. Es todo lo que puedo hacer". Y continuó: "Si hunden a uno de nuestros barcos, no puedo ponerlo a flote. Si está destinado a hundirse, no puedo evitarlo. Vale mucho más que dedique mi tiempo a los problemas de mañana que a enojarme con los de ayer. Además, si dejo que estas cosas se apoderen de mí, no duraré mucho tiempo".

En paz o en guerra, la principal diferencia entre el modo de pensar bueno y el malo radica en esto: el buen pensar examina las causas y los efectos y lleva a proyectos lógicos y constructivos; el mal pensar conduce frecuentemente a la tensión y a la depresión nerviosa.

Tuve el privilegio de visitar a Arthur Hays Sulzberger (1935-1961), editor de uno de los más famosos diarios del mundo, *The New York Times*. Sulzberger me dijo que, cuando la Segunda Guerra Mundial envolvió a toda Europa, quedó tan aturdido, tan preocupado por el futuro, que apenas podía dormir. Se levantaba muchas veces a medianoche, tomaba unas telas y unas pinturas, se miraba a un espejo e intentaba retratarse. No sabía nada de pintura, pero pintaba de todos modos, a fin de borrar de su espíritu las preocupaciones. Sulzberger también me dijo que nunca fue capaz de conseguir esto y encontrar la paz hasta que adoptó un lema de cinco palabras de un himno religioso: *Un paso me es bastante.*

> *Conduce, amable Luz...*
> *Mi guía tú serás, que lo distante*
> *no quiero ver; un paso me es bastante.*

Hacia aquella misma época, un joven de uniforme —en algún punto de Europa— estaba aprendiendo la misma lec-

24

ción. Se llamaba Ted Bengermino y era de Baltimore, Maryland. Estaba muy preocupado y cayendo en un caso agudo de agotamiento de combatiente.

Ted Bengermino escribe: "En abril de 1945 mis preocupaciones habían provocado lo que los médicos llaman un 'colon transverso espasmódico'. Es un estado que causa un intenso sufrimiento. Si la guerra no hubiese acabado cuando acabó, tengo la seguridad de que mi derrumbamiento físico hubiera sido completo.

"Mi agotamiento era total. Era suboficial a cargo del registro de sepulturas de la 94a. División de Infantería. Mi función consistía en ayudar a organizar y conservar los registros de los muertos, los desaparecidos y los hospitalizados. También tenía que ayudar a desenterrar los cadáveres de los soldados aliados o enemigos que habían caído y sido enterrados apresuradamente en hoyos superficiales en plena batalla. Tenía que reunir los efectos personales de estos hombres y procurar que los mismos fueran entregados a los padres o parientes cercanos que pudieran tenerlos en mucho. Siempre estaba con la preocupación de que pudiéramos cometer embarazosos y costosos errores. Me preguntaba si podría salir de todo aquello con bien. Me preguntaba si podría alguna vez tener en mis brazos a mi hijo único, un hijo de dieciséis meses, al que nunca había visto. Estaba tan preocupado y agotado que perdí más de quince kilos. Era un verdadero frenesí y me sentía fuera de quicio. Me miraba las manos, que apenas eran más que pellejo y huesos. Estaba aterrado ante la idea de volver a casa convertido físicamente en una ruina. Me sentía deprimido y lloraba como un chiquillo. Estaba tan trastornado que las lágrimas me brotaban en cuanto me veía a solas. Hubo un período poco después de iniciada la Batalla de la Saliente en que lloraba con tanta frecuencia que casi abandoné la esperanza de volver a considerarme un ser humano normal.

"Terminé en un dispensario del Ejército. Un médico militar me dio consejos que cambiaron mi vida por completo. Después de hacerme un examen físico detenido me dijo que mi enfermedad era mental. Me dijo esto: 'Ted, quiero que se diga usted que su vida es como un reloj de arena. Usted sabe que hay miles de granos de arena en lo alto de tales artefactos y que estos granos pasan lentamente por el estrecho cuello del medio. Ni usted ni yo podríamos hacer que los granos pasaran más de prisa sin estropear el reloj. Usted, yo y cualquier otro somos como relojes de arena. Cuando empezamos la jornada, hay ante nosotros cientos de cosas que sabemos que tenemos que hacer durante el día, pero, si no las tomamos una a una y hacemos que pasen por el día lentamente y a su debido ritmo, como pasan los granos por el estrecho cuello del reloj de arena, estamos destinados a destruir nuestra estructura física o mental, sin escapatoria posible'.

"He practicado esta filosofía en todo instante desde que un médico militar me la proporcionó. 'Un grano de arena cada vez... Una tarea cada vez.' Este consejo me salvó física y mentalmente durante la guerra y también me ha ayudado en mi situación presente en la profesión. Soy empleado verificador de existencias de la Compañía de Crédito Comercial de Baltimore. Vi que había en mi profesión los mismos problemas que habían surgido durante la guerra: docenas de cosas que había que hacer en seguida, con muy poco tiempo para hacerlas. Las existencias eran insuficientes. Teníamos que manejar nuevos formularios, que hacer una nueva distribución de las existencias, que cambiar direcciones, que abrir y cerrar oficinas y que abordar otros muchos asuntos. En lugar de ponerme tenso y nervioso, recordé lo que el médico me había dicho: 'Un grano de arena cada vez, una tarea cada vez'. Repitiéndome estas palabras a cada instante, realicé mi trabajo de un modo muy eficiente y sin aquella sensación de confusión y aturdimiento que estuvo apunto de acabar conmigo en el campo de batalla."

Uno de los comentarios más aterradores sobre nuestro actual modo de vida es recordar que la mitad de las camas de nuestros hospitales están ocupadas por pacientes con enfermedades nerviosas y mentales, por pacientes que se han derrumbado bajo la abrumadora carga de los acumulados ayeres y los temidos mañanas. Sin embargo, una gran mayoría de estas personas estarían paseándose hoy por las calles, llevando vidas felices y útiles, con sólo haber escuchado las palabras de Jesús: *"No tengáis ansiedad por el mañana"*; o las palabras de Sir William Osler: *"Vivid en compartimientos estancos"*.

Usted y yo estamos en este instante en el lugar en que se encuentran dos eternidades: el vasto pasado que ya no volverá y el futuro que avanza hacia la última sílaba del tiempo. No nos es posible vivir en ninguna de estas dos eternidades, ni siquiera durante una fracción de segundo. Pero, por intentar hacerlo, podemos quebrantar nuestros cuerpos y nuestros espíritus. Por tanto, contentémonos con vivir el único tiempo que nos está permitido vivir: desde ahora hasta la hora de acostarnos. "Todo el mundo puede soportar su carga, por pesada que sea, hasta la noche. Todo el mundo puede realizar su trabajo, por duro que sea, durante un día. Todos pueden vivir suavemente, pacientemente, de modo amable y puro, hasta que el sol se ponga. Y esto es todo lo que la vida realmente significa." Así escribió Robert Louis Stevenson.

Sí, esto es todo lo que la vida exige de nosotros, pero la señora E. K. Shield, de Saginaw, Michigan, fue llevada a la desesperación —y hasta el borde del suicidio— antes de que aprendiera a vivir sólo hasta la hora de acostarse. La señora Shield me contó su historia y habló de este modo: "En 1937 perdí a mi marido. Estaba muy deprimida y casi sin un centavo. Escribí a mi anterior patrón, el señor Leon Roach, de la Roach-Fowler Company de Kansas City, y conseguí que me devolvieran mi antiguo empleo. Anteriormente me había ganado la vida vendiendo libros escolares a las juntas de enseñanza urbanas y rurales. Había vendido mi coche dos años antes, cuando mi marido cayó enfermo, pero me las arreglé y arañé el suficiente dinero para pagar la cuota de un coche de segunda mano, lo que me permitió vender libros de nuevo.

"Pensé que volver a las carreteras me ayudaría a vencer mi depresión, pero conducir y comer a solas resultó superior a mis fuerzas. Parte de mi territorio no producía mucho y tenía dificultades para pagar las cuotas del coche, aunque eran muy pequeñas.

"En la primavera de 1938 estaba trabajando por el contorno de Versailles, Missouri. Las escuelas eran pobres y los caminos malos; estaba tan solitaria y desalentada que llegué a pensar en el suicidio. Me parecía que el triunfo era imposible. Mi vida no tenía finalidad. Me asustaba el despertarme cada mañana para enfrentar la existencia. Tenía miedo de todo: de no poder pagar las cuotas del coche, de retrasarme en los alquileres de mi habitación, de no tener lo suficiente para comer. Temía que mi salud se quebrantara y que careciera de dinero para llamar al médico. Lo que me impedía suicidarme era pensar en la pena que causaría a mi hermana y en que no habría dinero para pagar mi entierro.

"Pero un día leí un artículo que me sacó de mi desaliento y me dio el valor de vivir. Nunca dejaré de agradecer a una inspirada frase de este artículo. Decía: 'Cada día es una nueva vida para el hombre sabio'. Copié esta frase y la coloqué en el parabrisas de mi automóvil; allí podía verla mientras conducía. Encontré que no resultaba tan duro vivir un solo día cada vez. Aprendí a olvidar los ayeres y a no pensar en los mañanas. Cada mañana, me decía: Hoy es una nueva vida.

"Había conseguido vencer mi miedo a la soledad, mi miedo a la pobreza. Ahora soy feliz y prospero bastante; poseo entusiasmo y tengo amor a la vida. Ahora sé que no debo nunca tener miedo, con independencia de lo que la vida me pueda reservar. Ahora sé que no debo temer al futuro. Ahora sé que debo vivir un día cada vez y que cada día es una nueva vida para el hombre sabio."

¿De quién se creerá que son los versos que siguen?

Feliz es sólo el hombre bien templado
que de hoy se hace dueño indiscutido,
que al mañana increparle puede osado:
"extrema tu rigor, que hoy he vivido".

Estas palabras parecen modernas, ¿no es así? Sin embargo, fueron escritas treinta años antes de que naciera Cristo por el poeta romano Horacio.

Una de las cosas más trágicas acerca de la naturaleza humana que yo conozca es la tendencia de todos nosotros a escapar de la vida. Todos soñamos con un mágico jardín de rosas que vemos en el horizonte, en lugar de disfrutar de las rosas que florecen al pie de nuestras ventanas.

Cabe preguntarse: ¿Por qué somos tan necios, tan trágicamente necios?

Stephen Leacock escribió: "¡Qué extraña es nuestra breve procesión por la vida! El niño dice: Cuando sea un chico grande. Pero ¿qué es eso? El chico grande dice: Cuando sea mayor. Y el mayor dice: Cuando me case. Pero ¿qué es ser casado, en fin de cuentas? El pensamiento cambia a: Cuando pueda retirarme. Y después, cuando llega el retiro, se vuelve la vista hacia el paisaje atravesado; parece correr por él un viento frío. Hay algo que no se ha logrado y que desaparece. La vida, según lo aprendamos demasiado tarde, está en vivir, en el tejido de cada día y cada hora".

El extinto Edward S. Evans, de Detroit, casi se mató con sus preocupaciones antes de comprender que la vida está "en vivir, en el tejido de cada día y cada hora". Criado en la pobreza, Edward Evans ganó su primer dinero vendiendo periódicos y después trabajó como empleado de un tendero. Más adelante, con siete bocas que alimentar, consiguió un empleo de ayudante de bibliotecario. La paga era ínfima, pero tenía miedo de abandonar la colocación. Pasaron ocho años antes de que se decidiera a proceder por su cuenta. Pero, una vez decidido, organizó con una inversión original de cincuenta y cinco dólares tomados a préstamo un negocio que le procuraba veinte mil dólares anuales. Después vino una helada, una helada terrible. Avaló un fuerte pagaré de un amigo y el negocio de éste quebró. Tras este desastre vino otro: el Banco donde tenía todo su dinero se hundió. No solamente perdió Evans cuanto tenía, sino que quedó con una deuda de dieciséis mil dólares. Sus nervios no podían resistir. Y me contó: "No podía ni dormir ni comer. Era una enfermedad extraña. *Las preocupaciones y nada más que las preocupaciones* provocaron esta enfermedad. Un día, cuando iba calle abajo me desmayé y caí en la acera. Ya no podía caminar. Me metieron en la cama y mi cuerpo se llenó de diviesos. Estos diviesos avanzaban hacia dentro, y permanecer en la cama se convirtió en una agonía. Cada día estaba más débil. Finalmente el médico me dijo que sólo tenía dos semanas más de vida. Quedé aterrado. Concentré toda mi voluntad y, tendido en el lecho, esperé mi fin. No había ya motivo para luchar o preocuparse. Me abandoné con profundo alivio y me dormí. No había dormido dos horas seguidas desde hacía semanas, pero, ahora, con mis problemas terrenales tocando a su término, dormí como una criatura. Mi agotamiento comenzó a desaparecer. Volvió mi apetito. Recuperé peso.

"Unas cuantas semanas después pude caminar con muletas. Y mes y medio después pude volver a trabajar. Había estado ganando veinte mil dólares por año; ahora me tenía que contentar con un empleo de treinta dólares semanales. Mi nuevo empleo consistía en vender tarugos que se colocan detrás de las ruedas de los automóviles cuando éstos son cargados. Tenía ya aprendida la lección. Se habían acabado las preocupaciones para mí; ya no me lamentaba de lo sucedido en el pasado; ya no tenía miedo del futuro. Concentré mi tiempo, mi energía y mi entusiasmo en la venta de esos tarugos."

Edward S. Evans subió ahora muy de prisa. En pocos años llegó a presidente de la compañía. Su compañía —la Evans Product Company— lleva ya mucho tiempo incluida en las cotizaciones de la Bolsa de Nueva York. Si alguna vez van ustedes por aire a Groenlandia, cabe que aterricen en el aeropuerto de Evans, un aeropuerto nombrado en su honor. Pero Edward S. Evans no hubiera conseguido estos triunfos si no hubiese aprendido a vivir en "compartimientos estancos".

Recordarán lo que dijo la Reina Blanca: "La regla es: mermelada mañana y mermelada ayer, pero nunca mermelada hoy". Casi todos nosotros nos lo pasamos preocupándonos por la mermelada de ayer y por la de mañana, en vez de untar ahora mismo la mermelada en nuestro pan.

Hasta el gran filósofo francés, Montaigne, cometió ese error. "Mi vida —dijo— ha estado llena de terribles desdichas, la mayoría de las cuales nunca ocurrieron." Lo mismo me ha pasado a mí... y a ustedes.

"Pensad —dijo Dante— que este día nunca volverá a amanecer." La vida se desliza con increíble rapidez. Nos precipitamos a través del espacio a más de treinta kilómetros por segundo. *Hoy* es nuestra posesión más valiosa. *Es lo único de que somos realmente dueños.*

Tal es la filosofía de Lowell Thomas. Recientemente pasé un fin de semana en su granja; observé que tenía en un marco que colgaba de la pared en su puesto de radiotransmisión, en forma que pudiera siempre verlas, las siguientes palabras del Salmo CXVIII:

> *Éste es el día hecho por el Señor;*
> *regocijémonos y alegrémonos en él.*

John Ruskin tenía sobre su mesa una simple piedra en la que estaba grabada una palabra: HOY. Y si yo no tengo una piedra sobre mi mesa, tengo pegado en mi espejo un poema que leo todas las mañanas al afeitarme, un poema que Sir William Osler siempre tenía a la vista, un poema escrito por el famoso dramaturgo indio Kalidasa:

SALUTACIÓN AL ALBA

> *¡Mira a este día!*
> *Porque es la vida, la mismísima vida de la vida.*
> *En su breve curso*
> *están todas las verdades y realidades de tu existencia:*
> > *La bendición del desarrollo,*
> > *la gloria de la acción,*
> > *el esplendor de las realizaciones...*
> *Porque el ayer es sólo un sueño*

y el mañana sólo una visión,
pero el hoy bien vivido hace de todo ayer un sueño
de felicidad
y de cada mañana una visión de esperanza.
¡Mira bien, pues, a este día!
Tal es la salutación del alba.

Por tanto, la primera cosa que se debe saber acerca de la preocupación es ésta: si quiere usted que no entre en su vida, haga lo que Sir William Osler hizo:

1. *Cierre las puertas de hierro al pasado y al futuro. Viva en compartimientos estancos al día.*

¿Por qué no se formula usted estas preguntas y escribe sus respuestas?
1. ¿Tiendo a huir de la vida presente con el fin de preocuparme por el futuro o añoro algún "mágico jardín de rosas que veo en el horizonte"?
2. ¿Amargo a veces mi presente lamentándome de cosas que sucedieron en el pasado, de cosas que terminaron y no tienen remedio?
3. ¿Me levanto por la mañana dispuesto a "tomar el día", a sacar el máximo provecho de estas veinticuatro horas?
4. ¿Puedo conseguir más cosas de la vida "viviendo en compartimientos estancos al día"?
5. ¿Cuándo comenzaré a hacer esto? ¿La semana próxima? ¿Mañana? *¿Hoy?*

2

UNA FÓRMULA MÁGICA PARA RESOLVER SITUACIONES DE PREOCUPACIÓN

¿Quieren ustedes una receta rápida y probada para enfrentar situaciones de preocupación, una técnica que se pueda utilizar desde ahora, antes de continuar esta lectura?

En tal caso, déjenme que les hable del método elaborado por Willis H. Carrier, el brillante ingeniero que creó la industria del aire acondicionado y que está ahora al frente de la mundialmente famosa Carrier Corporation en Syracuse, Nueva York. Es una de las mejores técnicas que conozca acerca del modo de resolver los problemas de la preocupación y la obtuve del propio señor Carrier cuando almorzamos juntos un día en el Club de Ingenieros de Nueva York.

El señor Carrier me dijo: "Cuando era joven, trabajé en la Buffalo Forge Company en Buffalo, Nueva York. Se me asignó la tarea de instalar un mecanismo para limpiar el gas en una fábrica de la Pittsburgh Plate Glass Company en Crystal City, Missouri; era una fábrica que costaba millones de dólares. La finalidad de esta instalación era eliminar las impurezas del gas, en forma que éste pudiera arder sin daño para las máquinas. Este método de purificación del gas era nuevo. Había sido probado sólo una vez con anterioridad y en condiciones diferentes. En mi trabajo de Crystal City surgieron dificultades imprevistas. La instalación funcionó a su modo, pero no lo bastante bien para hacer frente a la garantía que se había dado.

"Quedé abrumado por mi fracaso. Era casi como si al-

33

guien me hubiera dado un mazazo en la cabeza. Mi estómago y mi intestino comenzaron a causarme serias molestias. Durante algún tiempo estuve tan preocupado que no pude dormir.

"Finalmente el sentido común me recordó que la preocupación no me llevaba a ninguna parte; por lo tanto, elaboré un modo de tratar mi problema sin preocuparme. Este modo funcionó a las mil maravillas. He estado utilizando esta técnica desde hace más de treinta años. Es sencilla y cualquiera puede utilizarla. Consiste en tres pasos:

"Paso I. *Analicé la situación valientemente y con honradez y me imaginé lo peor que pudiera sucederme como consecuencia de este fracaso.* No iban a meterme en la cárcel ni a fusilarme. Esto era indudable. Existía, es cierto, la posibilidad de que perdiera mi trabajo y también la de que mis patrones tuvieran que retirar la maquinaria y perder los veinte mil dólares que habían invertido en la instalación.

"Paso II. *Después de imaginarme lo peor que pudiera sucederme, me hice a ello y lo acepté, si resultara necesario.* Me dije: este fracaso será un golpe para mi hoja de servicios y puede significar la pérdida de mi empleo, pero, si así fuera, siempre podré encontrar otro trabajo. Las condiciones pueden ser aún peores, y en lo que se refiere a mis patrones... Bien, tienen que comprender que estamos haciendo experimentos con un método nuevo de purificar el gas y, si este ensayo les cuesta veinte mil dólares, pueden soportarlo perfectamente. Pueden cargarlo a investigaciones, porque se trata de un experimento.

"Después de descubrir lo peor que pudiera sucederme, de hacerme a ello y de aceptarlo, si resultara necesario, ocurrió algo en extremo importante: inmediatamente, sentí un alivio y una paz que no había experimentado desde hacía días.

"Paso III. *Desde entonces, dediqué con calma mi tiempo y mi energía a tratar de mejorar lo peor que ya tenía mentalmente aceptado.*

"Traté ahora de dar con el modo y los medios de reducir la pérdida de veinte mil dólares que encarábamos. Hice varias pruebas y finalmente llegué a la conclusión de que, si invertíamos otros cinco mil dólares de equipo, nuestro problema quedaría resuelto. Hicimos esto y, en lugar de que la firma perdiera veinte mil dólares, ganamos quince mil.

"Probablemente nunca hubiera conseguido esto si hubiese continuado preocupándome, porque una de las peores características de la preocupación es que destruye nuestra capacidad de concentración. Cuando nos preocupamos, nuestros espíritus andan de aquí para allí, sin pararse en ninguna parte, en forma que perdemos toda facultad de decidirnos. En cambio, cuando nos obligamos a encarar lo peor y a aceptarlo mentalmente, eliminamos todas esas imaginaciones y nos colocamos en condiciones de concentrarnos en nuestro problema.

"Este incidente que he relatado ocurrió hace muchos años. Lo expuesto funcionó tan bien que lo he estado utilizando desde entonces. Y, como resultado, mi vida ha estado casi completamente libre de preocupaciones."

Ahora bien, ¿por qué la fórmula mágica de Willis H. Carrier es tan valiosa y tan práctica desde el punto de vista psicológico? Porque nos saca de las negras nubes en que andamos a tientas cuando la preocupación nos ciega. Hace que pisemos tierra firme. Sabemos donde estamos. Y si no pisamos tierra firme, ¿cómo es posible que podamos pensar con fundamento en nada?

El profesor William James, el padre de la psicología aplicada, falleció en 1910, pero si viviera y oyera esta fórmula de encarar lo peor, la aprobaría con entusiasmo. ¿Que cómo lo sé? Porque dijo a sus propios alumnos: "Aceptad que haya sido así... Aceptad que haya sido así, *porque* la aceptación de lo que ha sucedido es el primer paso para superar las consecuencias de cualquier calamidad".

La misma idea fue expresada por Lin Yutang en su muy leído libro *La importancia de vivir*. Este filósofo chino declaró: "La verdadera paz de espíritu viene de la aceptación de lo peor. Psicológicamente, creo que esto significa una liberación de energía".

¡Así es, exactamente! Psicológicamente significa una nueva liberación de energía. Cuando aceptamos lo peor, ya no tenemos nada que perder. Y esto significa automáticamente que tenemos *todo* que ganar. Willis H. Carrier manifestó: "Inmediatamente, sentí un alivio y una paz que no había experimentado desde hacía días. Desde entonces, pude *pensar*".

Es lógico, ¿no es así? Sin embargo, millones de personas han destrozado sus vidas en furiosos torbellinos, porque se negaban a aceptar lo peor; se negaban a mejorar a partir de aquí; se negaban a salvar lo que se pudiera del naufragio. En lugar de intentar reconstruir su fortuna, se enzarzaban en una áspera y "violenta lucha con la experiencia". Y terminaban víctimas de ese rumiar ideas fijas que se llama melancolía.

¿Quieren ustedes ver cómo otra persona adoptó la fórmula mágica de Willis H. Carrier y la aplicó a sus propios problemas? Bien, aquí hay un ejemplo, el de un comerciante de combustible de Nueva York que era alumno de una de mis clases.

Este alumno se expresó así: "¡Era víctima de un chantaje! No lo creía posible, no creía que fuera posible salvo en las películas, pero ¡era un chantaje! Lo que sucedió fue esto: La compañía petrolera a cuyo frente estaba poseía una serie de camiones de reparto y contaba con cierto número de choferes. En aquel tiempo las regulaciones de la guerra estaban rigurosamente en vigor y se nos racionaba en cuanto al combustible que podíamos entregar a cada uno de nuestros clientes. Yo no lo sabía, pero, al parecer, algunos de nuestros choferes habían estado entregando menos combustible del debido a nuestros clientes regulares y revendiendo después el excedente a sus clientes propios.

"La primera indicación que tuve de estas transacciones ilegítimas se produjo cuando un hombre que declaró ser inspector del gobierno vino a verme un día y me pidió dinero por su silencio. Había obtenido pruebas documentales de lo que nuestros choferes habían estado haciendo y amenazaba con entregar estas pruebas en la oficina del fiscal del distrito si yo no aceptaba sus exigencias.

"Sabía, desde luego, que no tenía motivos de que preocuparme, personalmente, por lo menos. Pero sabía también que la ley dice que una firma es responsable por los actos de sus empleados. Además, sabía que si el asunto iba a los tribunales y se aireaba en los diarios, esta mala publicidad arruinaría mi negocio. Y yo estaba orgulloso de mi negocio; había sido fundado por mi padre veinticuatro años antes.

"Estaba tan preocupado que caí enfermo. No comí ni dormí en tres días. Me paseaba de aquí para allí como un loco. ¿Pagaría el dinero —cinco mil dólares—, o diría a aquel hombre que siguiera su camino e hiciese lo que le diera la gana? En cualquiera de los dos casos el asunto terminaba en una pesadilla.

"En estas circunstancias sucedió que tomé el folleto sobre *Cómo librarse de las preocupaciones* que me habían dado en mi clase Carnegie de oratoria. Comencé a leerlo y llegué al relato de Willis H. Carrier. 'Encara lo peor', decía. Ante esto, me pregunté: '¿Qué es lo peor que puede sucederme si me niego a pagar y estos chantajistas entregan sus constancias al fiscal del distrito?'

"La respuesta era: la ruina de mi negocio. Tal era lo peor que podía sucederme. No podía ir a la cárcel. Todo lo que podía ocurrir era que la publicidad que se diera al asunto me arruinara.

"Y yo entonces me dije: 'Muy bien, mi negocio se ha ido al traste. Lo acepto mentalmente. Y ¿qué más?'.

"Bien, una vez arruinado, tendría probablemente que buscarme otro trabajo. No era la cosa tan mala. Sabía mucho sobre combustible; había varias firmas que me emplearían muy a gusto... Comencé a sentirme mejor. Las sombras en que había vivido durante tres días y tres noches se disiparon un poco. Mis emociones remitieron... Y con asombro por mi parte, fui capaz de *pensar*.

"Tenía la cabeza suficientemente despejada para abordar el Paso III: *mejorar lo peor*. Al pensar en las soluciones, se me presentó un punto de vista completamente nuevo. Si yo contara todo lo sucedido al fiscal, éste podría encontrar alguna fórmula en la que yo no había caído. Sé que parece estúpido decir que esto no se me había ocurrido antes, pero, desde luego, yo no había meditado. ¡Había estado solamente preocupándome! Inmediatamente decidí que lo primero que haría por la mañana sería hablar con el fiscal. Después me metí en la cama y dormí como un lirón.

"¿Cómo terminó la cosa? Bien, a la mañana siguiente, mi abogado me dijo que fuera a ver al fiscal del distrito y le contara toda la verdad. Es lo que hice. Acabado mi relato, quedé atónito al oír del fiscal que aquella banda de chantajistas estaba operando desde hacía meses y que el hombre que actuaba como 'agente de gobierno' era un granuja buscado por la policía. ¡Qué alivio fue oír esto después de haberme atormentado durante tres días y tres noches preguntándome si debía entregar los cinco mil dólares a un pillo profesional!

"Esta experiencia me enseñó una lección para siempre. Ahora, siempre que me veo ante un serio problema que amenaza con preocuparme, le aplico lo que denomino la vieja fórmula de Willis H. Carrier."

Si ustedes creen que Willis H. Carrier tuvo problemas, aún no han oído nada. Les contaré la historia de Earl P. Haney, de Winchester, Massachusetts, tal como él mismo me la contó el 17 de noviembre de 1948 en el Hotel Statler, de Boston.

"Allá por los años veinte —me dijo—, estaba tan preocupado que las úlceras empezaron a devorarme el estómago. Una noche tuve una hemorragia terrible. Me llevaron a un hospital vinculado a la Facultad de Medicina de la Northwestern University de Chicago. Perdí la mitad de mi peso. Estaba tan mal que me ordenaron que ni siquiera levantara la mano. Tres médicos, entre ellos un célebre especialista en úlceras, dijo que mi caso era 'incurable'. Vivía a base de polvos antiácidos y una cucharada de leche con crema cada hora. Una enfermera me introducía un tubo de goma en el estómago todas las mañanas y todas las noches, y me extraía el contenido.

"Así pasaron meses... Al fin me dije a mí mismo: 'Oye, Earl Haney, si lo único que te espera es la muerte, será mejor que aproveches el poco de tiempo que te queda. Siempre has querido viajar alrededor del mundo antes de morir; si deseas hacerlo, tendrá que ser ahora'.

"Cuando les dije a mis médicos que pensaba viajar alrededor del mundo y bombearme el estómago dos veces por día, quedaron estupefactos. ¡Imposible! Jamás habían oído semejante cosa. Me advirtieron que si emprendía ese viaje, me sepultarían en el mar. 'No, no', repliqué. 'He prometido a mis parientes que me enterrarán en la sepultura familiar de Broken Bow, Nebraska. Por tanto, llevaré el féretro conmigo.'

"Compré un féretro, lo llevé a bordo, y llegué a un arreglo con la compañía de navegación para que, en caso de mi muerte, pusieran mi cadáver en un compartimiento frigorífico y lo mantuvieran allí hasta que el barco regresara. Y partí de viaje, con el espíritu del viejo Omar:

> *Disfrutemos, así, cuanto antes podamos*
> *que el Polvo nos devore ruin;*
> *antes que Polvo en Polvo nos volvamos,*
> *sin Vino ni Amor... y también sin Fin.*

"No bien me embarqué en el *Presidente Adams* en Los Ángeles y zarpé hacia Oriente me sentí mejor. Poco a poco dejé los polvos antiácidos y el bombeo de estómago. Pronto empecé a comer toda clase de alimentos, incluso mezclas extrañas que hubiesen podido matarme. A medida que avanzaban las semanas, hasta fumé largos cigarros y bebí licores. ¡Me divertí más que nunca en años! Nos vimos en medio de monzones y tifones capaces de llevarme al féretro, aunque sólo fuera de miedo, pero fue magnífica esa aventura.

"En el barco jugué, canté y me hice de nuevos amigos. No me acostaba hasta la madrugada. Cuando llegamos a China y la India, comprendí que las zozobras que había padecido en casa a causa de los negocios eran un paraíso comparadas con la pobreza y la miseria del Oriente. Acabé con mis insensatas preocupaciones y me sentí muy bien. Cuando volví a Norteamérica había ganado cuarenta kilos de peso. Me había olvidado casi de que había tenido úlceras. Nunca en mi vida me sentí mejor. Me apresuré a revender el féretro al dueño de las pompas fúnebres y volví a ocuparme de mis negocios. Desde entonces no he estado enfermo ni un solo día."

Earl P. Haney me dijo que ahora comprende que estaba aplicando los mismos principios que Willis H. Carrier para controlar la preocupación.

"Primero, me pregunté, '¿Qué es lo peor que podría ocurrir?' La respuesta fue la muerte.

"Segundo, me preparé para enfrentar la muerte. Debía hacerlo. No había elección. Los médicos decían que mi caso era fatal.

"Tercero, procuré mejorar la situación obteniendo de la vida los mayores goces posibles en el poco tiempo que me quedaba..." "*Sí* —continuó—, si seguía preocupándome después de embarcarme, sin duda regresaría en el féretro. Pero me tranquilicé... y olvidé mis preocupaciones. Y esa serenidad me inyectó nuevas energías que me salvaron la vida."

Por tanto, la Regla 2 es: Si usted tiene un problema de preocupación, aplique la fórmula mágica de Willis H. Carrier haciendo estas tres cosas:

1. *Pregúntese: "¿Qué es lo peor que puede sucederme?".*
2. *Prepárese a aceptarlo, si ello es necesario.*
3. *Después, tranquilamente, proceda a mejorar lo peor.*

3

EL DAÑO QUE LA PREOCUPACIÓN PUEDE HACERNOS

*Aquellos que no saben cómo combatir
la preocupación mueren jóvenes.*

Dr. Alexis Carrel

Hace muchos años un vecino llamó a mi puerta y me instó a que me vacunara y vacunara a toda mi familia contra la viruela. Era uno de los miles de voluntarios que estaban llamando a todas las puertas de la Ciudad de Nueva York. Asustadas, las gentes esperaban horas enteras para ser vacunadas. Los puestos de vacunación se abrían, no sólo en los hospitales, sino también en estaciones de bomberos, puestos de policía y grandes fábricas. Más de dos mil médicos y enfermeras trabajaron febrilmente noche y día, vacunando a las multitudes. ¿Cuál era la causa de toda esta excitación? Ocho personas de la Ciudad de Nueva York tenían viruela y otras dos habían fallecido. Eran dos muertes en una población de casi ocho millones.

Ahora bien, yo había vivido en Nueva York durante más de treinta y siete años y, sin embargo, nadie había llamado a mi puerta para prevenirme contra la enfermedad emocional de la preocupación, una enfermedad que, durante los últimos treinta y siete años, ha causado diez mil veces más daño que la viruela.

Ningún visitante me ha advertido que una persona de cada diez entre las que viven ahora en los Estados Unidos

41

padecerá un desfallecimiento nervioso, causado en la mayoría de los casos por la preocupación y las emociones. Por esta razón escribo este artículo para llamar a las puertas de ustedes y prevenirles.

El gran ganador del premio Nobel de Medicina, Alexis Carrel, dijo: "Aquellos que no saben cómo combatir la preocupación mueren jóvenes". Y otro tanto sucede con las amas de casa, veterinarios y albañiles.

Hace unos cuantos años pasé mis vacaciones paseando en automóvil por Texas y Nuevo México en compañía del doctor O. F. Gober, médico jefe de la Gulf Colorado & Santa Fe Hospital Association. Hablamos acerca de los efectos de la preocupación y mi compañero me dijo: "El setenta por ciento de todos los pacientes que acuden a los médicos podrían curarse por sí mismos con sólo liberarse de sus temores y preocupaciones. Y no piense por un momento que quiero decir que sus enfermedades son imaginarias. Sus enfermedades son tan reales como un terrible dolor de muelas y en ocasiones cien veces más graves. Me refiero a enfermedades como la ingestión nerviosa, algunas úlceras del estómago, perturbaciones cardíacas, el insomnio, algunas jaquecas y algunos tipos de parálisis.

"Estas enfermedades son reales. Sé de qué estoy hablando, porque yo mismo he padecido una úlcera de estómago durante doce años.

"El miedo causa preocupación. La preocupación pone a uno tenso y nervioso, afecta a los nervios del estómago, cambia los jugos gástricos de normales a anormales y frecuentemente provoca úlceras estomacales."

El Dr. Joseph F. Montague, autor del libro *Nervios y problemas del estómago (Nervous Stomach Trouble),* dice algo muy parecido. Dice esto: "Las úlceras del estómago no vienen de lo que se come. Vienen de lo que está comiendo a uno".

El Dr. W. C. Álvarez, de la Clínica Mayo, asegura: "Con frecuencia las úlceras empeoran o mejoran de acuerdo con las subidas y bajadas de las perturbaciones emocionales".

Esta declaración se ve confirmada por un estudio de 15.000 pacientes tratados de desórdenes digestivos en la Clínica Mayo. Cuatro de cada cinco de ellos no tenían una base física para *sus* enfermedades del estómago. El miedo, la preocupación, el odio, un egoísmo supremo y la incapacidad para ajustarse al mundo de las realidades eran en buena parte las causas de sus enfermedades y sus úlceras de estómago...

De acuerdo con la revista *Life,* hoy está en la lista de las diez enfermedades más fatales.

Recientemente estuve en correspondencia con el doctor Harold C. Habein, de la Clínica Mayo. Este médico leyó un informe en la reunión anual de la Asociación Norteamericana de Médicos y Cirujanos Industriales y declaró que había efectuado un estudio de 176 ejecutivos que tenían un promedio de edad de 44,3 años. *E informó que algo más de una tercera parte de estos ejecutivas padecían uno de los tres achaques peculiares de una vida de tensión: enfermedad del corazón, úlceras del aparato digestivo y presión sanguínea alta.* ¡Piensen ustedes! Una tercera parte de nuestros ejecutivos están echando a perder sus organismos con enfermedades cardíacas, úlceras y presiones altas antes de llegar a los cuarenta y cinco años. ¡Qué precio para el éxito! ¡Y ni siquiera lo compran! ¿Cabe considerar pagar el éxito, la prosperidad en los negocios con úlceras de estómago y perturbaciones del corazón? ¿Qué consigue una persona si gana el mundo entero y pierde la salud? Aunque fuera dueño del mundo, sólo podría dormir en una cama a la vez y comer tres veces por día. Cualquier mozo de cuerda puede hacer esto y probablemente dormir más profundamente y disfrutar más de sus comidas que un poderoso hombre de negocios. Francamente, prefiero ser una simple persona sin responsabilidad que en la ruina a los cuarenta y cinco años por el afán de estar dirigiendo una empresa de ferrocarriles o una fábrica de cigarrillos.

Uno de los fabricantes de cigarrillos más conocido en el mundo cayó muerto hace poco como consecuencia de un síncope cardíaco mientras trataba de disfrutar de unas vacaciones en los bosques del Canadá. Había amasado millones... y murió a los sesenta y un años. Probablemente cambió años de vida por lo que se llama "éxito en los negocios".

A mi juicio, este magnate de los cigarrillos con todos sus millones no fue la mitad de realizador siquiera que mi padre —un labrador de Missouri—, que murió a los ochenta y nueve años sin un centavo.

Los famosos hermanos Mayo declararon que más de la mitad de nuestros lechos de hospital estaban ocupados por personas con padecimientos nerviosos. Sin embargo, cuando los nervios de estas personas son estudiados con un poderoso microscopio en un examen *post mortem*, parecen en la mayoría de los casos tan sanos como los de Jack Dempsey. Sus "padecimientos nerviosos" son causados, no por un deterioro físico de los nervios, sino por emociones de inutilidad, frustración, ansiedad, zozobra, miedo, derrota, desesperación. Platón dijo que "el mayor error que los médicos cometen es intentar la curación del cuerpo sin intentar la curación del alma; sin embargo, alma y cuerpo son uno y no deberían ser tratados separadamente".

La ciencia médica necesitó dos mil trescientos años para reconocer esta gran verdad. Estamos empezando ahora precisamente a desarrollar una nueva especie de medicina llamada *psicosomática,* una medicina que trata a la vez el alma y el cuerpo. Es hora ya de que realicemos esto, porque la ciencia médica ha eliminado en gran parte el terrible *mal causado por los gérmenes físicos,* las enfermedades como la viruela, el cólera, la fiebre amarilla y docenas de otras plagas que han llevado a innumerables millones a la tumba prematura. Pero la ciencia médica ha sido incapaz de hacer frente a las ruinas mentales y físicas causadas, no por los gérmenes, sino por las emociones de la preocupación, el miedo, el odio, la frustración y la desesperación. Las bajas ocasionadas por estas enfermedades de tipo emotivo están aumentando y extendiéndose con rapidez catastrófica. Uno de cada seis de nuestros jóvenes llamados al servicio militar durante la Segunda Guerra

Mundial fueron rechazados a causa de *enfermedades psicosomáticas.*

¿Cuáles son las causas de la enfermedad mental? Nadie conoce todas las respuestas. Pero es muy probable que el miedo y la preocupación fueran en muchos casos factores contribuyentes. El individuo angustiado y acosado que es incapaz de hacer frente al áspero mundo de la realidad rompe sus contactos con el ambiente y se retira a un mundo privado de sueños que él mismo se fabrica, y esto resuelve sus problemas de preocupación.

Mientras escribo, tengo sobre mi mesa un libro del doctor Edward Podolsky titulado *Stop Worrying and Get Well (Deje de preocuparse y póngase bien).* He aquí los títulos de algunos de los capítulos de este libro:

> *Cómo afectan las preocupaciones al corazón.*
> *La alta presión sanguínea está alimentada por la preocupación.*
> *El reumatismo puede tener por causa la preocupación.*
> *Preocúpese menos, por el bien de su estómago.*
> *Cómo la preocupación puede causar un resfrío.*
> *La preocupación y el tiroides.*
> *La preocupación y la diabetes.*

Otro libro que enseña mucho acerca de la preocupación es *Man Against Himself (El hombre contra sí mismo),* del Dr. Karl Menninger, uno de los "hermanos Mayo de la psiquiatría". El libro del Dr. Menninger no da recetas para suprimir las preocupaciones, pero ofrece una asombrosa revelación acerca de cómo dejamos que la ansiedad, la frustración, el odio, el resentimiento, la rebelión destruyan nuestro cuerpo y nuestra mente.

La preocupación puede hacer un enfermo de la persona más vigorosa. El general Grant lo descubrió durante los últimos días de la guerra civil. La historia dice así: Grant había estado sitiando a Richmond durante nueve meses. Las tropas del general Lee, harapientas y hambrientas, fueron vencidas. Desertaban regimientos enteros. Otros se dedicaban a rezar en sus carpas; gritaban, lloraban y veían visiones. El fin estaba muy próximo. Los hombres de Lee prendieron fuego a los almacenes de algodón y tabaco de Richmond, destruyeron el arsenal y huyeron de la ciudad durante la noche, mientras enormes llamas rasgaban la oscuridad. Grant los persiguió de cerca; acosó a los confederados por los flancos y la retaguardia, mientras la caballería de Sheridan los atacaba de frente, cortaba las líneas de comunicación y se apoderaba de trenes de abastecimiento.

Grant, medio ciego y con una violenta jaqueca, se sintió muy enfermo detrás de su ejército y se detuvo en una granja. Y consigna en sus *Memorias:* "Pasé la noche con mis pies en un baño de agua caliente y mostaza y poniéndome emplastos de mostaza en las muñecas y la espalda, con la esperanza de estar curado por la mañana".

A la mañana siguiente se curó instantáneamente. Y lo que lo curó no fue la mostaza, sino un jinete que llegó galopando por el camino con una carta de Lee en la que éste decía que quería rendirse.

Grant escribió: "Cuando el oficial (el que llevaba el mensaje) llegó hasta mí, seguía todavía con mi violenta jaqueca, pero, en cuanto vi el contenido de la nota, me curé".

Evidentemente, eran las preocupaciones, tensiones y emociones de Grant las causas de su enfermedad. Se curó instantáneamente en cuanto sus emociones fueron las de la confianza, la realización y la victoria.

Setenta años después, Henry Morgenthau, Secretario de la Tesorería en el gabinete de Franklin D. Roosevelt, descubrió que las preocupaciones lo enfermaban hasta aturdirlo. Consigna en su diario que se sintió terriblemente preocupado cuando el Presidente, con el fin de elevar el precio del trigo, compró en un solo día 4.400.000 *bushels* de este producto. Dice: "Me sentí literalmente aturdido al ver en marcha la cosa. Me fui a casa y tuve que permanecer en la cama dos horas después de almorzar".

Si se quiere ver lo que la preocupación significa para las personas, no hace falta ir a una biblioteca o a un médico. A mí me basta mirar por la ventana de mi casa; puedo ver así, a menos de una cuadra, una casa donde la preocupación causó un derrumbamiento nervioso y otra casa donde un hombre se preocupó hasta la diabetes. Cuando la Bolsa bajó, el azúcar de su sangre y su orina subió.

Cuando Montaigne, el ilustre filósofo francés, fue elegido alcalde de su ciudad —Burdeos—, dijo a sus conciudadanos: "Quiero tomar vuestros asuntos en mis manos, pero no en mi hígado o mis pulmones".

Este vecino mío tomó los asuntos de la Bolsa en su sangre y casi se mató.

La preocupación puede colocarnos en un sillón de ruedas con reumatismo y artritis. El Dr. Russell L. Cecil, de la Escuela de Medicina de la Universidad Cornell, es una autoridad mundial en artritis y, como he indicado ya, ha enumerado cuatro de las situaciones que con más frecuencia provocan esta enfermedad:

1. *Fracaso en la vida matrimonial.*
2. *Desastre financiero.*
3. *Soledad y preocupación.*
4. *Resentimientos largo tiempo alimentados.*

Como es natural, estas cuatro situaciones emotivas no son ni mucho menos las únicas causas de la artritis. Hay muchas clases de artritis que obedecen a distintas causas. Pero repito que las situaciones que *más frecuentemente* provocan la artritis son las cuatro enumeradas por el Dr. Russell L. Cecil. Por ejemplo, un amigo mío sufrió golpes tan rudos durante la depresión, que la compañía de gas le cortó el suministro y el Banco dio por vencida la hipoteca sobre su casa. Su mujer tuvo repentinamente un doloroso ataque de artritis y, a pesar de las medicinas y los regímenes, la artritis continuó hasta que mejoró la situación financiera.

La preocupación puede causar hasta las caries dentales. El Dr. William I. L. McGonigle dijo en un informe ante la Asociación Dental Norteamericana que "las emociones desagradables, como las causadas por la preocupación, el miedo, el enfado... pueden trastornar el equilibrio del calcio en el organismo y originar las caries". El Dr. McGonigle se refirió a un paciente que tuvo una dentadura perfecta hasta que comenzó a preocuparse ante la repentina enfermedad de su mujer. Durante las tres semanas que duró la permanencia de la esposa en el hospital, este hombre tuvo nueve caries. Eran caries causadas por la preocupación.

¿Han visto ustedes alguna vez a una persona con una glándula tiroides muy hiperactiva? Yo sí, y puedo decirles que personas así tiemblan y parecen alguien a quien se ha dado un susto mortal. En realidad, a esto equivale tal estado. El tiroides, la glándula que regula el organismo, ha sido sacada de quicio. Acelera el hígado y todo el cuerpo ruge furiosamente, como un horno con todos sus tiros abiertos. Y si esto no se remedia con una operación o un tratamiento, la víctima puede morir, puede "quemarse a sí misma".

Hace poco tiempo fui a Filadelfia con un amigo mío que padecía esta enfermedad. Fuimos a ver a un famoso especialista, un médico que había estado tratando esta clase de enfermedades desde hacía treinta y ocho años. Y ¿qué consejo creen ustedes que colgaba de una pared de la sala de espera, escrito en un gran cuadro de madera para que todos los pacientes pudieran verlo? Helo aquí. Lo copié en el reverso de un sobre mientras esperábamos:

DESCANSO Y RECREO

Las fuerzas que más descansan y recrean
son una religión saludable, sueño, música y risas.
Tened fe en Dios, aprended a dormir bien,
amad la buena música y ved el lado divertido de la vida.
Y la salud y la felicidad serán vuestras.

La primera pregunta que el médico hizo a este amigo mío fue: "¿Qué perturbación emocional lo ha traído a este estado?". Advirtió a mi amigo que, si no dejaba de preocuparse, podía tener complicaciones: irregularidades cardíacas, úlceras de estómago o diabetes. El eminente médico dijo: "Todas estas enfermedades son primas, primas carnales". Y es claro que son primas, pues todas ellas son enfermedades de la preocupación.

Cuando entrevisté a Merle Oberon, me dijo que se negaba a preocuparse porque sabía que la preocupación destruiría su principal atractivo en la pantalla: su buena presencia.

Me habló así: "Cuando intenté por primera vez entrar en el cine, estaba preocupada y asustada. Acababa de llegar de la India y no conocía a nadie en Londres, donde trataba de encontrar una ocupación. Vi a varios productores, pero ninguno me contrató y se me acabó el poco dinero que tenía. Durante dos semanas viví únicamente de galletas y agua. No solamente estaba preocupada, sino que tenía hambre. Me dije: 'Tal vez seas una tonta. Tal vez no consigas entrar nunca en el cine. Al fin y al cabo, no tienes experiencia, nunca has representado y ¿qué puedes ofrecer fuera de una cara bonita?'

"Me fui al espejo y, cuando me vi en él, vi lo que la preocupación había hecho de mi buena presencia. Vi que se me estaban formando arrugas. Vi una expresión de angustia. Y me dije: 'Tienes que acabar con esto inmediatamente. No puedes preocuparte. La única cosa que puedes ofrecer es tu buena presencia y la preocupación la echará a perder'."

Pocas cosas pueden envejecer a una mujer y destruir su buena presencia más rápidamente que la preocupación. La preocupación aja el rostro. Nos hace apretar las mandíbulas y surca nuestros rostros con arrugas. Nos crea un ceño permanente. Hace que nuestros cabellos se vuelvan grises, y, en ocasiones, hasta que caigan. Puede echar a perder el cutis y hasta provocar toda clase de manchas, erupciones y granos.

Las enfermedades del corazón constituyen actualmente el criminal número uno de Norteamérica. Durante la Segunda Guerra Mundial, casi un tercio de millón murieron en combate, pero, durante el mismo período, el mal del corazón mató a dos millones de civiles y un millón de estas bajas tuvieron por causa ese mal de corazón que provocan las preocupaciones y la vida tensa. Sí, la enfermedad del corazón es una de las principales razones que hicieron decir al Dr. Alexis Carrel: "Aquellos que no saben combatir la preocupación mueren jóvenes".

William James dijo: "El Señor puede perdonar nuestros pecados, pero el sistema nervioso nunca lo hace".

He aquí un hecho impresionante y casi increíble: son más los norteamericanos que se suicidan que los que mueren de las cinco enfermedades más corrientes.

¿Por qué? La respuesta es en gran parte: "Preocupación".

Cuando los crueles señores de la guerra chinos querían torturar a sus prisioneros, los ataban de pies y manos y los colocaban bajo una bolsa de agua que constantemente goteaba... goteaba... goteaba... día y noche. Estas gotas de agua que caían sin cesar sobre la cabeza acababan siendo martillazos y enloquecían a las víctimas. Este mismo método de tortura fue empleado por la Inquisición española y en los campos de concentración alemanes.

La preocupación es como la gota, gota, gota constante; y la gota, gota, gota constante de la preocupación lleva frecuentemente a los hombres a la locura y el suicidio.

Cuando era yo un muchacho campesino del Missouri me aterraba escuchar a Billy Sunday la descripción de los fuegos infernales en el otro mundo. Pero nunca le oí mencionar los fuegos infernales de la agonía física que los que se preocupan tienen que soportar aquí y ahora. Por ejemplo, si usted padece una preocupación crónica, puede usted verse asaltado por uno de los dolores más espantosos que jamás haya soportado el hombre: la angina de pecho.

¿Ama usted la vida? ¿Quiere usted vivir mucho y disfrutar de buena salud? He aquí lo que usted puede hacer. Estoy citando otra vez al Dr. Alexis Carrel. Dijo así: *"Quienes conservan la paz interior en medio del tumulto de la ciudad moderna son inmunes para las enfermedades nerviosas y orgánicas"*.

¿Puede usted conservar la paz interior en medio del tumulto de la ciudad moderna? Si es usted una persona normal, la respuesta es "sí". "Decididamente, sí." La mayoría de nosotros somos más fuertes de lo que creemos. Poseemos recursos internos a los que probablemente nunca hemos recurrido. Como Thoreau dijo en su libro inmortal, *Walden:* "No conozco hecho más alentador que la incuestionable capacidad del hombre para elevar su vida mediante un empeño consciente... Si uno avanza confiadamente en la dirección de sus sueños y se afana por vivir la vida que se ha imaginado, triunfará en una forma que no cabe esperar en las horas corrientes".

Es indudable que muchos de los lectores de este libro tendrán tanta fuerza de voluntad y tantos recursos interiores como los que tiene Olga K. Jarvey, de Coeur d' Alene, Idaho. Descubrió que podía eliminar la preocupación en las circunstancias más trágicas. Creo firmemente que usted y yo también podemos hacerlo, siempre que apliquemos las muy viejas verdades que se estudian en este volumen. He aquí la historia de Olga K. Jarvey tal como me la escribió: "Hace ocho años y medio fui condenada a morir —una muerte lenta, tortuosa y aterradora— de cáncer. Las mejores inteligencias médicas del país, los hermanos Mayo, confirmaron la sentencia. Estaba en un callejón sin salida, perdida toda esperanza. Era joven y no quería morir. En mi desesperación telefoneé a mi médico en Kellog y le expuse toda la amargura de mi corazón. Con impaciencia, me reconvino: '¿Qué le pasa, Olga? ¿Es que no le quedan fuerzas? Claro que se morirá usted si no deja de llorar. Sí, le ha sucedido lo peor que le podía suceder. Muy bien, pero haga frente a la situación. ¡Deje de preocuparse! Y haga después lo que se le ocurra'. En aquel mismo momento hice un juramento, un juramento tan solemne que las uñas se hundieron profundamente en mi carne y los escalofríos recorrieron toda mi espina dorsal: *'No me preocuparé. No lloraré. Y si cabe hacer algo, triunfaré. ¡Viviré!'*

"La cantidad corriente de rayos X en casos tan avanzados, en los que no cabe aplicar el radio, es diez minutos y medio diarios durante treinta días. Me dieron catorce minutos y medio diarios durante 49 días y, aunque los huesos se señalaban en mi escuálido cuerpo como las rocas de una árida ladera y aunque mis pies parecían de plomo, no me preocupé. ¡No lloré ni una vez! *¡Sonreí! Sí, me obligué* a sonreír.

"No soy tan estúpida que crea que la mera sonrisa pueda curar el cáncer. Pero creo que una animosa actitud mental ayuda al organismo a combatir la enfermedad. En todo caso, experimenté una de las milagrosas curas del cáncer. Nunca he tenido tan buena salud como en los últimos años y esto lo debo a las palabras combativas y retadoras del Dr. McCaffery: 'Haga frente a la situación. ¡Deje de preocuparse! Y haga después lo que se le ocurra'."

Voy a terminar este capítulo repitiendo las palabras del Dr. Alexis Carrel: *"Aquellos que no saben cómo combatir la preocupación mueren jóvenes."*

Los fanáticos seguidores del profeta Mahoma tenían frecuentemente tatuados en sus pechos versos del Corán. Me gustaría tatuar el título de este capítulo en el pecho de todo lector de este libro: "Aquellos que no saben cómo combatir la preocupación mueren jóvenes".

¿Estaba el Dr. Carrel hablando de *usted?*

Tal vez.

En síntesis

Regla 1: Viva solamente el día de hoy. No viva en el ayer
ni el mañana. "Compartimientos estancos al día."

Regla 2: Haga frente a los problemas.
     a. Pregúntese a sí mismo: "¿Qué es lo peor que pue-
de suceder?".
     b. Prepárese para aceptar lo peor.
     c. Trate de mejorar la situación partiendo de lo
peor.

Regla 3: Recuerde el precio exorbitante que puede pagar
con su vida y salud, por las preocupaciones.

SEGUNDA PARTE

Técnicas básicas
para el análisis
de la preocupación

4
CÓMO ANALIZAR Y RESOLVER LOS PROBLEMAS DE PREOCUPACIÓN

Seis honrados servidores
me enseñaron cuanto sé;
Sus nombres son Cómo, Cuándo,
Dónde, Qué, Quién y Por qué.

RUDYARD KIPLING

¿Es que la fórmula mágica de Willis H. Carrier, descrita en la Primera Parte, capítulo 2, resuelve *todos* los problemas de preocupación? No, claro está que no.

Entonces ¿cuál *es* la respuesta? La respuesta es que debemos equiparnos para tratar las diferentes clases de preocupaciones aprendiendo los tres pasos básicos del análisis del problema. Los tres pasos son:

1. *Obtenga todos los hechos.*
2. *Considere todos los hechos, entonces llegue a una decisión.*
3. *Después de tornar una decisión, ¡actúe!*

¿Pura evidencia? Sí, Aristóteles la enseñó... y la utilizó. Y usted y yo debemos también utilizarla, si es que queremos resolver los problemas que nos acosan y transforman nuestros días y noches en verdaderos infiernos.

Tomemos la primera regla: *Obtenga todos los hechos.* ¿Por qué es tan importante obtener los hechos? Porque sin tener los hechos no podemos ni intentar siquiera resolver nuestros problemas de un modo inteligente. Sin los hechos, todo lo que podemos hacer es acalorarnos en plena confusión. ¿Idea mía? No, es la idea del extinto Herbert E. Hawkes, que fuera Decano de la Universidad de Columbia durante veintidós años. H. E. Hawkes había ayudado a doscientos mil estudiantes a resolver sus problemas de preocupación y me dijo que *"la confusión era la causa principal de las preocupaciones"*. Me lo dijo de este modo: "La mitad de la preocupación que existe en el mundo obedece a que las personas intentan tomar decisiones sin un conocimiento suficiente sobre el que basar una decisión. Por ejemplo, si yo tengo un problema que debe ser encarado a las tres del próximo martes, me niego a intentar siquiera una decisión hasta que el próximo martes llegue. Entretanto, procuro obtener todos los hechos que se refieren al problema. No me preocupo ni mi problema me angustia. No pierdo el sueño. Simplemente, me dedico a conseguir los hechos. Y para cuando llega el martes, si he conseguido todos los hechos, el problema se resuelve por sí mismo...".

— Pregunté al decano Hawkes si esto significaba que había eliminado las preocupaciones por completo. Y me contestó así: "Sí, creo que puedo decir honradamente que mi vida está casi totalmente libre de preocupaciones. Entiendo que, si una persona dedica su tiempo a obtener los hechos de un modo imparcial y objetivo, sus preocupaciones se disiparán por lo general a la luz del conocimiento".

Permítaseme que repita que, *"si una persona dedica su tiempo a obtener los hechos de un modo imparcial y objetivo, sus preocupaciones se disiparán por lo general a la luz del conocimiento"*.

Pero ¿qué hacemos la mayoría de nosotros? Si es que nos dedicamos algo a los hechos —Thomas Edison dijo con toda seriedad que "no hay expediente al que la gente no recurra para evitarse el trabajo de pensar"—, nos lanzamos como perros perdigueros tras los hechos que refuerzan lo que *ya* pensamos y pasamos por alto todos los demás. Sólo queremos los hechos que justifican nuestros actos, los hechos que encajan en nuestro modo de pensar y nuestros deseos y sirven de apoyo a nuestros juicios pre-concebidos.

Como dijo André Maurois: "Todo aquello que está de acuerdo con nuestros deseos personales parece verdad. Todo lo que no está de acuerdo nos enfurece".

¿Puede extrañar así que nos parezca tan difícil llegar a la solución de nuestros problemas? ¿No nos resultaría muy difícil resolver un problema de aritmética elemental, si partiéramos de la presunción de que dos y dos son cinco? Sin embargo, hay muchas personas en este mundo que se amargan la vida y amargan la de los demás por insistir en que dos y dos son cinco... o tal vez quinientos.

¿Qué cabe hacer con esto? Tenemos que mantener nuestras emociones al margen de nuestros pensamientos y, como dijo Hawkes, debemos obtener los hechos de un "modo imparcial y objetivo".

Esto no es una tarea fácil cuando estamos preocupados. Cuando estamos preocupados, nuestras emociones son muy vivas. Pero he aquí dos ideas que me ayudan mucho cuando trato de apartar mis problemas, con objeto de ver los hechos de una manera clara y objetiva.

1. Cuando trato de obtener los hechos, simulo que estoy recogiendo la información, no para mí, sino para tercera persona. Esto me ayuda a ver la evidencia de una manera fría e imparcial. Esto me ayuda a eliminar mis emociones.

2. Cuando trato de recoger los hechos acerca de un problema que me preocupa, simulo a veces que soy un abogado que se prepara a defender a la parte contraria en el asunto. En otros términos, trato de conseguir todos los hechos que me perjudican, todos los hechos que dañan a mis deseos, todos los hechos que me disgusta encarar.

Después consigno tanto el punto de vista mío como el punto de vista contrario y, por lo general, me doy cuenta de que la verdad se encuentra en algún punto intermedio de estos dos extremos.

Aquí está lo que quiero señalar. Ni usted, ni yo, ni Einstein, ni la Suprema Corte de Justicia poseemos la inteligencia suficiente para alcanzar una decisión acertada acerca de un problema cualquiera sin obtener primeramente los hechos. Thomas Edison lo sabía. En el momento de su muerte tenía dos mil quinientos cuadernos de notas llenos de hechos referentes a los problemas que estudiaba.

Por tanto, la Regla 1 para resolver nuestros problemas es: *Obtener todos los hechos.* El decano Hawkes lo hizo: no intentemos siquiera resolver nuestros problemas sin recoger primeramente todos los hechos de un modo imparcial.

Sin embargo, recoger todos los hechos del mundo no nos serviría de nada hasta analizarlos e interpretarlos.

Después de costosa experiencia, he llegado a la conclusión de que es mucho más fácil analizar los hechos si éstos han sido consignados por escrito. En realidad, la mera circunstancia de tener escritos los hechos en un trozo de papel y de plantear nuestro problema con claridad ayuda mucho a llegar a una solución razonable. Como dice Charles Kettering, "un problema bien planteado es un problema medio solucionado".

Permítaseme que muestre cómo funciona esto en la práctica. Ya que los chinos dicen que un cuadro vale diez mil palabras, supongamos que yo les muestro un cuadro de cómo un hombre pone en acción concreta lo que estamos hablando.

Tomemos el caso de Galen Litchfield, un hombre a quien conozco desde hace varios años; es uno de los hombres de negocios norteamericanos del Lejano Oriente que más fortuna ha tenido. El señor Litchfield estaba en China en 1942, cuando los japoneses ocuparon Shangai. Y he aquí el relato que me hizo durante su permanencia como invitado en mi casa.

Galen Litchfield se expresó en estos términos: "Poco después de que los japoneses dieran el golpe de Pearl Harbour, cayeron como un enjambre sobre Shangai. Yo era gerente de la Asia Life Insurance Company, una empresa de seguros de vida, en la metrópoli china. Nos enviaron un "liquidador militar" —se trataba de un almirante, en realidad—, y me dieron órdenes para que ayudara a este hombre en la liquidación de nuestros bienes. Yo no tenía opción en el asunto. Tenía que cooperar o de otro modo... Y el 'otro modo' significaba una muerte segura.

"Inicié la labor que se me pedía, porque no tenía alternativa. Pero había un paquete de valores que, suponiendo 750.000 dólares, dejé fuera de la lista que presenté al almirante. Hice esto porque los valores pertenecían a nuestra organización de Hong Kong y nada tenían que ver con nuestros bienes de Shangai. De todos modos, temía verme en apuros muy serios si los japoneses descubrían lo que había hecho. Y lo descubrieron muy pronto.

"Yo no estaba en la oficina cuando se hizo el descubrimiento, pero mi jefe de contabilidad presenció lo sucedido. Me dijo que el almirante japonés se enfureció, pateó el suelo, lanzó juramentos y me llamó ladrón y traidor. ¡Había desafiado al ejército japonés! Sabía lo que aquello significaba. Sería arrojado a la Bridgehouse, la 'Casa del Puente'.

"La Bridgehouse... ¡La sala del tormento de la Gestapo japonesa! Había tenido amigos personales que se habían matado antes de dejarse llevar a aquella prisión. Ahora se me daba a mí mismo ese destino...

"¿Qué hice? Las noticias me llegaron un domingo por la tarde. Supongo que lo natural es quedarse aterrado. Y yo me hubiera quedado aterrado, si no hubiese contado con una técnica muy concreta para solucionar mis problemas. Desde hacía años, siempre que había estado preocupado, había ido a mi máquina de escribir y escrito dos preguntas y las respuestas a ellas:

"1. *¿Qué es lo que me preocupa?*

"2. *¿Qué puedo hacer acerca del asunto?*

"Había intentado contestar a estas preguntas sin escribirlas. Pero abandoné el sistema hacía tiempo. Entendía que escribir las preguntas y las respuestas aclaraba mis pensamientos. Por lo tanto, aquella tarde de domingo fui derechamente a mi habitación en la Asociación Cristiana de Jóvenes de Shangai, saqué la máquina de escribir y escribí:

"1. ¿Qué es lo que me preocupa?

"Temo ser arrojado a la Bridgehouse mañana por la mañana.

"En seguida escribí la segunda pregunta:
"2. ¿Qué puedo hacer acerca del asunto?
"Pasé horas pensándolo y consigné los cuatro caminos que podía tomar y las probables consecuencias de cada caso:

> *1. Puedo intentar una explicación ante el almirante japonés. Pero "no habla inglés". Si trato de explicarle por medio de un intérprete, puedo enfurecerlo de nuevo. Esto significaría la muerte, porque es cruel y preferirá arrojarme a la Bridgehouse que molestarse en conversar.*
> *2. Puedo intentar la fuga. Imposible; me seguirían la pista en todo momento. Tengo que dejar constancia de mis entradas y salidas en la Asociación. Si intento fugarme, lo probable es que me atrapen y me fusilen.*
> *3. Puedo quedarme aquí, en mi habitación, y no acercarme más a la oficina. Si hago esto, el almirante japonés tendrá sospechas y probablemente enviará soldados en mi busca y me arrojará a la Bridgehouse sin darme la oportunidad de decir una sola palabra.*
> *4. Puedo ir a la oficina como de costumbre el lunes por la mañana. Si lo hago, cabe que el almirante japonés esté tan ocupado que no piense en lo que hice. Si piensa en ello, cabe que se haya tranquilizado y no me moleste. Si sucede esto, todo irá bien. Si me molesta, todavía tengo la posibilidad de intentar una explicación. Por tanto, si voy a la oficina como de costumbre el lunes por la mañana y procedo como si nada hubiese sucedido, tengo dos oportunidades de escapar a la Bridgehouse.*

"En cuanto lo pensé todo y decidí aceptar el cuarto plan —ir a la oficina como de costumbre el lunes por la mañana—, sentí un inmenso alivio.

"Cuando entré en la oficina a la mañana siguiente, el almirante japonés estaba sentado a su mesa con un cigarrillo que colgaba de sus labios. Me miró con su expresión habitual y no dijo nada. Seis semanas después —gracias a Dios— se fue a Tokio y mis zozobras terminaron.

"Como he dicho, me salvé probablemente gracias a haberme sentado a una mesa aquella tarde de domingo, a haber escrito las diversas medidas que podía tomar y las probables consecuencias de cada una y a haber llegado tranquilamente a una decisión. Si no hubiese hecho esto, cabe que hubiera tropezado, vacilado y caído a causa de las angustias del momento. Si no hubiese meditado sobre el problema y llegado a una decisión, hubiera estado preocupadísimo toda la tarde del domingo. No hubiese dormido en toda la noche. Hubiese ido a la oficina en la mañana del lunes con una expresión de agobio y zozobra y esto era bastante para provocar los recelos del almirante japonés e inducirlo a la acción.

"La experiencia me ha demostrado una y otra vez el enorme valor que tiene llegar a una decisión. Lo que lleva a la gente a los derrumbamientos nerviosos y a situaciones insoportables es el no llegar a una meta señalada, el dar una y mil vueltas enloquecedoras. Encuentro que el cincuenta por ciento de mis preocupaciones se desvanecen en cuanto llego a una decisión clara y definida; hay otro cuarenta por ciento que se desvanece por lo general cuando comienzo a poner esta decisión en práctica.

"Por tanto, yo consigo eliminar el noventa por ciento de mis preocupaciones dando los cuatro pasos que siguen:

"1. Consignar precisamente por escrito qué es lo que me preocupa.

"2. Consignar por escrito lo que puedo hacer acerca del asunto.

"3. Decidir lo que voy a hacer.

"4. Comenzar inmediatamente a llevar a cabo mi decisión."

Galen Litchfield fue después director para el Lejano Oriente de la Starr, Park and Freeman, Inc., de Nueva York, importante empresa financiera y de seguros. Esto lo convirtió en uno de los más importantes hombres de negocios norteamericanos en Asia y me ha confesado que debe buena parte de su afortunada carrera a este método de analizar la preocupación y de encararla decididamente.

¿Por qué el método es tan soberbio? Porque es eficiente y concreto, porque va directamente al cogollo del problema. Además, es un método que lleva en lo alto la tercera e indispensable regla: *Hacer algo acerca del asunto.* Si no lo traducimos todo en acción, la averiguación y el análisis de los hechos no servirán de nada, no serán más que un despilfarro de energías.

William James dijo esto: "Una vez que haya llegado a la decisión y que la ejecución sea la orden del día, rechace absolutamente cualquier responsabilidad o cuidado acerca de las consecuencias". Quería decir que, una vez que se haya tomado una meditada decisión basada en los hechos, *hay que actuar.* No se detenga usted con nuevas reflexiones. No comience a vacilar y a volver sobre sus pasos. No se pierda en dudas que engendran otras dudas. No mire hacia atrás por encima de su hombro.

En una ocasión pregunté a Waite Phillips, uno de los más destacados industriales del petróleo de Oklahoma, cómo llevaba a cabo sus decisiones. Y me contestó: "Encuentro que pensar acerca de nuestros problemas más allá de cierto punto tiende a crear confusión y preocupaciones. Llega un momento en el que cualquier investigación o meditación ulterior resulta dañosa. Llega un momento en que debemos decidir, actuar y no mirar ya hacia atrás".

¿Por qué no emplea usted la técnica de Galen Litchfield ahora mismo para una de sus preocupaciones?

Tome papel y lápiz, transcriba las preguntas que damos a continuación y consigne su respuesta a cada una de ellas.

He aquí la pregunta N° 1. —*¿Qué es lo que me preocupa?*

Pregunta N° 2. — *¿Qué puedo hacer acerca del asunto?*

Pregunta N° 3. — *¿Qué voy a hacer en relación con el asunto?*

Pregunta N° 4. — *¿Cuándo voy a comenzar a hacerlo?*
(No deje de escribir las respuestas a cada pregunta.)

5

CÓMO ELIMINAR EL CINCUENTA POR CIENTO DE NUESTRAS PREOCUPACIONES DE NEGOCIOS

Si usted es una persona de negocios, probablemente está diciéndose en este mismo momento: "El título de este capítulo es ridículo. He estado gobernando mis negocios durante diecinueve años y, en verdad, si alguien conoce las respuestas, ése soy yo. La idea de que alguien venga a decirme cómo puedo eliminar el cincuenta por ciento de mis preocupaciones de negocios es sencillamente absurda".

Muy bien. Yo me hubiera expresado exactamente igual hace unos años, si hubiese visto un título así sobre un capítulo. Promete mucho y las promesas son fáciles.

Seamos francos acerca de esto: *cabe que no sea* capaz de ayudarlo a eliminar el cincuenta por ciento de sus preocupaciones de negocios. En última instancia, nadie puede hacer eso, salvo usted mismo. Pero lo que *puedo* hacer es mostrarle cómo otras personas lo han hecho y dejar lo demás a su cargo.

Usted recordará que en la página 41 de este libro he incluido la siguiente cita del mundialmente famoso Dr. Alexis Carrel: "Las personas de negocios que no saben cómo combatir la preocupación mueren jóvenes".

Si la preocupación es cosa tan seria, ¿no le agradaría que yo pudiera ayudarlo a eliminar aunque sólo fuera el diez por ciento de sus preocupaciones? ¿Sí? Bien. En tal caso, voy a mostrarle cómo un director eliminó, no el cincuenta por ciento de sus preocupaciones, sino el setenta y cinco por ciento de todo el tiempo que anteriormente dedicaba a conferencias tratando de resolver sus problemas de negocios.

Además, no le voy a contar una historia acerca de un "señor Pérez", un "Sr. X" o "un hombre que conocí en Ohio", una vaga historia que usted no pueda verificar. Es una historia que se refiere a una persona muy real, a Leon Shimkin, socio y gerente general de una de las más importantes editoriales de los Estados Unidos: Simon and Schuster, Rockefeller Center, Nueva York.

He aquí la experiencia de Leon Shimkin en sus propias palabras:

"Durante dieciocho años pasé casi la mitad de cada día de trabajo celebrando conferencias y discutiendo problemas. ¿Haremos esto o lo otro o no haremos nada? Nos poníamos nerviosos, nos agitábamos en nuestras butacas, paseábamos por la habitación, discutíamos y dábamos mil vueltas al asunto. Cuando llegaba la noche, estaba totalmente agotado. Suponía que esto seguiría siendo así hasta el final de mis días. Lo había estado haciendo durante años y años y nunca se me había ocurrido que pudiera haber un modo mejor de hacerlo. Si alguien me hubiese dicho que podía eliminar tres cuartas partes del tiempo que gastaba en esas fastidiosas conferencias y tres cuartas partes de mi tensión nerviosa, me hubiera parecido un irresponsable optimista de poltrona. Sin embargo, ideé un plan que consiguió precisamente eso. Lo estoy utilizando desde hace ocho años. Ha obrado maravillas en lo que respecta a mi eficiencia, mi salud y mi felicidad.

"Parece cosa de magia, pero como todos los trucos de la magia, resulta en extremo sencilla cuando se ve cómo se hace.

"Aquí está el secreto. En primer lugar suspendí inmediatamente el procedimiento que había estado utilizando en mis conferencias durante años y años, un procedimiento que comenzaba con la exposición por parte de mis cariacontecidos socios de todos los detalles de lo que había andado mal y terminaba con la pregunta: '¿Qué haremos?' En segundo término, establecí una nueva norma, la de que todo aquel que deseara plantearme un problema debía antes prepararse y presentar un memorándum contestando a estas cuatro preguntas:

"Pregunta 1: *¿Cuál es el problema?*

"(Antes pasábamos una o dos horas en una fastidiosa conversación sin que nadie supiera específica y concretamente cuál era el verdadero problema. Nos devanábamos los sesos discutiendo nuestras zozobras sin molestarnos nunca en consignar por escrito en qué consistía el asunto.)

"Pregunta 2: *¿Cuáles son las causas del problema?*

"(Cuando paso revista a toda mi carrera, quedo aturdido ante las horas desperdiciadas en fastidiosas conversaciones en las que nunca se intentaba determinar con claridad qué es lo que había en la raíz del asunto.)

"Pregunta 3: *¿Cuáles son las soluciones posibles del problema?*

"(Antes, uno de los asistentes a la conferencia proponía una solución. Otro discutía con el anterior. Los ánimos se excitaban. Con frecuencia, abandonábamos el tema sin que nadie hubiese consignado por escrito los diversos modos de resolver la cuestión.)

"Pregunta 4: *¿Cuál es la mejor solución?*

"(Yo solía conversar con gente que había pasado horas preocupándose ante una situación y dando vueltas a un asunto sin concretar todas las soluciones posibles y escribir después: Ésta es la solución que yo recomiendo.)

"Mis socios rara vez acuden ahora a mí con sus problemas. ¿Por qué? Porque han descubierto que, con el fin de contestar a estas cuatro preguntas, tienen que averiguar todos los hechos y estudiar los problemas a fondo. Y tras haber hecho esto, ven, en las tres cuartas partes de los casos, que no tienen que consultarme para nada, porque la solución adecuada ha brotado como la tostada que salta del tostador eléctrico. Incluso en aquellos casos en que la consulta es necesaria, la discusión sólo toma un tercio del tiempo que antes reclamaba, porque se desenvuelve de un modo ordenado y lógico y marcha siempre hacia una conclusión razonada.

"En Simon and Schuster se consume ahora mucho menos tiempo en *preocuparse* y *hablar* en relación con lo que anda mal, y hay, en cambio, mucha más *acción* para que las cosas anden bien."

Mi amigo Frank Bettger, una de las principales figuras de Norteamérica en materia de seguros, casi duplicó sus ingresos con un método análogo.

Dice así Frank Bettger: "Hace años, cuando comencé a producir seguros, tenía un entusiasmo ilimitado y me gustaba mi trabajo. En esto, sucedió algo. Sentí tal desaliento que despreciaba mi trabajo y pensaba en abandonarlo. Creo que así lo hubiera hecho si no hubiese tenido la idea, un sábado por la mañana, de sentarme y tratar de llegar a la raíz de mis preocupaciones.

"1. Primeramente, me pregunté: *'¿En qué consiste el problema?'* El problema era *que no obtenía suficientes ingresos para la agobiada cantidad de visitas que estaba haciendo.* Parecía que yo actuaba perfectamente ante el presunto asegurado hasta el momento de cerrar el trato. Entonces el cliente decía: 'Bien, lo pensaré, señor Bettger. Venga a verme otro día'. Era el tiempo que perdía con estas nuevas visitas lo que causaba mi depresión.

"2. Me pregunté: *'¿Cuáles son las posibles soluciones?'* Pero la contestación reclamaba un examen de los hechos. Saqué mi registro de los últimos doce meses y estudié las cifras.

"Hice un descubrimiento impresionante. Allí, en blanco y negro, descubrí que el setenta por ciento de mis ventas lo había conseguido en la primera entrevista. El veintitrés por ciento lo había sido en la segunda visita y sólo el *siete por ciento* correspondía a terceras, cuartas o sucesivas visitas, las que me sacaban de quicio y me hacían perder el tiempo. En otros términos, estaba malgastando la mitad de mi jornada de trabajo en una parte de mi negocio que sólo me producía el siete por ciento.

"3. *'¿Cuál es la respuesta?'* La respuesta fue evidente. Inmediatamente suprimí todas las visitas que excedieran de la segunda y dediqué el tiempo sobrante a la busca de nuevos clientes. Los resultados fueron increíbles. En muy poco tiempo dupliqué el provecho obtenido en cada visita que hacía."

Como he dicho, Frank Bettger llegó a ser uno de los vendedores de seguros más conocidos en el país. Pero estuvo a punto de abandonar su profesión. Estuvo a punto de admitir su fracaso. Hasta que el *análisis* del problema lo impulsó por el camino del triunfo.

¿Puede usted aplicar estas preguntas a sus problemas de negocios? Repito mi afirmación: *pueden* reducir sus preocupaciones en un cincuenta por ciento. Helas aquí de nuevo:

1. *¿Cuál es el problema?*
2. *¿Cuáles son las causas del problema?*
3. *¿Cuáles son las posibles soluciones?*
4. *¿Cuál es la mejor solución?*

En síntesis

TÉCNICAS BÁSICAS PARA EL ANÁLISIS DE LA PREOCUPACIÓN

Regla 1: Obtenga todos los hechos. Recuerde que el decano Hawkes de la Universidad de Columbia dijo que "la mitad de la preocupación que existe en el mundo obedece a que las personas intentan tomar decisiones sin un conocimiento suficiente sobre el que basar una decisión".

Regla 2: Considere todos los hechos, entonces llegue a una decisión.

Regla 3: Después de tomar una decisión, ¡actúe!

Regla 4: Cuando usted, o cualquiera de sus socios, se sienta inclinado a preocuparse por un problema, consigne por escrito las siguientes preguntas y contéstelas:

    a. ¿Cuál es el problema?
    b. ¿Cuáles son las causas del problema?
    c. ¿Cuáles son las posibles soluciones?
    d. ¿Cuál es la mejor solución?

TERCERA PARTE

Cómo acabar
con el hábito de la
preocupación antes
de que él acabe
con nosotros

6
CÓMO EXPULSAR LA PREOCUPACIÓN
DE SU MENTE

Nunca olvidaré la noche cuando Marion J. Douglas era estudiante de una de mis clases. (No he empleado su verdadero nombre. Me pidió, por razones personales que no revelara su identidad.) Pero aquí está su verdadera historia tal como la contó ante una de nuestras clases de adultos. Nos dijo que la tragedia había llamado a su hogar, no una vez, sino dos. La primera vez había perdido a su hijita de cinco años, a la que adoraba. Él y su esposa creyeron que no podrían soportar esta pérdida, pero como manifestó, "diez meses después, Dios nos dio otra niñita... y la perdimos en cinco días".

Esta doble desgracia pareció imposible de soportar. Este padre nos dijo: "No podía aguantarlo. No comía, no dormía y no descansaba. Mis nervios estaban terriblemente sacudidos y mi confianza había desaparecido". Finalmente, acudió a los médicos. Uno le recomendó píldoras contra el insomnio y otro un viaje. Probó ambas cosas, pero ninguno de los remedios sirvió de nada. Y nos declaró: "Parecía que mi cuerpo estaba en un tornillo de carpintero y que las quijadas del tornillo me apretaban más y más". Era la tensión del sufrimiento; si usted ha quedado alguna vez paralizado por la pena, sabe lo que esto significa.

"Pero, gracias a Dios, me quedaba un hijo, un niño de cuatro años. Es quien me dio la solución de mi problema. Una tarde, mientras me compadecía sentado en una butaca, el niño me pidió: 'Papá: ¿quieres construirme una barca?' No tenía gana alguna de construir una barca; en realidad, no tenía ganas de nada. Pero mi hijo es muy tenaz... Y finalmente cedí.

"Construir aquel juguete me llevó tres horas. Pero cuando terminé el trabajo comprendí que aquellas tres horas empleadas en construir la barca habían sido las primeras de descanso y paz mentales que había tenido durante meses.

"Este descubrimiento me sacó de mi letargo y me hizo pensar un poco; en realidad, era mi primera meditación seria desde hacía meses. Comprendí que es difícil preocuparse mientras se está haciendo algo que exige planes y meditación. En mi caso, construir la barca había eliminado la preocupación. Por eso decidí mantenerme ocupado.

"A la noche siguiente fui de habitación en habitación por mi casa, formando una lista de cosas que había que hacer. Había infinidad de objetos que necesitaban reparación, estantes de libros, escalones, persianas, manijas, cerraduras, canillas. Aunque parezca asombroso, hice en dos semanas una lista de 242 objetos que necesitaban atención.

"Durante los dos últimos años he realizado la mayoría de estas tareas. Además, he llenado mi vida de actividades estimulantes. Cada semana dedico dos noches a las clases de adultos en Nueva York. Me dedico a actividades cívicas en mi localidad y soy presidente de la junta escolar. Asisto a docenas de reuniones. Ayudo a recoger dinero para la Cruz Roja y otras actividades. Estoy ahora tan ocupado que no tengo tiempo de preocuparme".

¡Sin tiempo de preocuparse! Eso es exactamente lo que Winston Churchill dijo cuando trabajaba dieciocho horas al día en plena guerra. Cuando se le preguntó si no le preocupaban sus tremendas responsabilidades, dijo: "Estoy demasiado ocupado. No tengo tiempo para preocuparme".

Charles Kettering se hallaba en el mismo estado de ánimo cuando se dedicó a inventar un arranque automático para automóviles. Hasta su retiro, el señor Kettering era vicepresidente de la General Motors, a cargo de la mundialmente famosa Sociedad de Investigación de la empresa. Pero, en aquellos días, su pobreza era tanta que tenía que utilizar el depósito de heno de una granja como laboratorio. Para comprar sus alimentos tuvo que utilizar mil quinientos dólares que su mujer había ganado dando lecciones de piano; después tuvo que tomar a préstamo quinientos dólares con la garantía de su seguro de vida. Pregunté a su esposa si no estaba preocupada en aquella época. Y ella me contestó: "Sí, yo estaba preocupada y no podía dormir, pero el señor Kettering no lo estaba. Estaba demasiado absorbido por su trabajo para preocuparse".

El gran hombre de ciencia Pasteur habló de la "paz que se encuentra en las bibliotecas y los laboratorios". ¿Por qué se encuentra paz en esos lugares? Porque los hombres de las bibliotecas y los laboratorios están por lo general demasiado absorbidos por sus tareas para preocuparse. Los investigadores rara vez padecen desequilibrios nerviosos. No pueden permitirse esos lujos.

¿Por qué una cosa tan sencilla como ocuparse elimina la ansiedad? A causa de una ley, de una de las leyes más fundamentales que ha revelado la psicología. Y esta ley dice que es completamente imposible para cualquier espíritu humano, por muy brillante que sea, pensar en más de *una cosa* al mismo tiempo. ¿Usted no lo cree? Muy bien, entonces hagamos un experimento.

Supongamos que usted se echa hacia atrás, cierra los ojos e intenta, en un mismo instante, pensar en la Estatua de la Libertad y en lo que ha de hacer mañana por la mañana. (Vamos, inténtelo.)

Habrá comprobado —¿verdad?— que puede concentrar sus pensamientos *sucesivamente,* pero nunca simultáneamente. Bien, lo mismo sucede en el campo de las emociones. No es posible que nos mostremos a la vez entusiasmados con algo interesante que estamos haciendo y abrumados por la preocupación. Una de las emociones expulsa a la otra. Y fue este simple descubrimiento lo que permitió a los psiquiatras del ejército realizar milagros durante la guerra.

Cuando los hombres salían de la batalla tan sacudidos por la prueba que merecían el nombre de "psiconeuróticos", los médicos militares prescribían como remedio: "Manténganlos ocupados".

Cada minuto de estos hombres con los nervios quebrantados era un minuto lleno de actividad. Era una actividad generalmente al aire libre, como la pesca, la caza, jugar a la pelota, sacar fotografías, trabajar en el jardín y bailar. No se les daba tiempo para que rumiaran acerca de sus terribles experiencias.

"Terapéutica del trabajo" es la expresión que emplea ahora la psiquiatría cuando el trabajo es prescrito como una medicina. No es cosa nueva. Los médicos griegos la propugnaban quinientos años antes del nacimiento de Cristo.

Los cuáqueros la utilizaban en Filadelfia en los tiempos de Benjamin Franklin. Un visitante de un sanatorio cuáquero quedó escandalizado en 1774 al ver que los enfermos mentales estaban dedicados a hilar el lino. Se dijo que aquellos desdichados estaban siendo explotados, pero los cuáqueros le explicaron que habían comprobado que los pacientes mejoraban cuando se les hacía trabajar un poco. El trabajo era un sedativo para los nervios.

Cualquier psiquiatra nos dirá que el trabajo, el mantenerse ocupado, es uno de los mejores anestésicos para los nervios enfermos. Henry W. Longfellow lo averiguó por su propia cuenta cuando perdió a su joven esposa. Su esposa ataba fundiendo lacre con una vela y se le incendiaron las ropas. Longfellow oyó los gritos y acudió al rescate, pero la desgraciada murió a causa de las quemaduras. Durante algún tiempo, Longfellow estuvo tan torturado por los recuerdos de lo ocurrido que casi enloqueció. Por fortuna para él, sus tres hijos necesitaban atención. A pesar de su pena, Longfellow tuvo que ser para sus hijos un padre y una madre. Los llevaba de paseo, les contaba historias, jugaba con ellos, e inmortalizó esta camaradería en su poema *La hora de los niños*. También tradujo al Dante, y todas estas obligaciones lo mantuvieron tan ocupado que se olvidó de sí mismo por completo y reconquistó la paz del espíritu. Como declaró Tennyson cuando perdió a su más íntimo amigo, Arthur Hallam, "debo perderme en la acción, si no quiero marchitarme en la desesperación".

La mayoría de nosotros nos "perdemos fácilmente en la acción" cuando estamos al pie del cañón y realizamos el trabajo cotidiano. Pero son las horas de descanso las verdaderamente peligrosas. Precisamente, cuando podemos disfrutar libremente de nuestros ocios y ser más felices, llega también el momento en que nos atacan los diablos de la preocupación. Es el momento en que nos preguntamos si estamos haciendo algo de fundamento en la vida, si no estamos dando vueltas a la noria, si el jefe "quiso decir algo" con la observación que nos hizo, si estamos perdiendo el atractivo sexual...

Cuando no estamos ocupados, nuestros espíritus tienden a convertirse en un vacío. Todo estudiante de física sabe que "la naturaleza aborrece el vacío". Lo más próximo a un vacío que usted y yo no veremos probablemente jamás, es el interior de una lámpara eléctrica de filamento. Rompa esa bombilla; la naturaleza obligará al aire a llenar el espacio teóricamente vacío.

La naturaleza también se apresura a llenar el vacío del espíritu. ¿Con qué? Por lo general, con emociones. ¿Por qué? Porque las emociones de la preocupación, el miedo, el odio y la envidia son traídos por el vigor primigenio y la energía dinámica de la selva. Estas emociones son tan violentas que tienden a expulsar de nuestros espíritus todos los pensamientos y emociones pacíficos y felices.

James L. Mursell, profesor del Teachers College de Columbia, lo expresa muy bien cuando dice: "La preocupación es particularmente apta para apoderarse de uno, no cuando se está en acción, sino cuando ha terminado el trabajo del día. La imaginación corre desbocada en estos momentos, presenta toda clase de posibilidades ridículas y agranda nuestros pequeños errores. En momentos así, el espíritu es como un automóvil que opera sin carga alguna. Corre velozmente y se expone a quemarse y hasta a romperse en pedazos. El remedio contra la preocupación es tener ocupado todo el tiempo en la realización de algo constructivo".

Pero no hace falta ser profesor de un colegio para comprender esta verdad y ponerla en práctica. Durante la guerra encontré a una ama de casa que había descubierto por sí misma que "el remedio contra la preocupación es tener ocupado todo el tiempo en la realización de algo constructivo". Conocí a esta mujer y a su esposo en el coche comedor mientras efectuaba el viaje de Nueva York a mi granja de Missouri.

Esta pareja me dijo que su hijo se había incorporado a las fuerzas armadas al día siguiente de Pearl Harbour. La mujer me declaró que casi había perdido la salud a causa de la preocupación que sentía por aquel hijo único. ¿Dónde estaba? ¿Estaba bien? ¿Luchando tal vez? ¿Resultaría herido? ¿Muerto?

Cuando le pregunté cómo había superado sus preocupaciones, me contestó: "Ocupando mi tiempo". Me dijo que, en un principio, despidió a su doméstica y trató de ocuparse haciendo sola todo el trabajo de la casa. Pero esto no le sirvió de mucho. Y comentó: "El fastidio era que podía hacer mis quehaceres domésticos de modo casi automático, sin emplear la cabeza. Y seguí preocupándome. Mientras hacía las camas y fregaba la vajilla, comprendí que necesitaba algún trabajo nuevo que me ayudara a ocuparme mental y físicamente todas las horas del día. Entonces acepté un puesto de vendedora en unos grandes almacenes.

"Eso hice. E inmediatamente me vi en un torbellino de actividad: clientes que me asediaban y me hacían preguntas sobre precios, tamaños y colores. Nunca tenía un segundo para pensar en algo que no fueran mis obligaciones inmediatas; cuando llegaba la noche, no podía pensar nada más que en mis doloridos pies. Y, en cuanto cenaba, me iba a la cama y caía en la inconsciencia de modo instantáneo. No tenía ni tiempo ni energías para preocuparme."

Descubrió por sí misma lo que John Cowper Powys explica en *The Art of Forgetting the Unpleasant (El arte de olvidar lo desagradable):* "Cierta cómoda seguridad, cierta profunda paz interior y una especie de feliz aturdimiento calman los nervios del animal humano absorbido por la tarea que se le adjudica":

¡Y qué gran cosa es que sea así! Osa Johnson, la más famosa exploradora del mundo, me dijo cómo encontró alivio para sus preocupaciones y penas. Cabe que hayan leído ustedes la historia de su vida. Se titula *I Married Adventure (Me casé con la aventura)*. Si ha habido alguna vez una mujer que se casó con la aventura, esa mujer es ella. Martin Johnson se casó con ella cuando era una muchachita de dieciséis años, la sacó de las aceras de Chanute, Kansas, y la llevó a las sendas de la selva de Borneo. Durante un cuarto de siglo esta pareja de Kansas viajó por todo el mundo haciendo películas de la vida salvaje en declinación de Asia y África. Pocos años después efectuaron una gira de conferencias exhibiendo sus famosas películas. Tomaron un avión en Denver y levantaron el vuelo en dirección a la costa. El avión cayó en las montañas. Martin Johnson murió instantáneamente. Los médicos dijeron que Osa no volvería a caminar. Pero no conocían a Osa Johnson. Tres meses después estaba en una silla de ruedas, dando conferencias ante grandes auditorios. Dio cien conferencias aquella temporada, todas desde su silla de ruedas. Cuando le pregunté por qué hizo eso, me contestó: "Haciendo eso no tenía tiempo para la pena y la preocupación".

Osa Johnson había descubierto la misma verdad que Tennyson había proclamado un siglo antes: "Debo perderme en la acción, si no quiero marchitarme en la desesperación".

El almirante Byrd descubrió la misma verdad cuando vivió solitario durante cinco meses en una choza literalmente sepultada en los hielos que cubren el Polo Sur. Son unos hielos que guardan uno de los más viejos secretos de la naturaleza, unos hielos que cubren un desconocido continente que es mayor que los Estados Unidos y Europa juntos. El almirante Byrd pasó allí cinco meses en completa soledad. Ningún otro ser vivo había en un radio de ciento cincuenta kilómetros. El frío era tan intenso que podía oír cómo su aliento se helaba cuando el viento soplaba junto a su oído. En su libro *Alone (Solo)*, el almirante Byrd nos habla de esos cinco meses que pasó en desconcertante y abrumadora oscuridad. Tenía que ocupar su tiempo para no perder el juicio.

Y dice: "Por la noche, antes de apagar la linterna, tomé la costumbre de señalarme el trabajo del día siguiente. Por ejemplo, asignaba una hora al túnel de escape, media hora a la nivelación, una hora a ordenar los tambores de combustible, una hora a labrar estantes en el túnel de los alimentos y dos horas a reponer algún desperfecto en el trineo personal...

"Era maravilloso engañar al tiempo de este modo. Me proporcionó una extraordinaria sensación de dominio sobre mí mismo... Sin esto o un equivalente, los días no hubieran tenido finalidad y, sin finalidad, hubieran terminado, como tales día siempre terminan, en la desintegración."

Subrayemos esto último: *"Sin finalidad, los días hubieran terminado, como tales días siempre terminan, en la desintegración".*

Si usted y yo estamos preocupados, recordemos que podemos utilizar el buen trabajo a la antigua como una medicina. Esto fue dicho por nada menos que una autoridad como el extinto Dr. Richard C. Cabot, que fue profesor de Medicina clínica en Harvard. En su libro *What men Live By (Para qué viven los hombres)*, el Dr. Cabot dice: "Como médico, he tenido la felicidad de ver cómo el trabajo curaba a muchas personas que padecían de parálisis temblona del alma como consecuencia de dudas, vacilaciones y miedos avasalladores... El valor que nos proporciona el trabajo es como la confianza en sí mismo que Emerson hizo eternamente gloriosa".

Si usted y yo no nos ocupamos —si nos limitamos a sentarnos y rumiar—, engendraremos una multitud de los que Charles Darwin denominaba los "diablillos". Y los "diablillos" no son más que la vieja polilla que nos dejará huecos y destruirá nuestro poder de acción y nuestra fuerza de voluntad.

Conozco a un hombre de negocios de Nueva York que combatió los "diablillos" ocupándose de tal modo que no tenía tiempo para lamentarse y angustiarse. Se llama Tremper Longman. Era alumno de mis clases para adultos y su conversación acerca del modo de combatir la preocupación era tan interesante, tan impresionante, que le pedí que cenara conmigo después de la clase. Estuvimos en el restaurante hasta pasada la medianoche. He aquí la historia que me contó: "Hace dieciocho años estaba tan preocupado que padecía insomnio. Estaba tenso, irritado y tembloroso. Comprendía que mis nervios se venían abajo.

"Tenía motivos para preocuparme. Era tesorero de la Crown Fruit and Extract Company. Teníamos medio millón de dólares invertidos en fresas enlatadas en envases de un galón de capacidad. Durante veinte años habíamos estado vendiendo esas latas de fresas a los fabricantes de helados. De pronto nuestras ventas se detuvieron, porque los grandes fabricantes de helados, como la National Dairy y Borden's, estaban aumentando rápidamente su producción y ahorraban tiempo y dinero comprando fresas en barriles.

"No solamente nos quedamos con medio millón de dólares de fresas que no podíamos vender, sino que también estábamos obligados por contrato a comprar un millón de dólares de fresas más en los próximos doce meses. Los bancos nos habían prestado ya U$S 350.000. No nos era posible ni devolver ni renovar estos préstamos. No es extraño que me preocupara.

"Corrí a Watsonville, en California, donde estaba nuestra fábrica, y traté de persuadir a nuestro presidente de que las condiciones habían cambiado y de que estábamos ante la ruina. Se negó a creerme. Echó la culpa de todo a nuestras oficinas de Nueva York; no sabíamos vender.

"Después de días de argumentación, lo persuadí a que ordenara que no se enlataran más fresas y se vendiera nuestra próxima cosecha en el mercado de fresas frescas de San Francisco. Esto solucionaba nuestros problemas casi por completo. Por tanto, debí cesar de preocuparme. Pero no pude. La preocupación es un hábito y yo tenía este hábito.

"Cuando volví a Nueva York comencé a preocuparme

por todo: por las cerezas que estábamos comprando en Italia, por los ananás (piñas) que estábamos comprando en Hawai, y así sucesivamente. Me encontraba tenso y tembloroso y no podía dormir. Como he dicho, comprendía que mis nervios se venían abajo.

"Desesperado, adopté un modo de vida que me curó del insomnio y detuvo mis preocupaciones. Ocupé mi tiempo. Lo ocupé de tal modo con problemas que reclamaban todas mis facultades, que no tenía tiempo de preocuparme. Había estado trabajando siete horas al día. Ahora trabajaba quince y dieciséis. Iba a las oficinas a las ocho de la mañana y permanecía allí casi hasta la medianoche. Me eché encima nuevos deberes y nuevas responsabilidades. Cuando llegaba a casa a medianoche, estaba tan agotado que caía en la cama y me dormía en unos cuantos segundos.

"Me atuve a este programa durante tres meses. Transcurrido este tiempo, había roto mi hábito de preocuparme, por lo que volví al trabajo normal de siete u ocho horas diarias. Esto ocurrió hace dieciocho años. Desde entonces no he vuelto a padecer insomnios o preocupaciones."

George Bernard Shaw tenía razón. Lo resumió todo cuando dijo: *"El secreto de ser desdichado estriba en tener ocios para pensar si se es feliz o no"*. ¡No pensemos, pues, en ello! Escupa en sus manos y póngase a la obra. Su sangre comenzará a circular y su mente a batir; muy pronto, este positivo levantamiento general de la vida de su organismo expulsará la preocupación de su espíritu. *Ocúpese. Manténgase* ocupado. Es el medicamento más barato que existe en la tierra y también uno de los mejores.

Para romper el hábito de la preocupación, he aquí la Regla 1:

Ocúpese. La persona preocupada debe perderse en la acción si no quiere marchitarse en la desesperación.

7

NO NOS DEJEMOS VENCER POR LAS SABANDIJAS

He aquí una historia dramática que recordaré probablemente mientras viva. Me fue contada de este modo por Robert Moore, de Maplewood, Nueva Jersey: "Aprendí la mayor lección de mi vida en marzo de 1945. La aprendí a cien metros bajo el agua frente a la costa de Indochina. Yo era uno de los ochenta y ocho tripulantes del submarino *Baya* SS 318. Habíamos descubierto por medio del radar que se acercaba un pequeño convoy japonés. Próximo ya el amanecer, nos sumergimos para el ataque. Vi por el periscopio un destructor de escolta, un buque cisterna y un posaminas. Disparamos tres torpedos contra el destructor de escolta, pero fallamos. Algo se torció en el mecanismo de cada torpedo. El destructor, sin darse cuenta de que había sido atacado, continuó su camino. Nos disponíamos a atacar al último barco, al posaminas, cuando éste cambió bruscamente de rumbo y avanzó hacia nosotros. (Un avión japonés nos había ubicado a unos veinte metros bajo el agua y había dado nuestra posición por radio al posaminas.) Bajamos a unos cincuenta metros, con el objeto de evitar la detección, y nos preparamos para una carga de profundidad. Pusimos pasadores complementarios en las escotillas y cortamos la corriente de los ventiladores, el sistema de refrigeración y todos los aparatos eléctricos.

"Tres minutos después se desataron todas las furias del averno. Seis cargas de profundidad hicieron explosión a nuestro alrededor y nos enviaron al fondo del océano, a unos cien metros de profundidad. Estábamos aterrados. Ser atacados a menos de trescientos metros bajo el agua es peligroso y a menos de ciento cincuenta resultaba casi fatal. Y estábamos siendo atacados a apenas cien metros, a la altura de las rodillas, como quien dice, en lo que respecta a seguridad. Durante quince horas aquel posaminas japonés estuvo arrojando cargas de profundidad. Si una carga de profundidad hace explosión a pocos metros de un submarino, la concusión abre en éste un agujero. Fueron docenas las cargas de profundidad que hicieron explosión a nuestro alrededor a menos de veinte metros. Se nos había ordenado permanecer "al seguro" tendidos en nuestras literas y sin movernos. Yo estaba tan aterrado que apenas podía respirar. Me decía una y otra vez: 'Esto es la muerte... Esto es la muerte... Esto es la muerte...' Cuando los ventiladores y el sistema de refrigeración se detuvieron, el aire del interior del submarino alcanzó una temperatura próxima a los cuarenta grados centígrados, pero yo estaba tan descompuesto por el miedo que me puse una chaqueta de punto y una zamarra. Y todavía temblaba de frío. Mis dientes castañeteaban y me invadió un sudor frío y viscoso. El ataque duró quince horas. De pronto, cesó bruscamente. Al parecer, el posaminas japonés se quedó sin cargas de profundidad y se marchó. Aquellas quince horas de ataque parecieron quince millones de años. Desfiló ante mí toda mi vida. Recordé todas las malas cosas que había hecho, todas las cosas absurdas que me habían preocupado. Había sido empleado de banco antes de incorporarme a la Marina. Me había preocupado por las largas horas de trabajo, la escasa paga, las escasas perspectivas de ascenso. Me había preocupado por no tener casa propia, por no poder comprarme un nuevo coche, por no poder comprar a mi mujer nuevas ropas. ¡Cómo había odiado a mi viejo jefe, un hombre que siempre estaba regañando y fastidiando! Recordé cómo volvía a casa por las noches amargado y gruñón, cómo disputaba con mi esposa por la más insignificante minucia. Me había preocupado por una cicatriz que tenía en la frente, un corte profundo que me había causado en un accidente de automóvil.

"¡Qué grandes me parecieron entonces todas esas preocupaciones! Pero ¡qué absurdas me parecían cuando las cargas de profundidad me amenazaban con enviarme al otro mundo! Me prometí en aquel momento que, si volvía a ver el sol y las estrellas, no me preocuparía ya por nada. ¡Nunca! ¡Nunca! ¡Nunca! Aprendí más del arte de la vida en aquellas quince terribles horas en el submarino que lo que aprendí en los libros en mis cuatro años de estudios en la Universidad de Syracuse."

Es frecuente que encaremos los grandes desastres de la vida con valor y que, en cambio, las minucias, los "dolores de cabeza", nos venzan. Por ejemplo, Samuel Pepys habla en su diario de cómo decapitaron en Londres a Sir Harry Vane. Y dice que, cuando Sir Harry subió a la plataforma, no pidió que le perdonaran la vida, sino que pidió al verdugo que ¡no le diera el tajo en el doloroso forúnculo que tenía en el cuello!

El almirante Byrd descubrió que, en el frío y la oscuridad de las noches polares, sus hombres se encrespaban más por las minucias que por las cosas importantes. Soportaban sin quejarse los peligros y las penalidades en un lugar donde el frío llegaba frecuentemente a los veintiocho grados centígrados bajo cero. Y el almirante Byrd comenta: "Pero sé de compañeros de litera que dejaban de hablarse por sospechar que el uno colocaba sus cosas en el espacio reservado al otro y sé también de quien se negaba a comer si no encontraba en el comedor un sitio fuera de la vista del flechero, quien masticaba solemnemente el alimento veintiocho veces antes de tragarlo.

"En un campamento polar, las pequeñeces como éstas tienen la fuerza de llevar a hombres disciplinados a los lindes de la locura."

También hubiera podido decir el almirante Byrd que las "minucias" en el matrimonio llevan a las personas a los lindes de la locura y causan "la mitad de los pesares que hay en el mundo".

Por lo menos, esto es lo que las autoridades dicen. Por ejemplo, el magistrado Joseph Sabath, de Chicago, después de actuar como árbitro en más de cuarenta mil matrimonios desgraciados, declaró: "En el fondo de la mayor parte de la infelicidad matrimonial, hay trivialidades". Y Frank S. Hogan, ex fiscal del distrito del Condado de Nueva York, dice: "La mitad de los casos en nuestros tribunales para lo criminal se originan en minucias. Una jactancia de taberna, una disputa doméstica, una observación injuriosa, una palabra inconveniente o una grosería son minucias que llevan a la agresión y al homicidio. Son pocos los que sufren un maltrato cruel y considerable. Las cosas que causan la mitad de los pesares del mundo son los pequeños golpes que se asestan a nuestra propia estimación, las faltas de consideración, las heridas sin importancia a nuestra vanidad".

Cuando Eleanor Roosevelt se casó, estuvo "preocupada durante varios días" a causa de que su nuevo cocinero había servido una comida muy pobre. Y la señora Roosevelt dice: "Si esto sucediera ahora, me encogería de hombros y lo olvidaría". Muy bien, eso es actuar emocionalmente como una persona mayor. Hasta Catalina la Grande, una autócrata absoluta, tomaba la cosa a risa cuando el cocinero echaba a perder un plato.

Mi esposa y yo cenamos en casa de un amigo de Chicago. Mientras trinchaba la carne este amigo hizo algo que no estaba bien. Yo no lo advertí, y aunque lo hubiese advertido, no me hubiera importado. Pero su mujer lo vio y, en seguida, le saltó al cuello: "¡John! ¡Mira lo que haces! ¿Pero es que nunca vas a aprender a servir?". Después se volvió hacia nosotros y nos dijo: "Siempre está cometiendo equivocaciones. Es que no quiere aprender". Tal vez este amigo no quisiera aprender a trinchar, pero yo, desde luego, lo admiro por haber vivido veinte años con una mujer así. Francamente, yo preferiría comer dos buñuelos con mostaza en un ambiente de paz que cenar con pato de Pekín y aletas de tiburón regañado a cada instante.

Poco después de esta experiencia, mi esposa y yo teníamos invitados a cenar en nuestra casa. Poco antes de que los invitados llegasen, mi esposa vio que tres de las servilletas no correspondían al juego del mantel. Y después, me contó: "Corrí a la cocina y vi que las tres servilletas que faltaban habían ido al lavadero. Los invitados estaban por llegar. No había tiempo para un cambio. Estuve a punto de echarme a llorar. Mi única idea era: '¿Por qué esta estúpida equivocación tiene que amargarme toda la fiesta? Pero después me dije que no había motivo para que permitiera que las cosas fueran así. Fui a la cena decidida a pasarlo bien. Y lo pasé. Preferí que mis amigos pensaran que yo era una ama de casa descuidada y no una señora nerviosa y malhumorada. Y, de todos modos, en la medida en que pude observarlo, nadie se fijó en las servilletas".

Un aforismo legal muy conocido dice: *De minimis non curat lex* ("la ley no se ocupa de minucias"). Y tampoco nadie que quiera paz interior debe preocuparse por ellas.

Muchas veces no necesitamos más que un desplazamiento del énfasis, la adopción de un punto de vista nuevo y agradable, para dejar atrás los fastidios de la trivialidad. Mi amigo Homer Croy, que ha escrito una docena de libros, proporciona un excelente ejemplo de cómo puede hacerse esto. Cuando escribía un libro, el ruido de los radiadores de su departamento de Nueva York lo enloquecía. El vapor silbaba y retumbaba y Homer Croy, sentado a su mesa, resoplaba de irritación.

Homer Croy dice: "Un día fui con varios amigos de expedición al campo. Mientras escuchaba el crepitar de la hoguera, me dije que era un ruido muy parecido al de los radiadores. ¿Por qué me gustaba el uno y odiaba el otro? Cuando volví a casa, pensé: 'El crepitar de la hoguera era un ruido agradable y el sonido de los radiadores es aproximadamente lo mismo. Me iré a dormir sin preocuparme por el ruido'. Y *lo hice*. Durante unos cuantos días tuve conciencia de que los radiadores estaban allí, pero pronto me olvidé de su existencia.

"Y lo mismo ocurre con las preocupaciones sin importancia. Nos desagradan y nos angustian, sólo porque las exageramos..."

Disraeli dijo: "La vida es demasiado breve para ser pequeña". Y André Maurois comentó así estas palabras en la revista *Semana (This Week):* "Son palabras que me han ayudado a través de muchas penosas experiencias; frecuentemente, dejamos que nos atribulen cosas ínfimas que deberíamos despreciar y olvidar... Henos aquí en esta tierra, con pocas décadas más para vivir, y perdiendo muchas horas irreemplazables en rumiar agravios que, al cabo de un año, habrán sido olvidados por nosotros y todo el mundo. No, dediquemos nuestra vida a acciones y sentimientos que valgan la pena, a las grandes ideas, a los afectos verdaderos y a las empresas perdurables. Porque la vida es demasiado breve para ser pequeña".

Hasta una figura tan ilustre como Rudyard Kipling se olvidó a veces de que "la vida es demasiado breve para ser pequeña". ¿El resultado? Él y su cuñado libraron la más famosa batalla judicial en la historia de Vermont, una batalla tan celebrada que se ha llegado a escribir un libro sobre ella: *Rudyard Kipling Vermont's Feud (El disgusto en Vermont de Rudyard Kipling).*

Las cosas pasaron de este modo: Kipling se casó con una joven de Vermont, Caroline Balestier, y construyó una hermosa casa en Brattleboro, Vermont, donde se estableció y pensaba pasar el resto de su vida. Su cuñado, Beatty Balestier, se convirtió en su mejor amigo. Los dos trabajaban y se divertían juntos.

Después Kipling compró algunas tierras a Balestier con la condición de que dejaría que éste se aprovisionara de hierba en ellas cada temporada. Un día Balestier encontró a Kipling organizando unos macizos de flores en el herbal. Se indignó e increpó a Kipling. Éste replicó y el aire de los Montes Verdes de Vermont se puso al rojo.

Pocos días después, cuando Kipling daba un paseo en bicicleta, su cuñado colocó bruscamente un carro y su tiro de caballos a través de la carretera y obligó a Kipling a echarse a un lado. Y Kipling —el hombre que escribió: "Si puedes conservar la serenidad cuando todos los demás la pierdan y te echen de ello la culpa"— perdió su serenidad y pidió con juramento un mandato judicial de detención contra Balestier. Siguió a esto un juicio sensacional. Los periodistas de las grandes ciudades acudieron a la localidad. Las noticias sobre el caso se difundieron por todo el mundo. No hubo arreglo. Esta disputa fue causa de que Kipling y su esposa abandonaran para siempre su hogar. Y toda esta zozobra y amargura fue por una trivialidad: un montón de hierba.

Hace veinticuatro siglos, Pericles dijo: "Vamos, señores, nos detenemos demasiado en insignificancias". Así es, en efecto.

He aquí una de las más interesantes historias que haya contado jamás el Dr. Harry Emerson, una historia sobre las batallas ganadas y perdidas por un gigante de la selva:

"En la ladera de Long's Park, en Colorado, se hallan los restos de un árbol gigantesco. Los naturalistas nos dicen que este árbol se mantuvo en pie durante unos cuatrocientos años. Era un vástago cuando Colón desembarcó en la isla San Salvador y se hallaba a mitad de su desarrollo cuando los Peregrinos se establecieron en Plymouth. En el curso de su larga vida, fue alcanzado por el rayo catorce veces; pasaron sobre él los aludes y las tormentas de cuatrocientos años. Sobrevivió a todo esto. Finalmente, sin embargo, un ejército de escarabajos lo atacó y acabó arrasándolo. Los insectos se abrieron paso a través de la corteza y destruyeron gradualmente la fuerza interior del árbol por medio de sus ataques, diminutos, pero incesantes. Un gigante de la selva, que no se había marchitado con la edad, que no había cedido al rayo, que no se había doblegado ante la tempestad, cayó al fin ante bestezuelas tan pequeñas que un hombre hubiera podido aplastarlas entre su índice y su pulgar."

¿No somos nosotros como este batallador gigante de la selva? ¿No nos arreglamos de un modo u otro para sobrevivir a los raros aludes, tormentas y rayos de la vida, aunque sólo para dejar que nuestros corazones sean devorados por las sabandijas de la preocupación, por unas sabandijas que pueden ser aplastadas entre el índice y el pulgar?

Hace unos cuantos años viajé por el Parque Nacional de Teton, en Wyoming, con Charles Seiferd, inspector de carreteras del Estado de Wyoming, y varios amigos suyos.

91

Íbamos a ver la finca de John D. Rockefeller en el parque. Pero el coche en que yo iba tomó un mal camino, nos perdimos y llegamos a la entrada de la finca una hora después que los demás. El señor Seiferd tenía la llave que abría la puerta privada y tuvo que esperar así una hora en aquel bosque cálido e infestado por los mosquitos. Éstos eran suficientes para volver loco a un santo. Pero no pudieron vencer a Charles Seiferd. Mientras nos esperaba, cortó una rama de tiemblo y se hizo un silbato. Cuando llegamos, ¿estaba maldiciendo a los mosquitos? No, estaba tocando su silbato. Conservo este silbato como un recuerdo del hombre que sabía cómo poner las pequeñeces en su lugar.

Para acabar con el hábito de la preocupación antes que éste acabe con nosotros, he aquí la Regla 2:

No nos dejemos atribular por insignificancias que debemos despreciar y olvidar. Recordemos que "la vida es demasiado breve para ser pequeña."

8

UNA LEY QUE PONE FUERA DE LA LEY A MUCHAS DE NUESTRAS PREOCUPACIONES

Yo pasé mis años de niño en una granja de Missouri. Un día, mientras ayudaba a mi madre a recoger cerezas, comencé a llorar. Mi madre me preguntó: "Dale, ¿qué es, hijo mío, lo que puede hacerte llorar?". Y yo balbuceé: "Tengo miedo de que me entierren vivo".

Tenía muchas preocupaciones en aquellos días. Cuando llegaba una tormenta eléctrica, tenía miedo de que un rayo me matara. Cuando llegaban los tiempos duros, tenía miedo de que no tuviéramos lo suficiente para comer. Tenía miedo de ir al infierno cuando muriera. Tenía un miedo espantoso de que un chico mayor, Sam White, me cortara mis grandes orejas, según me amenazaba. Tenía miedo de que las chicas se rieran de mí si las saludaba llevándome la mano al sombrero. Tenía miedo de que ninguna chica quisiera casarse conmigo. Tenía miedo de lo que diría a mi mujer inmediatamente después de casarme. Me imaginaba que nos casaríamos en una iglesia campesina y que después subiríamos a un birlocho con el fleco en lo alto y volveríamos a la granja... pero ¿qué conversación mantendría durante ese viaje? ¿Cómo me las arreglaría? Meditaba acerca de este gravísimo problema hora tras hora mientras caminaba tras el arado.

Con el correr de los años, vi gradualmente que el noventa y nueve por ciento de las cosas que me preocupaban no sucedieron jamás.

Por ejemplo, como he dicho, me aterraba entonces el rayo, pero ahora sé que las probabilidades de que el rayo me mate en un año cualquiera no pasan, de acuerdo con el Consejo de Seguridad Nacional, de una entre trescientas cincuenta mil.

Mi miedo de ser enterrado vivo era todavía más absurdo; no creo que, incluso en los días anteriores a la norma del embalsamamiento, se haya enterrado viva a una persona de cada diez millones. Sin embargo, yo lloraba a causa de ese miedo.

Una persona de cada ocho muere de cáncer. Si había algo por lo que debiera preocuparme, este algo era el cáncer. En lugar de ello, me preocupaba por el rayo y por ser enterrado vivo.

Es claro que he estado hablando de preocupaciones de infancia y adolescencia. Pero muchas de nuestras preocupaciones de adultos son casi tan absurdas. Probablemente usted y yo eliminaríamos los nueve décimos de nuestras preocupaciones ahora mismo si abandonáramos nuestro rumiar el tiempo suficiente para descubrir si, *de acuerdo con la ley de los promedios,* existe una verdadera justificación para nuestras preocupaciones.

La más famosa compañía de seguros del mundo —el Lloyd's de Londres— ha ganado innumerables millones con la tendencia de todos a preocuparnos por cosas que raramente suceden. El Lloyd's de Londres apuesta a las personas a que los desastres por los que se preocupan no ocurrirán nunca. Sin embargo, *no llaman apuestas a esto. Lo llaman seguro. Pero se trata realmente de una apuesta basada en la ley de los promedios.* Esta gran firma de seguros ha prosperado durante doscientos años y, si no cambia la naturaleza humana, prosperará durante cincuenta siglos más asegurando zapatos, barcos y lacre contra desastres que, *de acuerdo con la ley de los promedios,* no se producen con tanta frecuencia como el público se imagina.

Si examinamos la ley de los promedios, quedaremos frecuentemente atónitos ante nuestros descubrimientos. Por ejemplo, si supiera que dentro de cinco años tendría que participar en una batalla tan sangrienta como la batalla de Gettysburg, quedaría aterrado. Contrataría todos los seguros de vida que pudiera conseguir. Dictaría mi testamento y pondría en regla todos mis asuntos terrenales. Diría: "Probablemente no sobreviviré a la batalla; vale más, pues, que disfrute de los pocos años que me quedan". Sin embargo, los hechos nos dicen que, de acuerdo con la ley de los promedios, es tan peligroso, tan fatal tratar de vivir de los cincuenta a los cincuenta y cinco años en tiempos de paz como combatir en la batalla de Gettysburg. Lo que estoy queriendo decir es esto: en tiempos de paz mueren tantas personas por cada mil entre las edades de cincuenta y cincuenta y cinco años como muertos por cada mil hubo entre los 163.000 soldados que lucharon en Gettysburg.

Escribí varios capítulos de este libro en el Pabellón Num-Ti-Gah de James Simpson, a orillas del lago Bow, en las Montañas Rocosas canadienses. De temporada allí un verano, conocí al matrimonio Herbert H. Salinger, de San Francisco. La señora Salinger, una mujer equilibrada y serena, me dio la impresión de que nunca se había preocupado. Una noche, al amor de la lumbre, le pregunté si había sido alguna vez víctima de la preocupación. Y me contestó: "¿Víctima de la preocupación? Mi vida quedó casi deshecha a causa de ella. Antes de que aprendiera a no preocuparme, viví once años en un infierno que yo misma me había fabricado. Estaba siempre irritada y malhumorada. Vivía en una tensión terrible. Tomaba todas las semanas el autobús en mi pueblo de San Mateo para ir de tiendas a San Francisco. Pero, aun cuando andaba de tiendas, solía preocuparme por naderías. Tal vez había dejado conectada la plancha eléctrica. Tal vez la casa se había incendiado. Tal vez la muchacha se había escapado dejando a los niños en completo abandono. Tal vez los niños habían salido con sus bicicletas y sido víctimas de un automóvil. En medio de mis compras, me preocupaba hasta sentir un sudor frío. Interrumpía mis cosas, tomaba el autobús y volvía a ver si todo estaba en orden. No es extraño que mi primer matrimonio terminara en un desastre.

"Mi segundo marido es un abogado, un hombre tranquilo y analítico que nunca se preocupa por nada. Cuando me ponía tensa y nerviosa, solía decirme: 'Descansa.

95

Reflexionemos. ¿Por qué te preocupas? Examinemos la ley de los promedios y veamos si es o no probable que tal cosa ocurra'.

"Por ejemplo, recuerdo la vez que íbamos en automóvil de Albuquerque, Nuevo México, a las Cuevas de Carlsbad. Era un camino muy malo y fuimos sorprendidos por un temporal de lluvias.

"El coche patinaba. No había modo de dominarlo. Parecía inevitable que fuéramos a parar a una de las zanjas paralelas al camino. Pero mi marido me repetía: 'Estoy conduciendo muy despacio. No puede ocurrirnos nada serio. Aunque el coche se vaya a la zanja, de acuerdo con la ley de los promedios, no nos haremos daño'. Su calma y su confianza me tranquilizaron.

"Un verano estábamos pasando unos días de campo en el valle de Touquin, en las Montañas Rocosas canadienses. Tras haber acampado una noche a más de dos mil metros sobre el nivel del mar, una tempestad amenazó con destrozar nuestras carpas. Las carpas estaban atadas con cuerdas, a una plataforma de madera. La más exterior se agitaba, redoblaba y chirriaba al viento. Estaba segura de que, en cualquier momento, rompería sus amarras y se iría por los aires. Estaba aterrada. Pero mi marido me repetía: 'Mira, querida, estamos viajando con guías de Brewsters. Saben muy bien lo que hacen. Han estado instalando carpas en estos montes durante sesenta años. Esta carpa ha permanecido aquí muchas temporadas. No ha sido barrida por el viento todavía y, de acuerdo con la ley de los promedios, no lo será tampoco esta noche. Y aunque lo sea, podemos refugiarnos en otra carpa. Descansa, pues'. Así lo hice y dormí de un tirón el resto de la noche.

"Hace unos cuantos años hubo una epidemia de parálisis infantil en nuestra zona de California. Antes, me hubiera puesto histérica. Pero mi marido me persuadió de que actuara con calma. Tomamos todas las precauciones posibles: mantuvimos a nuestros niños alejados de las aglomeraciones, de la escuela y de los cines. Mediante una consulta a la Junta de Sanidad, averiguamos que, incluso durante la peor epidemia de parálisis infantil que California había conocido hasta entonces, sólo 1.835 niños habían sido atacados por la enfermedad en todo el Estado. Y el número corriente era entre doscientos y trescientos. Aunque trágicas, estas cifras revelaban que, de acuerdo con la ley de los promedios, las probabilidades de que un niño determinado fuera atacado, eran remotas.

"'De acuerdo con la ley de los promedios, no sucederá.' Esta frase ha destruido el noventa por ciento de mis preocupaciones y ha hecho mis veinte últimos años más bellos y felices que mis más rosadas esperanzas."

Se ha dicho que casi todas nuestras preocupaciones provienen de nuestra imaginación y no de la realidad. Cuando paso revista a las últimas décadas también puedo ver yo de dónde vinieron la mayoría de mis preocupaciones.

Jim Grant me dijo que había tenido la misma experiencia. Era dueño de la James A. Grant Distributing Company, de Nueva York. Pedía a la vez de diez a quince vagones de naranjas y toronjas de Florida. Me dijo que solía torturarse con pensamientos como éstos: ¿Qué pasará si hay un descarrilamiento? ¿Qué pasará si mi fruta queda esparcida por todo el campo? ¿Qué pasará si un puente se viene abajo en el momento en que pasan por él mis vagones? Desde luego, la fruta estaba asegurada, pero temía que, si no la entregaba a tiempo, perdería su mercado. Se preocupó tanto que temió tener úlceras de estómago y fue a ver a un médico. El médico le dijo que no tenía otra cosa que unos nervios en punta. Y Jim Grant declaró: "Entonces se hizo la luz y comencé a hacerme preguntas. 'Vamos a ver, Jim Grant, ¿cuántos vagones has entregado al cabo de dos años?' La respuesta era: 'Unos veinticinco mil'. Después, me pregunté: '¿Cuántos de esos vagones se han perdido?'. La respuesta era: 'Unos cinco'. Y me dije en seguida: '¿Sólo cinco de veinticinco mil? ¿Sabes lo que eso significa? ¡La razón de uno a cinco mil! En otros términos, de acuerdo con la ley de los promedios, basada en la experiencia, las probabilidades de que tus vagones se pierdan son para cada uno de una entre cinco mil. Entonces, ¿qué motivos tienes para preocuparte?'.

"Después me dije: 'Bien, un puente puede venirse abajo'. Y me pregunté: '¿Cuántos vagones has perdido a causa del hundimiento de un puente?'. La respuesta era: 'Ninguno'. Y comenté en mi fuero interno: '¿No eres un estúpido al preocuparte hasta tener úlceras por un puente que nunca se ha hundido y por un descarrilamiento cuyas probabilidades de que no ocurra son cinco mil contra una?'.".

Y Jim Grant me dijo: "Cuando contemplé las cosas desde este punto de vista, decidí que la ley de los promedios se preocupara por mí. Desde entonces, no me han fastidiado más las úlceras de estómago".

Cuando Al Smith era gobernador de Nueva York, le oí contestar a los ataques de sus enemigos políticos diciendo una y otra vez: "Examinemos las constancias... Examinemos las constancias..." En seguida exponía los hechos. La próxima vez que usted y yo nos preocupemos por lo que pueda suceder, sigamos el ejemplo del juicioso Al Smith: examinemos las constancias y veamos qué bases hay, si es que hay alguna, para nuestra atormentadora angustia. Esto es precisamente lo que hizo Frederick J. Mahlstedt cuando temió estar en la sepultura. He aquí la historia que contó en una de nuestras clases de adultos de Nueva York:

"A comienzos de junio de 1944 estaba tendido en una trinchera próxima a la playa de Omaha. Pertenecía a la 999ª compañía del Cuerpo de Señales y acabábamos de atrincherarnos en Normandía. Miré alrededor en aquella trinchera —no era más que una cavidad rectangular—, y me dije: 'Esto parece una sepultura'. Cuando me tendía y trataba de dormir, *era como* estar en la tumba. Constantemente, me repetía: 'Tal vez sea esto mi sepultura'. Cuando los bombarderos alemanes iniciaron su tarea a las once de la noche y cayeron las primeras bombas, mi miedo fue terrible. Durante las dos o tres primeras noches no pude dormir. Cuando llegó la cuarta o quinta, era una verdadera ruina. Comprendí que, si no hacía algo, me volvería loco. Por lo tanto, me acordé de las cinco noches que había pasado y que todavía estaba vivo; otro tanto pasaba con todos los hombres de mi grupo. Sólo dos habían sido heridos, y habían sido heridos no por las bombas alemanas, sino por los trozos de metralla de nuestros cañones antiaéreos. Decidí dejar de preocuparme y hacer algo constructivo. Construí sobre mi trinchera un tejado de maderos, a fin de protegerme contra los trozos de metralla. Pensé en la vasta zona en que se hallaba distribuida mi unidad. Me dije que el único modo de que me mataran en aquella trinchera profunda y estrecha era mediante un impacto directo, y que la probabilidad de un impacto directo suponía la razón de uno a diez mil. Después de un par de noches de ver las cosas así, me calmé y dormí, incluso durante las incursiones de los bombarderos."

La Marina de los Estados Unidos utilizó las estadísticas de la ley de los promedios para levantar el ánimo de sus hombres. Un ex marinero me dijo que, cuando él y sus compañeros fueron destinados a buques cisterna de gasolina de muchos octanos, la preocupación los dejó abrumados. Todos creían que cuando uno de estos buques cisterna era alcanzado por un torpedo, hacía explosión y enviaba a todos sus tripulantes al otro mundo.

Pero la Marina de los Estados Unidos lo entendía de otro modo; en consecuencia, publicó las cifras exactas y mostró que de cien buques cisterna alcanzados por torpedos, sesenta continúan a flote y que, de los cuarenta hundidos, sólo cinco se hunden en menos de diez minutos. Esto significaba que había tiempo para abandonar el barco y también un número de bajas muy pequeño. ¿Ayudó esto a levantar el ánimo? Clyde W. Maas, de St. Paul, Minnesota, declaró después de contarme esta historia: "Este conocimiento de la ley de los promedios hizo desaparecer mi cosquilleo de vientre. Toda la tripulación se sintió mejor. Sabíamos que teníamos unas probabilidades y que, de acuerdo con la ley de los promedios, no era probable que resultáramos muertos".

Para acabar con el hábito de la preocupación antes de que éste acabe con nosotros, he aquí la Regla 3:

"Examinemos las constancias." Preguntémonos: *"¿Cuáles son las probabilidades, según la ley de los promedios, de que este acontecimiento por el que me estoy preocupando ocurra alguna vez?".*

9

COOPEREMOS CON LO INEVITABLE

Cuando era un chiquillo, estaba jugando con algunos de mis amigos en el desván de una vieja casa de troncos abandonada de la zona noroeste de Missouri. Al bajar del desván apoyé mis pies en el alféizar de una ventana por unos instantes. Después salté. Tenía un anillo en mi índice izquierdo; el anillo se enganchó en la cabeza de un clavo y me arrancó el dedo.

Grité. Estaba aterrado. Estaba convencido de que iba a morirme. Pero, cuando sanó la herida, no me preocupé por el dedo ni una milésima de segundo. ¿Qué utilidad hubiera tenido preocuparme? Había aceptado lo inevitable.

Ahora pasa frecuentemente más de un mes antes de que me acuerde de que sólo tengo cuatro dedos en mi mano izquierda.

Hace unos cuantos años conocí a un hombre que estaba a cargo de un montacargas en uno de los edificios de oficinas de la zona baja de Nueva York. Observé que había perdido la mano izquierda desde la muñeca. Le pregunté si la pérdida de la mano le molestaba. Y me contestó: "¡Oh, no! Ni me acuerdo de eso. Soy soltero y la única vez que me acuerdo del asunto es cuando intento enhebrar una aguja".

Es asombroso lo rápidamente que aceptamos casi cualquier situación —si estamos obligados a ello—, nos ajustamos a ella y olvidamos en seguida todo el asunto.

Pienso muchas veces en la inscripción que hay en las ruinas de una catedral del siglo XV en Amsterdam, Holanda. Esta inscripción dice en flamenco: "Es así. No puede ser de otro modo".

Al marchar usted y yo a través de las décadas del tiempo, nos encontramos con muchas situaciones desagradables que son así. No pueden ser de otro modo. Podemos optar. Podemos aceptarlas como inevitables o podemos destrozar nuestras vidas en la rebelión y terminar tal vez con los nervios deshechos.

He aquí un sabio consejo de uno de mis filósofos favoritos, William James. Dice: *"Acepta que sea así. La aceptación de lo que ha sucedido es el primer paso para superar las consecuencias de cualquier desgracia"*. Elizabeth Connley, de Portland, Oregon, comprobó cuánta verdad hay en esto de un modo muy duro. He aquí la carta que me escribió recientemente: "El mismo día en que Norteamérica estaba celebrando la victoria de nuestras fuerzas armadas en el Norte de África, recibí un telegrama del Departamento de Guerra: mi sobrino —la persona que más quería— había desaparecido en acción. Poco tiempo después llegó otro telegrama anunciándome que había muerto.

"Quedé abrumada por la pena. Hasta entonces había tenido la impresión de que la vida me había tratado muy bien. Tenía una ocupación que me agradaba. Había contribuido a la educación de mi sobrino. Representaba para mí todo lo que hay de bueno y noble en la juventud. Sentía que cuanto había sembrado me remuneraba con esplendidez... Después vino ese telegrama. Mi mundo se derrumbó por completo. Me dije que mi vida ya no tenía finalidad. Descuidé mi trabajo; me aparté de mis amigos. Dejé que las cosas fueran como quisieran. Me sentía amargada y resentida. ¿Por qué fue mi pobre sobrino el elegido? ¿Por qué este buen muchacho, con toda la vida por delante, tenía que morir en la guerra? No podía aceptarlo. Mi pena era tan grande que decidí abandonar mi trabajo, marcharme y esconderme con mis lágrimas y mi amargura.

"Estaba despejando mi mesa, dispuesta a marcharme, cuando tropecé con una carta que había dejado olvidada, una carta de ese mismo sobrino que había muerto, una carta que me había sido escrita a raíz de la muerte de mi madre, hacía unos cuantos años. Esta carta decía: 'Desde luego, todos la echaremos muy de menos y especialmente usted, tía. Pero sé que sabrá imponerse a la pena. Su propia filosofía personal le ayudará a ello. Nunca olvidaré las bellas verdades que me ha enseñado. Dondequiera que esté, por muy lejos que sea, siempre recordaré que usted me enseñó a sonreír y a tomar cuanto venga como un hombre'.

"Leí y releí esta carta. Me parecía que mi sobrino estaba a mi lado, hablándome. Parecía decirme: '¿Por qué no haces lo que me enseñaste a hacer? Aguanta, suceda lo que suceda. Oculta tus penas, sonríe y sigue adelante'.

"Entonces volví a mi trabajo. Dejé de mostrarme amargada y rebelde. Constantemente me repetía: 'Está hecho. No puedo cambiarlo. Pero puedo soportarlo y lo soportaré, como él desearía que hiciera'. Me dediqué al trabajo con toda el alma. Escribí cartas a los soldados, a los hijos de otros. Asistí a una clase nocturna de adultos, a la busca de nuevos intereses y nuevos amigos. Apenas puedo creer el cambio que en mí se produjo. Cesé de lamentarme de un pasado que ya no volvería. Ahora vivo alegremente cada día, como mi sobrino hubiera deseado que viviera. He hecho las paces con la vida. He aceptado el destino. Y vivo ahora una vida más plena y completa que en cualquier otro tiempo anterior."

Elizabeth Connley aprendió lo que todos nosotros aprenderemos tarde o temprano, es decir, que debemos aceptar lo inevitable y cooperar con ello. "Es así. No puede ser de otro modo." No es una lección que se aprenda fácilmente. Hasta los reyes tienen que recordarlo en sus tronos. El extinto Jorge V tenía estas palabras en un marco que colgaba de una pared de su biblioteca del Buckingham Palace: "No me enseñéis a llorar para pedir la luna o a llorar por la leche que se derramó".

Evidentemente, no sólo las circunstancias nos hacen felices o infelices. Lo que determina nuestro modo de sentir es nuestra reacción ante las circunstancias. Jesús dijo que el reino de los cielos estaba dentro de nosotros. Y también se halla dentro de nosotros el reino de los infiernos.

Todos nosotros podemos soportar el desastre y la tragedia e imponernos, si estamos obligados a ello. Cabe que nos consideremos incapaces de hacerlo, pero son sorprendentes nuestros recursos interiores; sólo se precisa que queramos utilizarlos. Somos más fuertes de lo que pensamos.

El extinto Booth Tarkington pudo comprobarlo. Siempre decía: "Puedo soportar todas las cosas que la vida pueda reservarme menos una: la ceguera. Nunca podría soportarla".

Y un día, cuando ya había dejado atrás los sesenta, Tarkington miró a la alfombra del piso. Los colores estaban confusos. No podía ver el dibujo. Fue a un especialista. Se enteró de la trágica verdad: estaba perdiendo la vista. Un ojo estaba ya casi perdido; el otro le seguiría. Lo que más temía se había producido.

Y ¿cómo reaccionó Tarkington ante el "peor de todos los desastres"? ¿Se dijo acaso: "¡Ya está! He aquí el fin de mi vida"? No, para asombro suyo, se sintió muy contento. Hasta recurrió a su humorismo. Las "nubes" flotantes le molestaban; se le ponían ante los ojos y le quitaban toda la visión. Sin embargo, cuando pasaba la mayor de estas nubes, decía: "¡Vaya! ¡He ahí de nuevo el abuelo! ¿Adónde irá con esta mañana tan linda?".

¿Cómo podía el destino vencer a un ánimo así? La respuesta es que era imposible. Cuando llegó la ceguera total, Tarkington dijo: "Comprendo que puedo soportar mi ceguera como puede soportar un hombre cualquier otra cosa. Aunque perdiera mis cinco sentidos, sé que tendría una vida interior. Porque es el alma lo que ve y lo que vive, lo sepamos o no lo sepamos".

Con la esperanza de recobrar la vista, Tarkington se sometió a más de doce operaciones en un año. ¡Con anestesia local! ¿Se rebeló contra esto? Sabía que tenía que ser así, por lo que el único modo de disminuir el sufrimiento era tomar las cosas de buen grado. Se negó a que lo instalaran en una habitación privada del hospital y fue a una sala donde podía estar con otras personas afecta-das por dolencias. Trató de animar a todos. Y cuando tuvo que someterse a las diversas operaciones —con plena con-ciencia de lo que se estaba haciendo a sus ojos—, trató de recordar su buena fortuna. Decía: "¡Es maravilloso! ¡Es maravilloso que la ciencia tenga ahora la habilidad de operar en una cosa tan delicada como el ojo humano!".

Un hombre medio sufriría un derrumbe nervioso si tu-viera que soportar más de doce operaciones y la ceguera. Sin embargo, Tarkington dijo: "No cambiaría esta expe-riencia por otra más feliz". Era una experiencia que le había enseñado la aceptación. Le había enseñado que la vida no podía reservarle nada que no pudiera soportar. Le ha-bía enseñado que, como John Milton lo había descubier-to, "no es una desdicha ser ciego, sino no ser capaz de soportar la ceguera".

Margaret Fuller, la famosa feminista de Nueva Inglaterra, presentó en una ocasión su credo: "¡Acepto el Universo!".

Cuando el gruñón de Thomas Carlyle se enteró de esto en Inglaterra, dijo con sorna: "¡Vaya, más le vale!" Sí, vaya, vale más que usted y yo aceptemos lo inevitable.

Si nos rebelamos y damos cabezazos contra la pared, no cambiaremos lo inevitable, pero cambiaremos noso-tros. Lo sé por propia experiencia.

En una ocasión me negué a aceptar una situación in-evitable que me sobrevino. Hice el tonto y me rebelé. Convertí mis noches en infiernos de insomnio. Traje sobre mí todo lo que no quería. Finalmente, después de tortu-rarme durante un año, tuve que aceptar lo que desde un principio sabía que no podía ser remediado.

Debí haber gritado como años antes el bueno de Walt Whitman:

> *...Hacer frente a la noche y las tormentas,*
> *los repudios, las hambres, los dolores,*
> *como lo hace una planta, un animal...*

Pasé veinte años trabajando con el ganado; sin embar-go, nunca vi una vaca Jersey enfurecerse porque el pasto se estaba quemando a causa de la sequía o porque hacía frío. Los animales encaran la noche, las tormentas y el hambre calmosamente. Tal es la razón de que nunca tengan derrumbes nerviosos o úlceras del estómago. Y nunca se vuelven locos.

¿Estoy propugnando acaso la simple sumisión a *todas* las adversidades? No, esto sería excesivo. Sería un mero fatalismo. Mientras haya una posibilidad de superar una situación, luchemos. Pero, cuando el sentido común nos diga que estamos ante algo que es así —que no puede ser de otro modo—, no nos empeñemos, en nombre de la cordura, en mirar hacia todos lados en busca de lo que no existe.

El extinto decano Hawkes de la Universidad de Columbia me dijo que había adoptado unos versos infantiles como uno de sus lemas:

> *Para los males del mundo*
> *puede haber o no remedios;*
> *si los hay, ponte a buscarlos,*
> *y, si no, no seas necio.*

Mientras escribía este libro visité a una serie de grandes ejecutivos de Norteamérica. Quedé impresionado por el modo en que estos personajes cooperaban con lo inevitable y vivían libres de preocupaciones. Si no hicieran esto, se derrumbarían bajo la tensión. He aquí unos cuantos ejemplos de lo que quiero decir:

J. C. Penney, fundador de la cadena de amplitud nacional de almacenes Penney, me dijo: "No me preocuparía ni por perder hasta el último dólar, porque no veo qué se gana preocupándose. Hago las cosas lo mejor que puedo y dejo los resultados en el regazo de los dioses".

Henry Ford me dijo algo muy parecido: "Cuando no puedo arreglar las cosas, dejo que se arreglen solas".

Cuando pregunté a K. T. Keller, entonces presidente de la Chrysler Corporation, cómo se libraba de las preocupaciones, me contestó: "Cuando me veo ante una situación dura, si puedo hacer algo en relación con ella, lo hago. Si no puedo, me limito a olvidar la cosa. Nunca me preocupo por el futuro, porque sé que ningún ser humano puede saber lo que el futuro guarda. ¡Hay demasiadas fuerzas que afectan a ese futuro! Nadie puede decirme qué impulsa a esas fuerzas ni nadie las comprende. ¿Para qué entonces preocuparse?" K. T. Keller quedaría perplejo si usted le dijera que es un filósofo. No es más que un buen hombre de negocios y, sin embargo, sostiene la misma filosofía que Epicteto enseñó en Roma hace diecinueve siglos. Epicteto enseñó a los romanos: "No hay más que un camino que conduce a la felicidad, y consiste en dejar de preocuparse por las cosas que se encuentran más allá de nuestra voluntad".

Sarah Bernhardt, la "divina Sarah", era un ilustre ejemplo de mujer que sabía cooperar con lo inevitable. Durante medio siglo fue la reina del teatro en cuatro continentes, la artista más admirada del mundo. Después, cuando a los setenta y un años, estaba hundida —había perdido todo su dinero—, su médico, el Profesor Pozzi, de París, le dijo que sería preciso amputarle la pierna. Al cruzar el Atlántico se había caído en la cubierta del barco y se había causado en la pierna una grave herida. Se desarrolló una flebitis. La pierna se encogió. El dolor se hizo tan intenso que el médico entendió que la pierna debía ser amputada. Estaba aterrado de tener que decir a la tempestuosa y "divina Sarah" lo que había que hacer. Suponía que la noticia provocaría una explosión de histerismo. Pero se equivocaba. Sarah lo miró unos segundos y dijo después tranquilamente: "Si ha de ser así, que sea". Era el destino.

Cuando se la llevaba en una camilla a la sala de operaciones, su hijo iba a su lado llorando. Ella lo saludó con un alegre ademán y le dijo animosamente: "No te vayas. Volveré muy bien".

En el camino recitó una escena de uno de sus dramas. Alguien le preguntó si hacía eso para darse ánimos. Y ella contestó: "No, para animar a los médicos y enfermeras. Será duro para ellos".

Recobrada de la operación, Sarah Bernhardt continuó

recorriendo el mundo y encantando a los auditorios durante siete años más.

En un artículo del *Selecciones* del *Reader's Digest,* dijo Elsie Mac Cormick: "Cuando dejamos de luchar con lo inevitable, dejamos en libertad una energía que nos permite crearnos una vida más rica".

Ningún ser vivo tiene la pasión y el vigor suficientes para *luchar contra* lo inevitable, pero, al mismo tiempo, tiene lo bastante de estas cosas para crearse una nueva vida. Hay que elegir entre una cosa u otra, entre aceptar las inevitables tormentas de la vida o resistirlas y salir descalabrado.

Vi suceder esto en una granja de Missouri de mi propiedad. Planté una veintena de olmos chinos en la granja. En un principio crecieron con rapidez asombrosa. Después, una cellisca cubrió todas las ramas con espesa capa de hielo. En lugar de inclinarse graciosamente bajo su carga, estos olmos chinos resistieron orgullosamente y se quebraron por el peso. Tuvieron que ser destruidos. No habían aprendido la sabiduría de los bosques del Norte. He viajado cientos de kilómetros a través de los bosques de hoja perenne del Canadá y, sin embargo, no he visto un solo pino o abeto quebrado por la cellisca o el hielo. Estos bosques saben inclinarse y cómo cooperar con lo inevitable.

Los maestros de jiujitsu enseñan a sus alumnos a "doblarse como un sauce" y a "no resistir como un roble".

¿Por qué creen ustedes que los neumáticos de sus automóviles resisten tanto castigo en las carreteras? En un principio, los fabricantes de neumáticos trataron de hacer gomas que resistieran los golpes del camino. Después hicieron gomas que absorbían estos golpes. Eran gomas que podían "soportarlo". Usted y yo duraremos más y caminaremos mejor si aprendemos a absorber los golpes y sacudidas a lo largo del pedregoso camino de la vida.

¿Qué sucederá si usted y yo resistimos los golpes de la vida en lugar de absorberlos? ¿Qué sucederá si nos negamos a "doblarnos como un sauce" e insistimos en "resistir como un roble"? La respuesta es fácil. Organizaremos una

108

serie de conflictos internos. Estaremos preocupados, tensos y nerviosos.

Si vamos más lejos y rechazamos el duro mundo de la realidad para retirarnos a un mundo de sueños de nuestra propia fabricación, llegaremos a la demencia.

Durante la guerra, millones de soldados atemorizados tuvieron que aceptar lo inevitable o romperse bajo la tensión. Para ilustrar esto tomemos el caso de William H. Casselius, de Glendale, Nueva York. Aquí está la charla que ganó un premio en una de mis clases neoyorquinas de adultos:

"Poco después de que me incorporara a la Guardia de Costas, fui destinado a uno de los puestos más peligrosos de este lado del Atlántico. Se me hizo inspector de explosivos. ¡Imagínense! ¡Yo, vendedor de petardos, convertido en inspector de explosivos! La sola idea de verse entre toneladas de TNT es bastante para dar escalofríos a un vendedor de petardos. Tuve solamente dos días de instrucción y lo que aprendí aumentó mi miedo. Nunca olvidaré mi primera misión. Un día gris, de niebla, frío, se me dieron las órdenes en el muelle de Caven Point, Bayonne, Nueva Jersey.

"Fui destinado a la Bodega N° 5 de mi nave. Tenía que trabajar en esa bodega con cinco estibadores. Y estaban cargando cargas de demolición, cada una de las cuales contenía una tonelada de TNT, suficiente para hacer volar por los aires a todo el barco. Esas cargas eran bajadas mediante dos cables. Yo me decía: supongamos que un cable de éstos se desliza o se rompe. ¡Oh, qué miedo tenía! Estaba temblando, con la boca seca. Mis piernas se doblaban y sentía fortísimos latidos. Pero no podía escaparme. Hubiera sido una deserción. Yo y mis padres nos hundiríamos en la ignominia y era posible que me fusilaran. No podía huir. Tenía que quedarme. Quedé en contemplación de la despreocupación con que los estibadores manejaban aquellas cargas mortales. El barco podía volar en cualquier momento. Después de una hora o más de este terror sin límites, comencé a utilizar un poco de sentido común. Hablé conmigo mismo. Me dije: '¡Mira!

109

Vas a volar. Muy bien, pero ¿qué te importa? No vas a notar la diferencia. Va a ser un modo de morir muy dulce. Mucho mejor que la muerte por cáncer. No seas estúpido. ¿Es que piensas vivir eternamente? Tienes que elegir entre cumplir esta misión o morir fusilado. Vale más que hagas las cosas de buen humor'.

"Me hablé así durante varias horas. Comencé a sentirme bien. Vencí mis preocupaciones y mis miedos obligándome a aceptar una situación inevitable.

"Nunca olvidaré esta lección. Cada vez que me sentía tentado de preocuparme por algo que me era imposible cambiar, me encogía de hombros y me decía: 'Olvídalo'. Es un procedimiento que funciona muy bien, incluso para un vendedor de petardos del *Pinafore.*"

Exceptuada la crucifixión de Jesús, la más famosa escena de muerte de toda la historia es la de la muerte de Sócrates. Transcurridos diez mil siglos a partir de ahora, se seguirá leyendo y admirando la inmortal descripción que Platón hace de ella; es uno de los pasajes más emocionantes y bellos de toda la literatura. Los mediocres gobernantes de Atenas —celosos y envidiosos del viejo y descalzo Sócrates— forjaron acusaciones contra éste, lo enjuiciaron y lo condenaron a muerte. Cuando dio a beber a Sócrates la copa del veneno, el cordial carcelero dijo: *"Trata de soportar con ánimo leve lo que ha de ser".* Así lo hizo Sócrates. Enfrentó la muerte con calma y resignación que llegaron a los lindes de la divinidad.

"Trata de soportar con ánimo leve lo que ha de ser." Estas palabras fueron dichas 399 años antes de que naciera Cristo, pero este viejo mundo nuestro tan lleno de preocupaciones necesita hoy más que nunca que le hablen así. *"Trata de soportar con ánimo leve lo que ha de ser."*

Durante los ocho últimos años he estado leyendo prácticamente todos los libros y revistas que se referían al modo de combatir la preocupación que me fue posible encontrar. Presumo que he leído millones de palabras sobre el tema... ¿Quieren ustedes saber cuál es el mejor consejo aislado que he descubierto en toda esta lectura? Bien, aquí

110

está, resumido en pocas palabras. Son palabras que usted y yo deberíamos colocar en los espejos de nuestros cuartos de baño, a fin de que, cuando nos laváramos la cara, pudiéramos también lavar las preocupaciones de nuestros espíritus. Esta magnífica oración fue escrita por el Dr. Reinhold Niebuhr:

Concédeme, Dios mío, serenidad
para aceptar lo que cambiar no puedo,
valor para cambiar lo que cambiarse pueda,
y sabiduría para discernir la diferencia.

Para acabar con el hábito de la preocupación antes de que él acabe con nosotros, la Regla 4 es:

Cooperemos con lo inevitable.

10

DEMOS UNA ORDEN DE "TOPE DE PÉRDIDA" PARA NUESTRAS PREOCUPACIONES

¿Les gustaría saber cómo se hace dinero en Wall Street? Bien, lo mismo sucedería a millones de personas, y si yo conociera la respuesta este libro se vendería a diez mil dólares el ejemplar. Sin embargo, hay una buena idea que utilizan algunos afortunados bolsistas. Esta historia me fue contada por Charles Roberts, un asesor de inversiones:

"Yo vine a Nueva York desde Texas con veinte mil dólares que mis amigos me habían dado para inversiones en la Bolsa. Yo creía conocer los trucos de la Bolsa, pero perdí hasta el último centavo. Cierto que gané mucho en algunas operaciones, pero terminé por perderlo todo.

"No me importaba gran cosa haber perdido mi propio dinero, pero estaba muy fastidiado por haber perdido el de mis amigos, aunque eran personas que podían soportar el quebranto. Tenía miedo de presentarme ante ellos después del fracaso de nuestra aventura, pero, con asombro por mi parte, no solamente fueron buenos conmigo, sino que demostraron ser optimistas incurables.

"Yo sabía que había estado negociando a ganar o perder y dependiendo en gran parte de la suerte y de las opiniones de los demás. Había estado jugando a la Bolsa 'de oído'.

"Comencé a meditar sobre mis errores y decidí que, antes de volver a la Bolsa, trataría de averiguar el secreto de todo el asunto. Me puse en movimiento y entré en contacto con uno de los más afortunados especuladores que hayan vivido jamás: Burton S. Castles. Creía que podría aprender mucho de él, porque disfrutaba desde hacía mucho de la reputación de ser afortunado año tras año y comprendía que una carrera así no era, por cierto, el resultado de la casualidad o la suerte.

"Me hizo unas cuantas preguntas acerca de cómo había negociado antes y me explicó después lo que yo considero el más importante de los principios de las operaciones de Bolsa. Me dijo: 'Doy una orden de "tope de pérdida" en todos los compromisos que adquiero. Si compro, por ejemplo, un valor a cincuenta dólares la acción, doy inmediatamente para él una orden de tope de pérdida a cuarenta y cinco'. Esto significa que, si el valor baja cinco puntos en relación con lo que ha costado, será vendido automáticamente, con lo que esos cinco puntos señalarán el límite de la pérdida.

"El viejo maestro continuó: 'Si, en primer lugar, sus compromisos están inteligentemente adquiridos, sus beneficios llegarán a un promedio de diez, veinticinco y hasta cincuenta puntos. Por tanto, si limita sus pérdidas a cinco puntos, puede usted equivocarse la mitad de las veces y, sin embargo, hacer mucho dinero'.

"Adopté este principio inmediatamente; lo he utilizado siempre desde entonces. Nos ha ahorrado muchos miles de dólares a mis clientes y a mí.

"Al cabo de cierto tiempo comprendí que este principio del tope de pérdida podía ser utilizado también fuera de la Bolsa. Comencé a colocar órdenes de tope de pérdida para preocupaciones distintas de las financieras. Comencé a colocar una orden de tope de pérdida para cualquier fastidio o resentimiento que me ocasionara. Y los resultados parecen obra de magia.

"Por ejemplo, yo tenía un amigo con el que almorzaba frecuentemente y que era muy impuntual. Antiguamente solía impacientarme durante la mitad del tiempo dedicado al almuerzo antes de que mi amigo se mostrara. Por último, conté a éste cómo había adoptado el principio de tope de pérdida para mis preocupaciones. Y agregué: 'Juan, mi tope de pérdida respecto a tu persona es exactamente diez minutos. Si llegas con un retraso de más de diez minutos, nuestro compromiso de almorzar juntos habrá caducado... y yo me habré ido'."

¡Santo Dios! Cómo lamento no haber tenido desde hace años la costumbre de dar una orden de tope de pérdida para mi impaciencia, para mi genio, para mi deseo de justificarme, para mis penas, para todas mis tensiones mentales y emocionales. ¿Por qué no tuve sentido común para tomar en las manos cada una de las situaciones que amenazaban destruir mi paz interior y para decirme: "Vamos, Dale Carnegie, esta situación merece esta medida de atención... y nada más". ¿Por qué no?

Sin embargo, debo anotar en el haber de mi cuenta un poco de sentido común que tuve en una ocasión. Y era una ocasión muy seria, una crisis de la vida, una crisis en la que veía desvanecerse en el aire mis sueños y mis planes para el futuro y el trabajo de años. Cumplidos ya los treinta, decidí dedicarme a escribir novelas. Iba a ser un segundo Frank Norris, Jack London o Thomas Hardy. Tenía tal afán que pasé dos años en Europa, donde podía vivir a poco costo con dólares durante el período de impresión desbocada de papel moneda que siguió a la primera guerra mundial. Pasé ahí dos años escribiendo mi obra magna. La titulé *La ventisca*. El título era natural, porque la obra fue recibida por los editores con el mismo frío de cualquier ventisca que sopla por las llanuras de Dakota. Cuando mi agente literario me dijo que era inútil, que no tenía dotes ni talento para la novela, mi corazón estuvo a punto de dejar de latir. Dejé la oficina tambaleante. No me hubiera sentido más aturdido si me hubiesen dado un mazazo en la cabeza. Estaba abrumado. Comprendía que me hallaba en un cruce de caminos y que tenía que tomar una decisión dramática. ¿Qué debía hacer? ¿Qué dirección debía tomar? Pasaron semanas antes de que saliera de mi aturdimiento. En aquel tiempo, nunca oí la frase "dé una orden de tope de pérdida para sus preocupaciones". Pero, al recordar el pasado, veo que fue eso lo que hice. Liquidé mis dos años de trabajo en la novela por lo que valían —un noble experimento—, y seguí hacia adelante. Volví a mis tareas de organizar clases de adultos y escribí biografías en mis horas libres, biografías y libros que, como éste, no son novelas.

¿Estoy contento de haber tomado esa decisión? ¿Contento? Cada vez que pienso en el asunto estoy a punto de bailar en la calle de pura alegría. Puedo decir con completa honradez que, desde entonces, no he dedicado ni una hora a lamentarme de no ser un segundo Thomas Hardy.

Una noche, hace un siglo, cuando un búho ululaba en el bosque que bordea la playa de Walden Ponde, Henry Thoreau metió su pluma de ganso en el tintero de fabricación casera y escribió: "El costo de una cosa es la cantidad de lo que llamamos vida que hace falta cambiar por esa cosa de modo inmediato o a la larga".

Para decirlo de otro modo: somos unos necios si pagamos demasiado por una cosa en relación con lo que sacamos de nuestra propia existencia.

Sí, eso es lo que hicieron precisamente Gilbert y Sullivan. Sabían cómo crear palabras alegres y música alegre, pero apenas sabían nada de crear alegría en sus propias vidas. Crearon algunas de las más lindas operetas que haya conocido el mundo: *Patience, Pinafore, The Mikado.* Pero no podían dominar sus genios. Se amargaban años enteros discutiendo por nimiedades tales como el precio de una alfombra. Sullivan encargó una alfombra nueva para el teatro que habían comprado. Cuando Gilbert vio la cuenta, se puso frenético. Pleitearon y ya no se volvieron a hablar mientras vivieron. Cuando Sullivan escribía la música para una nueva obra, remitía su trabajo a Gilbert por correo. Otro tanto hacía Gilbert respecto a Sullivan y la letra. En una ocasión tuvieron que salir al escenario juntos, pero lo hicieron cada uno por su lado y se inclinaron en direcciones opuestas, para no verse. No tuvieron el buen sentido de poner un tope de pérdida a sus resentimientos, como lo hizo Lincoln.

Durante la guerra civil, cuando algunos amigos de Lincoln denunciaban furiosamente a algunos enemigos, Lincoln dijo: "Vuestro resentimiento personal es mayor que el mío. Tal vez yo también lo tenga, pero nunca he creído que merezca mi atención. Un hombre no tiene tiempo de dedicar la mitad de su vida a rencillas: Si un hombre cesa de atacarme, jamás recordaré su pasado para hacerle daño".

¡Cuánto lamento que una tía mía, la tía Edith, no tuviera la misma virtud de perdonar que Lincoln! Ella y el tío Frank vivían en una granja hipotecada infestada por la cizaña y condenada por los suelos pobres y los desniveles. La vida para ellos era dura; cada níquel que ganaban representaba un penoso trabajo. Pero tía Edith quería comprar unas cortinas y otras cuantas cositas para adornar el desnudo hogar. Compró estos modestos lujos a crédito en los almacenes de Dan Eversole en Maryville, Missouri. Tío Frank se sintió preocupado por estas deudas. Tenía el santo horror del campesino a las cuentas y pidió a Dan Eversole que no vendiera nada a crédito a mi tía. Cuando ésta se enteró, se puso frenética. Y seguía frenética casi cincuenta años después de que el hecho ocurriera. Yo le oí contar la historia, no una, sino muchas veces. La última vez que la vi, rondaba ya los ochenta. Y le dije: "Tía Edith, tío Frank hizo mal en humillarte, pero ¿no crees honradamente que el quejarte durante medio siglo es infinitamente peor que lo que él hizo?". (Desde luego, fue como si se lo dijera a la luna.)

Tía Edith pagó muy caros los rencores y amargos recuerdos que alimentó. Los pagó con su propia paz interior.

Cuando Benjamin Franklin era un niño de siete años, cometió un error que recordó durante siete décadas. Se enamoró de un silbato. Su excitación era tanta que fue a la juguetería, puso todas sus monedas en el mostrador y pidió el silbato sin preguntar siquiera el precio. Y setenta años después escribió a un amigo: "Volví a casa y silbé por todas las habitaciones, encantado con mi silbato". Pero cuando sus hermanos y hermanas mayores vieron que había pagado por el silbato mucho más de lo que valía, se echaron a reír a carcajadas. Y Franklin, como él mismo dijo, "lloró de humillación".

Años después, cuando Franklin era una figura mundialmente famosa y embajador en Francia, recordaba todavía el hecho de que haber pagado demasiado por el silbato le había causado "más pena que el silbato placer".

Pero la lección que esto enseñó a Franklin resultó barata a la postre. Franklin dijo: "Cuando crecí, entré en el mundo y observé las acciones de los hombres, me dije que había muchos que pagaban *demasiado por un silbato.* En otros términos, pensé que gran parte de las miserias de la humanidad son provocadas por los falsos cálculos que se hacen sobre el valor de las cosas y por *dar demasiado por los silbatos".*

Gilbert y Sullivan pagaron demasiado por su silbato. Otro tanto hizo tía Edith. Otro tanto hizo Dale Carnegie en muchas ocasiones. Y otro tanto hizo el inmortal Leon Tolstoi, autor de dos de las mejores novelas de la literatura universal, *La guerra y la paz* y *Ana Karenina.* Según la *Enciclopedia Británica,* Leon Tolstoi fue durante los últimos veinte años de su vida "probablemente el hombre más venerado de todo el mundo". En ese tiempo, de 1890 a 1910, una corriente ininterrumpida de admiradores hizo peregrinaciones a la casa del escritor sin otra aspiración que verle el rostro, oír su voz o tocar el borde de su vestido. Cada palabra que pronunciaba Tolstoi era recogida en cuadernos de notas, como si se tratara de una "divina revelación". Pero, en lo que respecta a vivir, a la vida ordinaria... Bien, Tolstoi tenía a los setenta años menos juicio que Franklin a los siete. No tenía el menor juicio.

He aquí lo que quiero decir. Tolstoi se casó con una muchacha a la que quería mucho. En realidad, eran tan felices que se arrodillaban y pedían a Dios que les prolongara aquella existencia de puro éxtasis. Pero la joven que se casó con Tolstoi era celosa por naturaleza. Solía disfrazarse de campesina para espiar los movimientos de su marido, incluso en el bosque. Tuvieron peleas espantosas. Ella se hizo tan celosa, incluso de sus propios hijos, que agarró un fusil y agujereó de un disparo la fotografía de su hija. Llegó a tirarse al suelo con una botella de veneno en los labios y a amenazar con suicidarse, mientras los niños, acurrucados en un rincón de la habitación, gritaban de terror.

Y ¿qué es lo que hizo Tolstoi? No le culpo de que hiciera trizas los muebles; la provocación era más que suficiente. Pero hizo peor que esto. ¡Llevaba un diario privado! Sí, un diario en el que echaba todas las culpas a su mujer. ¡Tal era su "silbato"! Quería asegurarse de que las generaciones venideras lo absolvieran a él y culparan a su mujer. Y ¿qué hizo la mujer como réplica a esto? Desde luego, arrancó páginas del diario de su marido y las rompió. Pero, además, inició por su cuenta otro diario, en el que Tolstoi aparecía como el villano del drama. Hasta escribió una novela titulada *¿De quién es la culpa?*, en la que describía a su marido como a un demonio doméstico y a ella como a una mártir.

Y ¿para qué todo esto? ¿Por qué estas dos personas convirtieron su hogar en lo que el propio Tolstoi denominó "un manicomio"? Evidentemente, había varias razones. Una de ellas era que tenían el ardiente deseo de impresionarnos. ¡Sí, somos la posteridad cuya opinión les preocupaba tanto! Y ¿es que nosotros tenemos un serio interés en saber de quién era la culpa? No, estamos demasiado ocupados en nuestros propios problemas para perder un minuto pensando en los Tolstoi. ¡Qué precio pagaron estos dos desgraciados por su "silbato"! Cincuenta años de vivir en un verdadero infierno, sólo porque ninguno de ellos tuvo el buen juicio de decir: "¡Basta!". Porque ninguno de ellos supo apreciar los valores en la medida necesaria para decir: "Demos una orden de tope de pérdida para esto ahora mismo. Digamos '¡Basta!' en este mismo instante".

Sí, creo honradamente que tal es uno de los mayores secretos para conseguir la verdadera paz interior: una juiciosa apreciación de los valores. Y creo que podemos aniquilar el cincuenta por ciento de todas nuestras preocupaciones con sólo establecer una especie de patrón oro privado, un patrón oro de lo que las cosas valen para nosotros en función de nuestras vidas.

Por tanto, para acabar con el hábito de la preocupación antes de que él acabe con nosotros, he aquí la Regla 5:

Siempre que tengamos la tentación de dar buen dinero por malo en función de vida humana, hagamos alto y hagámonos estas tres preguntas:

1. *¿En qué medida verdaderamente me importa esta cosa por la que me estoy preocupando?*
2. *¿En qué punto fijaré la orden de "tope de pérdida" para esta preocupación... y olvidaré el asunto?*
3. *¿Cuánto exactamente pagaré por este silbato? ¿No he pagado ya por él más de lo que vale?*

11

NO TRATEMOS DE ASERRAR EL ASERRÍN

Mientras escribo esta frase puedo mirar por la ventana y ver unas huellas de dinosaurio en mi jardín; son unas huellas incrustadas en la pizarra y la piedra. Las compré al Museo Peabody de la Universidad de Yale y tengo una carta del Dr. Joseph T. Gregory, administrador del museo, en la que se dice que estas huellas fueron hechas hace 180 millones de años. Hasta el idiota más completo rechazaría la idea de remontarnos 180 millones de años para cambiar las huellas. Sin embargo, no es menos estúpido preocuparse por un poder remontarse y cambiar lo sucedido hace 180 segundos... y muchos hacemos precisamente esto. Evidentemente, podemos hacer algo para *modificar los efectos* de lo sucedido hace 180 segundos, pero no nos es posible cambiar el acontecimiento ocurrido entonces.

Sólo hay un modo de que el pasado pueda ser constructivo; consiste en analizar con calma nuestros errores, sacar de ellos provechosas consecuencias... y olvidarlos.

Sé que esto es verdad, pero ¿tengo siempre el valor y el buen juicio de hacerlo? Para contestar a esta pregunta, voy a contar una experiencia fantástica que tuve hace años. Dejé que se me escurrieran trescientos mil dólares entre los dedos sin obtener un centavo de beneficio. Sucedió así: Inicié una gran empresa para la educación de adultos, abrí sucursales en varias ciudades y gasté pródigamente el dinero en gastos generales y propaganda. Estaba tan ocupado en la enseñanza, que no tenía tiempo ni deseo de cuidar de los aspectos financieros. Era demasiado ingenuo para darme cuenta de que necesitaba un sagaz gerente que vigilara los gastos.

Finalmente, al cabo de un año aproximadamente, descubría una verdad que me serenó y me impresionó. Descubrí que, a pesar de nuestros enormes ingresos, no habíamos obtenido el menor beneficio. Después de descubrir esto debí de haber hecho dos cosas. En primer lugar debí haber tenido el buen juicio de hacer lo que hizo George Washington Carver, el hombre de ciencia negro, cuando perdió cuarenta mil dólares, los ahorros de su vida, en una quiebra bancaria. Cuando alguien le preguntó si sabía que estaba arruinado, contestó: "Sí, eso he oído". Y siguió explicando la lección. Había borrado la pérdida de su espíritu de modo tan completo que ya nunca volvió a mencionarla.

He aquí, ahora, una segunda cosa que debí haber hecho: debí haber analizado mis faltas y aprendido una lección de modo duradero.

Pero, francamente, no hice ninguna de estas cosas. En lugar de ello, me sometí a un suplicio de preocupaciones. Durante meses enteros estuve en un completo aturdimiento. Perdí el sueño y perdí kilos de peso. En lugar de aprender una lección de equivocación tan grande, continué por el mismo camino y repetí lo hecho en menor escala...

Me resulta muy fastidioso tener que admitir tanta estupidez, pero descubrí hace mucho que "es más fácil enseñar a veinte lo que se debe hacer que ser uno de los veinte que sigan sus propias enseñanzas".

¡Cuánto lamento no haber tenido el privilegio de asistir al Centro de Segunda Enseñanza George Washington, aquí, en Nueva York, y de estudiar con el señor Brandwine, el mismo maestro que enseñó a Allen Saunders, de Nueva York!

El señor Saunders me dijo que el maestro de su clase de higiene, el señor Brandwine, le enseñó una de las lecciones más valiosas que había aprendido. He aquí la historia que me contó: "Yo no había cumplido los veinte años, pero ya tenía preocupaciones. Solía irritarme por los errores que había cometido. Si pasaba un examen, solía per-

manecer despierto y comiéndome las uñas, temeroso de
no haber sido aprobado. Andaba viviendo siempre en las
cosas que había hecho y deseando haberlas hecho de
modo distinto. Pensaba en las cosas que había dicho y me
lamentaba de no haberlas dicho mejor.

"En esto, una mañana, nuestra clase pasó al laboratorio de ciencias. Allí estaba el maestro, el señor Brandwine,
con una botella de leche colocada de modo muy destaca-
do en el borde de la mesa. Todos nos sentamos y mira-
mos la botella, preguntándonos qué tenía que ver el objeto con el curso de higiene a cargo del señor Brandwine.
De pronto éste se levantó y, con un amplio movimiento
de su brazo, envió la botella a la artesa. La botella se es-
trelló y nuestro maestro gritó: 'iNo lloremos nunca sobre
la leche derramada!'.

"En seguida nos pidió que nos acercáramos a la artesa
y contempláramos aquellos restos. Y nos dijo: 'Miren ustedes bien, porque quiero que recuerden esta lección toda
la vida. Esa leche ha desaparecido; como ven, se ha ido
por el desagüe. Todo lo que se hiciera en el mundo no
sería suficiente para reconquistar una sola de sus gotas.
Con un poco de atención y cuidado, la leche hubiera podido ser salvada. Pero, ahora, es demasiado tarde. Lo único
que podemos hacer es borrarla, olvidarla y pasar a la cosa
siguiente'."

Y Allen Saunders me dijo: "Esta demostración seguía
trabada en mí mucho después de haber olvidado mi geo-
metría y mi latín. En realidad, me enseñó acerca de la
vida práctica más que mis cuatro años de segunda enseñanza. Me enseñó a no derramar leche siempre que pudiera evitarlo, pero a olvidarla por completo si se derra-
maba y desaparecía por el desagüe".

Algunos lectores se reirán de que se haga tanto ruido a
cuenta de un manoseado refrán como "No lloremos nunca sobre la leche derramada". Sé que es algo muy trillado
y corriente, un lugar común. Sé que lo habrán oído ustedes mil veces. Pero sé también que estos manoseados proverbios contienen la quintaesencia de la destilada sabiduría de las edades. Han surgido de la dura experiencia de

la raza humana y han sido transmitidos por innumerables generaciones. Aunque usted leyera todo lo escrito acerca de la preocupación por los sabios de todos los tiempos, no encontraría nada más profundo que los manoseados proverbios como "No cruces tus puentes antes de llegar a ellos" y "No llores nunca sobre la leche derramada". Si aplicáramos estos dos proverbios, en lugar de burlarnos de ellos, este libro no haría ninguna falta. En realidad, si aplicáramos la mayoría de los viejos proverbios, nuestras vidas serían casi perfectas. Sin embargo, el conocimiento no es poder hasta que es aplicado y el propósito de este libro no es decir nada nuevo. El propósito de este libro es recordar a usted lo que ya sabe, darle un golpe en la espinilla y proporcionarle el impulso necesario para que aplique sus conocimientos.

Siempre he admirado a un hombre como el extinto Fred Fuller Shedd, quien tenía el don de exponer una vieja verdad en forma nueva y pintoresca. Era director del diario *Philadelphia Bulletin* y, al dirigirse a unos estudiantes que se graduaban, preguntó: "¿Cuántos de ustedes han aserrado alguna vez madera? Enseñen sus manos". La mayoría lo habían hecho. Después indagó: "¿Cuántos de ustedes han aserrado *aserrín*?". Nadie levantó sus manos.

El señor Shedd exclamó: "¡Desde luego, ustedes no pueden aserrar aserrín! Ha sido aserrado ya. Y otro tanto ocurre con el pasado. Cuando uno comienza a preocuparse por cosas que han pasado y acabado, no hace otra cosa que empeñarse en aserrar aserrín".

Cuando Connie Mack, la gran figura del *béisbol,* cumplió los ochenta y un años, le pregunté si se había preocupado por los partidos que había perdido.

Connie Mack me dijo: "¡Oh, sí, solía preocuparme! Pero acabé con esa estúpida costumbre hace muchos años. Vi que no conducía a ninguna parte. No es posible moler grano alguno con agua que ha pasado ya por el molino".

No, no se puede moler grano alguno ni aserrar troncos con un agua así. Pero se pueden aserrar arrugas en el rostro y úlceras en el estómago.

Yo cené con Jack Dempsey el último Día de Acción de

Gracias. Con el pavo y la salsa de arándano delante, Dempsey me habló del combate en que perdió el campeonato de los pesos pesados ante Tunney. Naturalmente, fue un duro golpe para él. Me dijo esto: "En medio del combate, comprendí que había envejecido... Al final de la décima vuelta estaba todavía de pie, pero eso era todo... Mi rostro estaba hinchado y cortado y mis ojos casi cerrados... Vi que el árbitro levantaba el brazo de Tunney en señal de victoria... Ya no era campeón del mundo. Emprendí el regreso al vestuario bajo la lluvia, a través de la multitud. Alguien trató de tomarme la mano. Otros tenían lágrimas en los ojos.

"Un año después combatí de nuevo con Tunney. Pero era inútil. Estaba acabado para siempre. Era difícil no preocuparse, pero me dije: 'No voy a vivir en el pasado ni llorar sobre la leche derramada. ¡Voy a aguantar este golpe en la barbilla y a no dejarme tumbar!'."

Y esto es lo que hizo precisamente Jack Dempsey. ¿Cómo? ¿Diciéndose una y otra vez: "No voy a preocuparme por el pasado"? No, porque esto le hubiera inducido a pensar en sus pasadas preocupaciones. Lo hizo aceptando y dando por buena su derrota y concentrándose en planes para el futuro. Lo hizo regenteando el Restaurante Jack Dempsey del Broadway y el Gran Hotel del Norte de la Calle 57. Lo hizo organizando combates de boxeo y dando exhibiciones. Lo hizo ocupándose de tal modo en algo constructivo que no tuvo ya tiempo ni ganas para preocuparse por el pasado. "Mi vida ha sido más feliz en estos últimos diez años que en mis tiempos de campeón", dijo.

Dempsey me dijo que no había leído muchos libros; pero sin saberlo, seguía el consejo de Shakespeare: "Los hombres sensatos no se sientan para lamentar sus pérdidas, sino que procuran animosamente reparar sus daños".

Cuando leo historia y geografía y observo a las personas sometidas a duras circunstancias, suelo asombrarme y entusiasmarme constantemente ante la capacidad de algunos seres para eliminar sus preocupaciones y tragedias y continuar siendo felices.

En una ocasión hice una visita a Sing Sing y lo que más me asombró fue que los presos parecían ser tan felices como la persona media del exterior. Comenté esto con Lewis E. Lawes —el alcaide de Sing Sing—, y me dijo que, cuando los criminales llegan a Sing Sing, se muestran por lo general resentidos y amargados. Pero, al cabo de unos cuantos meses, la mayoría de los más inteligentes borran de su espíritu sus desdichas, se adaptan, aceptan la prisión con calma y tratan de sacar el mayor provecho de su situación. El alcaide Lawes me habló de un preso de Sing Sing —un jardinero— que cantaba mientras cultivaba verduras y flores tras los muros de la prisión.

Este preso de Sing Sing que cantaba mientras cultivaba las flores tenía mejor juicio que la mayoría de nosotros. Sabía que:

> *El Dedo al escribir se mueve y Nada,*
> *ni Ingenio ni Piedad, hará que vuelva*
> *para borrar la Huella así dejada;*
> *no hay Llanto en que lo Escrito se disuelva.*

Si es así, ¿para qué derrochar lágrimas? Desde luego, todos hemos incurrido en equivocaciones y absurdos. Y ¿qué? ¿Quién está libre de ello? Hasta Napoleón perdió una tercera parte de las batallas importantes que libró. Tal vez nuestro promedio no sea peor que el de Napoleón. ¿Quién sabe?

Y, en todo caso, todos los poderes del mundo no son capaces de arreglar lo que pertenece ya al pasado. Por tanto, recordemos la Regla 6:

No tratemos de aserrar el aserrín.

En síntesis

Regla 1: Expulse la preocupación de su espíritu manteniéndose ocupado. La actividad es uno de los mejores remedios que se hayan ideado jamás para combatir los "diablillos" del espíritu.

Regla 2: No se agite por pequeñeces. No permita que las insignificancias —meros comejenes de la vida— destruyan su felicidad.

Regla 3: Utilice la ley de los promedios para eliminar las preocupaciones. Pregúntese: "¿Cuáles son las probabilidades de que esta cosa pueda ocurrir?".

Regla 4: Coopere con lo inevitable. Si sabe usted que hay alguna circunstancia cuyo cambio o revisión está fuera de su alcance, dígase: "Es así; no puede ser de otro modo".

Regla 5: Dé una orden de "tope de pérdida" para sus preocupaciones. Decida qué medida exacta de atención merece una cosa y niéguese a dedicar al asunto una atención mayor.

Regla 6: Deje que el pasado entierre a sus muertos. No trate de aserrar el aserrín.

CUARTA PARTE

Siete maneras de cultivar una actitud mental que nos procurará paz y felicidad

12

OCHO PALABRAS QUE PUEDEN
TRANSFORMAR SU VIDA

Hace unos cuantos años, se me pidió que contestara esta pregunta en un programa de radio: "¿Cuál es la lección más importante que haya usted aprendido jamás?".

Era cosa fácil: con gran diferencia, la lección más vital que yo haya aprendido jamás es la importancia de lo que uno piensa. Si yo supiera lo que usted piensa, yo sabría lo que es usted. Son nuestros pensamientos los que nos hacen lo que somos. Nuestra actitud mental es el factor X que determina nuestro destino. Emerson dijo: "Un hombre es lo que él piensa durante todo el día". ¿Cómo él podría ser otra cosa?

Yo sé ahora, con una convicción que no admite duda, que el mayor problema que usted y yo encaramos —en realidad, casi el *único* problema— es la elección de los pensamientos acertados. Si somos capaces de esta elección, estamos en el camino que conduce a la solución de todos nuestros problemas. Marco Aurelio, el gran filósofo que gobernó el Imperio Romano, resumió esto en ocho palabras; son ocho palabras que pueden determinar nuestro destino: "Nuestra vida es la obra de nuestros pensamientos".

Sí, si tenemos pensamientos felices, seremos felices. Si tenemos pensamientos desdichados, seremos desdichados. Si tenemos pensamientos temerosos, tendremos miedo. Si tenemos pensamientos enfermizos, caeremos probablemente enfermos. Si pensamos en el fracaso, seguramente fracasaremos. Si nos dedicamos a compadecernos, todo el mundo huirá de nosotros. "Según un hombre piensa en su corazón, así es él."

Norman Vincent Peale dijo: "No somos lo que pensamos ser, pero somos lo que *pensamos*".

¿Acaso recomiendo un fácil optimismo o "Pollyanna" ante nuestros problemas? No, por desgracia la vida no es tan simple. Pero se recomienda que asumamos una actitud *positiva, y* no negativa. En otras palabras, debemos ocuparnos de nuestros problemas, pero no preocuparnos. ¿Qué diferencia hay entre la inquietud y la preocupación? Permítaseme que ponga un ejemplo. Cada vez que cruzo las calles de Nueva York atestadas por el tránsito, siento inquietud, pero no preocupación. Esto significa comprender los problemas y tomar con calma las medidas para solucionarlos. La preocupación significa dar vueltas enloquecedoras e inútiles a un asunto.

Un hombre puede ocuparse de sus problemas graves y, sin embargo, ir con la cabeza en alto y una flor en el ojal. He visto hacer precisamente esto a Lowell Thomas. Yo estuve asociado a Lowell Thomas en la presentación de sus famosas películas sobre las campañas Allenby-Lawrence en la primera guerra mundial. Lowell Thomas y sus ayudantes habían fotografiado la guerra en media docena de frentes y, lo que era todavía mejor, habían traído una constancia gráfica de T. E. Lawrence y de su pintoresco ejército árabe y una película de la conquista de Tierra Santa por Allenby. Sus conferencias ilustradas bajo el título "Con Allenby en Palestina y con Lawrence en Arabia" causaron sensación en Londres y todo el mundo. La temporada de ópera en Londres fue postergada seis semanas para que Lowell Thomas pudiera continuar narrando aquellas grandes aventuras y mostrando sus películas en el Covent Garden. Después de este sensacional triunfo en Londres, vino una afortunada gira por muchos países. A continuación Lowell Thomas pasó dos años preparando una película sobre la vida en la India y en Afganistán. Después de una racha de mala suerte increíble, sucedió lo imposible: se vio en Londres completamente arruinado. Yo estaba con él en esa época. Recuerdo que teníamos que alimentarnos con platos baratos en los restaurantes del Lyon's Corner House. En realidad, no hubiéramos podido comer si el señor Thomas no hubiese obtenido un préstamo de un escocés, James McBey, el conocido artista. He aquí lo que importa en el relato: incluso cuando estaba con grandes deudas y profundas decepciones, Lowell Thomas se mostraba inquieto, pero no preocupado. Sabía que, si se dejaba vencer por sus reveses, ya no valdría para nadie, incluidos sus acreedores. Por lo tanto, cada mañana, antes de salir, se compraba una flor, se la ponía en el ojal y se marchaba calle abajo por Oxford Street, con la cabeza alta y el paso decidido. Pensaba cosas positivas y valientes y no consentía que la derrota lo derrotara. Para él, aquellas bofetadas eran parte del juego, el adiestramiento útil que es necesario si se quiere llegar a lo alto.

Nuestra actitud mental tiene un profundo efecto sobre nuestros poderes físicos. Por ejemplo J. A. Hadfield, uno de los más destacados psiquiatras ingleses, nos ofrece un ejemplo muy interesante en su estupendo librito de cincuenta y cuatro páginas, *The Psychology of Power (La psicología del poder)*. "Pedí a tres hombres —dice— que se sometieran a una prueba para medir el efecto de su actitud mental en su fuerza física, calculada cuando ellos asían un dinamómetro." Les dijo que asieran el dinamómetro con todas sus fuerzas. Hizo que lo asieran bajo tres diferentes condiciones.

Cuando Hadfield los probó en estado normal, despiertos, revelaron una fuerza media de 101 libras.

Cuando los probó después de hipnotizarlos y tras decirles que eran muy débiles, sólo demostraron una fuerza de 29 libras, menos de un tercio de su fuerza normal. (Uno de esos hombres era boxeador y cuando se le dijo bajo el estado de hipnosis que era débil, manifestó que su brazo "parecía diminuto, como el de un bebé".)

Cuando Hadfield probó a esos hombres por tercera vez, diciéndoles cuando aún estaban en estado hipnótico que eran muy fuertes, revelaron una fuerza promedio de 142 libras. Cuando tenían la mente colmada de pensamientos positivos en cuanto a su fuerza, aumentaron su capacidad física casi en un cincuenta por ciento.

Tal es el increíble poder de nuestra actitud mental.

Para ilustrar el mágico poder del pensamiento, permítaseme que cuente una de las más asombrosas historias en los anales de Norteamérica. Podría escribir un libro sobre ella, pero seré breve. En una fría noche de octubre, poco después de terminada la guerra civil, una mujer sin hogar ni amparo, apenas algo más que un vagabundo en la faz de la tierra, llamó a la puerta de la señora Webster, la esposa de un capitán retirado de la marina mercante, con residencia en Amesbury, Massachusetts.

Al abrir la puerta, la señora Webster vio a un ser frágil, "apenas más de cincuenta kilos de piel y huesos ateridos". La desconocida, una señora Glover, explicó que estaba buscando un hogar donde pudiera estudiar y resolver un problema que le absorbía los días y las noches.

—¿Por qué no se queda usted aquí? —replicó la señora Webster—. Yo vivo sola en esta casona.

La señora Glover pudo haberse quedado indefinidamente con la señora Webster sin la llegada del yerno de ésta, Bill Ellis, quien había abandonado Nueva York para pasar unas vacaciones. Cuando Bill Ellis descubrió la presencia de la señora Glover, gritó: "¡No quiero vagabundos en esta casa!". Y puso a la pobre mujer en la puerta. Estaba lloviendo. La señora Glover quedó inmóvil y temblorosa durante unos minutos bajo la lluvia; después marchó carretera abajo, en busca de algún refugio.

Y aquí está la parte asombrosa del relato. Aquella "vagabunda" expulsada por Bill Ellis de la casa estaba destinada a influir en las ideas del mundo más que cualquier otra mujer que haya andado por esta tierra. Ahora es conocida por millones de fervorosos seguidores como Mary Baker Eddy, la fundadora de la Ciencia Cristiana.

Sin embargo, hasta entonces, había conocido poco de la vida, salvo sus enfermedades, penas y tragedias. Su primer marido murió poco después de celebrado el matrimonio. Su segundo marido la había abandonado y se había escapado con una mujer casada. Falleció después en un asilo de pobres. Ella sólo había tenido un hijo y se vio obligada, a causa de la pobreza, la enfermedad y los celos, a entregarlo —un niño de cuatro años— a otra persona. Perdió toda traza de él y no volvió a verlo hasta treinta y un años después.

A causa de su pobrísima salud, la señora Eddy se había interesado durante años en lo que llamaba "la ciencia de curar por el espíritu". Pero la dramática crisis de su vida se produjo en Lynn, Massachusetts. Caminaba un día de mucho frío por la zona baja de la ciudad cuando se resbaló y cayó sobre el helado pavimento. Quedó sin conocimiento. Su espina dorsal resultó afectada y tenía terribles convulsiones. Hasta el médico supuso que iba a morirse. Declaró que, si sobrevivía por un milagro, aquella mujer ya no podría caminar.

Tendida en lo que creía que era su lecho de muerte, Mary Baker Eddy abrió la Biblia y, según declaró, una guía divina le indujo a leer estas palabras de San Mateo: "Y, mirad, le llevaron a un hombre enfermo de parálisis, tendido en un lecho, y Jesús... dijo al enfermo de parálisis: Hijo, ten buen ánimo, porque tus pecados te han sido perdonados... Levántate, toma tu lecho y vete a tu casa. Y el hombre se levantó y se fue a su casa".

La señora Eddy manifestó que estas palabras de Jesús le procuraron tanta fuerza, tal fe, tal poder de curación, que "inmediatamente saltó de la cama y caminó". Y añadió: "Esta experiencia fue la manzana caída que me llevó al descubrimiento de cómo podía sentirme bien y hacer que los demás se sintieran lo mismo... Conseguí la certidumbre científica de que toda causa es Espíritu y todo efecto un fenómeno mental".

Tal es el modo en que Mary Baker Eddy se convirtió en la fundadora y la suprema sacerdotisa de una nueva religión: la Ciencia Cristiana —la única gran fe religiosa que haya jamás sido establecida por una mujer—, una religión que se ha extendido por todo el globo.

Es probable que ustedes estén diciéndose ahora: "Este Carnegie está haciendo proselitismo para la Ciencia Cristiana". No. Están ustedes equivocados. No pertenezco a la Ciencia Cristiana. Pero, cuanto más vivo, más me convenzo del tremendo poder del pensamiento. Como consecuencia de treinta y cinco años dedicados a enseñar a adultos, sé que hombres y mujeres pueden eliminar la preocupación, el miedo y diversas enfermedades y transformar sus vidas mediante un cambio en sus pensamientos. ¡Me consta! ¡Me consta! ¡¡Me consta!! He presenciado cientos de veces transformaciones increíbles. Las he visto tan a menudo que ya no me llaman la atención.

Por ejemplo, una de esas transformaciones fue experimentada por uno de mis alumnos. ¿Qué se la había provocado? "La preocupación —me dijo mi alumno—. Me preocupaba por mi delgadez, porque estaba perdiendo el cabello, porque temía no ganar nunca el dinero necesario para casarme, porque tenía la impresión de que nunca sería un buen padre, porque creía que iba a perder a la muchacha con la que quería casarme, por que entendía que mi vida no era feliz. Me preocupaba acerca de la impresión que causaba en los demás. Me preocupaba porque temía tener úlceras en el estómago. Ya no podía trabajar y abandoné mi puesto. Mi tensión aumentó hasta que parecí una caldera sin ninguna válvula de seguridad. La presión era tan insoportable que algo tenía que ceder. Y cedió. Si no ha tenido usted nunca un derrumbe nervioso, ruegue a Dios no tenerlo, porque ningún dolor físico es comparable a la angustia sin límites de un espíritu atormentado.

"Mi derrumbe fue tan grave que no podía hablar ni siquiera con mi familia. No tenía dominio alguno sobre mis pensamientos. Tenía un miedo espantoso. El menor ruido me hacía saltar. Huía de todo el mundo. Lloraba sin el menor motivo aparente. Cada día era una agonía. Me sentía abandonado de todos, hasta de Dios. Durante cuatro meses estuve visitando a especialistas de los nervios y a psiquiatras. Los primeros me recetaron píldoras y los segundos siguieron las huellas de mis sueños y sondearon en mi infancia, a la busca de complejos ocultos. Las píldoras sólo fueron un alivio momentáneo y los sondeos sólo me procuraron preocupaciones nuevas. Estuve tentado de tirarme al río y acabar con todo.

"Decidí finalmente hacer un viaje a Florida, con la esperanza de que el cambio de ambiente me hiciera bien. Al subir al tren, mi padre me entregó una carta y me dijo que no la abriera hasta llegar a Florida. Llegué a Florida en el apogeo de la temporada turística. Como no pude conseguir habitación en un hotel, me alojé en el dormitorio de un garaje. Intenté que me incluyeran en la tripulación de un carguero que zarpaba de Miami, pero no tuve suerte. Pasaba mi tiempo en la playa. Me sentía en Florida más desdichado que en mi casa; por lo tanto, abrí el sobre que mi padre me había entregado. La nota decía: 'Hijo mío, estás a 1.500 millas de casa y no te sientes mejor, ¿no es así? Sabía que sería así, porque te llevaste contigo la única causa de tus zozobras, que eres tú mismo. No hay nada que ande mal en tu cuerpo o tu espíritu. No son las situaciones por las que has pasado lo que te ha puesto así, sino lo que tú piensas de esas situaciones. Según un hombre piensa en su corazón, así es él. Cuando comprendas esto, hijo mío, vuelve a casa, porque estarás curado'.

"La carta de mi padre me enfureció. Quería simpatía, no instrucción. Estaba tan chiflado que en aquel momento decidí no volver nunca más a casa. Aquella noche me paseaba por una de las calles apartadas de Miami y llegué a una iglesia donde se estaban celebrando unos servicios. No teniendo otro lugar adonde ir, entré y escuché un sermón sobre el tema: 'Quien conquista su espíritu es más fuerte que quien conquista una ciudad'. La permanencia en el sedante ambiente de la casa de Dios y la repetición por el predicador de las ideas expuestas por mi padre en su carta barrieron toda la basura que se había acumulado en mi cerebro. Podía pensar con claridad y de modo razonable por primera vez en mi vida. Comprendí lo estúpido que había sido. Estaba escandalizado de verme a la verdadera luz: allí estaba, queriendo cambiar el mundo entero y todo lo que contenía, cuando la única cosa que necesitaba cambiar era el foco de las lentes de la cámara fotográfica que era mi espíritu.

"A la mañana siguiente hice mi equipaje y emprendí el regreso a casa. Una semana después había vuelto a ocupar mi puesto. Cuatro meses después me casé con la muchacha que temía perder. Ahora somos una familia feliz con cinco hijos. Dios ha sido bueno conmigo tanto material como mentalmente. En la época de mi quebranto nervioso, era capataz de noche de un pequeño establecimiento que ocupaba a dieciocho personas. Ahora soy superintendente de la fabricación de cartón y estoy al frente de cuatrocientos cincuenta trabajadores. Creo que ahora aprecio bien los valores de la vida. Mi vida es más completa y amiga. Cuando los momentos de ansiedad tratan de infiltrarse —como sucede en las vidas de todos—, me digo que debo enfocar de nuevo mi cámara y todo se resuelve perfectamente.

"Puedo decir honradamente que me alegro de haber padecido aquella depresión, porque descubrí por medio de la dura experiencia el poder que los pensamientos pueden tener sobre nuestro espíritu y nuestro cuerpo. Ahora mis pensamientos trabajan para mí y no en contra de mí. Comprendo ahora que mi padre tenía razón cuando decía que no eran las situaciones exteriores la causa de mi sufrimiento, sino lo que yo pensaba de esas situaciones. Tan pronto como me di cuenta de esto, me curé y... seguí curado." Tal fue la experiencia de aquel alumno mío.

Estoy totalmente convencido de que nuestra paz interior y nuestra alegría dependen, no de dónde estamos, qué tenemos o qué somos, sino únicamente de nuestra actitud mental. Las condiciones exteriores tienen que ver con esto muy poco. Por ejemplo, tomemos el caso del viejo John Brown, quien fue colgado por apoderarse del arsenal del Estado en Harpers Ferry e incitar a los esclavos a la rebelión. Fue trasladado al patíbulo sentado en su ataúd. El carcelero que iba junto a él estaba nervioso y preocupado. Pero John Brown se mostraba sereno y frío. Levantó la vista hacia los montes de la Sierra Azul de Virginia y exclamó: "¡Qué hermoso paisaje! Nunca tuve antes la oportunidad de contemplarlo".

O tomemos el caso de Robert Falcon Scott y sus compañeros, los primeros ingleses que alcanzaron el Polo Sur. Su viaje de regreso fue probablemente el viaje más cruel que haya emprendido jamás el hombre. Se habían quedado sin alimentos y sin combustible. No pudieron avanzar más porque una imponente ventisca rugió en aquellas lindes del mundo durante once días y sus noches; el viento era tan fuerte y vivo que tajaba el hielo polar. Scott y sus compañeros sabían que iban a morir; habían llevado consigo una cantidad de opio para esta contingencia. Una fuerte dosis de opio los haría entrar en la región de los sueños agradables para no despertarse más. Pero desdeñaron la droga y murieron "cantando vibrantes y alegres canciones". Sabemos que sucedió esto por la carta de adiós que halló junto a los helados cuerpos una partida de salvamento ocho meses después.

Sí, si cultivamos pensamientos creadores de valor y serenidad, podemos disfrutar de un paisaje sentados en nuestro ataúd y camino del patíbulo o podemos entonar "vibrantes y alegres canciones" en los momentos en que morimos de hambre y de frío.

En su ceguera, Milton descubrió la misma verdad hace trescientos años:

Es el alma su propio hogar y puede
del cielo hacer Averno y del Averno cielo.

Napoleón y Helen Keller son ejemplos perfectos de la declaración de Milton: Napoleón tenía todo lo que los hombres por lo general ambicionan —gloria, poder, riquezas—, pero declaró en Santa Elena: "Jamás he conocido seis días felices en mi vida". En cambio Helen Keller —ciega y sordomuda— manifestó: "He encontrado que la vida es tan bella...".

Si medio siglo de vida me ha enseñado algo, este algo es que "nada que no seas tú mismo puede traerte la paz".

En realidad, no hago otra cosa que intentar la repetición de lo que Emerson dijo tan bien en las palabras finales de su ensayo sobre la "Confianza en sí mismo": "Una victoria política, un aumento de rentas, el restablecimiento de un ser querido, el retorno de un amigo ausente o cualquier otro acontecimiento totalmente externo entonan el ánimo y hacen pensar que se acercan días felices. No lo creamos. Nunca puede ser así. Sólo nosotros mismos podemos traernos la paz".

Epicteto, el gran filósofo estoico, nos previno que debemos tener más cuidado en eliminar los malos pensamientos de nuestro espíritu que en eliminar "los tumores y abscesos del cuerpo".

Epicteto dijo esto hace diecinueve siglos, pero la medicina moderna lo apoya. El Dr. G. Canby Robinson declaró que cuatro de cada cinco pacientes internados en el Hospital Johns Hopkins tenían afecciones provocadas por tensiones de tipo emocional. Esto era frecuentemente verdad incluso en casos de trastornos orgánicos. "En última instancia, la causa de estos trastornos puede encontrarse en desajuste con la vida y sus problemas", manifestó el referido médico.

Montaigne, el gran filósofo francés, adoptó estas dieciocho palabras como lema de su vida: "Un hombre no es herido tanto por lo que sucede, cuanto por su opinión de lo que sucede". Y nuestra opinión de lo que sucede es cosa enteramente nuestra.

¿Qué quiero decir? ¿Tengo la colosal desfachatez de decirle a la cara —a usted, abrumado por sus problemas y con los nervios de punta—, que, en estas condiciones, puede cambiar su actitud mental mediante un esfuerzo de la voluntad? ¡Sí, quiero decir precisamente eso! Y esto no es todo. Voy a *mostrarle* a usted *cómo* se hace. Tal vez exija cierto esfuerzo, pero el secreto es sencillo.

William James, nunca superado en su conocimiento de la psicología práctica, hizo una vez esta observación: *"La acción parece seguir al sentimiento, pero en realidad, acción y sentimiento van juntos y, regulando la acción, que se halla bajo el dominio directo de la voluntad, podemos regular indirectamente el sentimiento, que no lo está".*

En otros términos, William James nos dice que no podemos cambiar instantáneamente nuestras emociones con sólo "la decisión de hacerlo", pero que *podemos* cambiar nuestras acciones. Y que, al cambiar nuestras acciones, cambiaremos automáticamente nuestros sentimientos.

"Por tanto —explica—, el camino voluntario de valor soberano para llegar a la alegría, si es que la has perdido, es sentarte alegremente y actuar y hablar como si la alegría estuviera ya a tu lado."

¿Da resultados este truco tan sencillo? ¡Es como la cirugía estética! Ensáyelo. Ponga en su cara una sonrisa amplia y honrada; saque el pecho; respire pausada y profundamente; y entone algo. Si no puede usted cantar, silbe. Si no puede usted silbar, tararee. Pronto descubrirá usted a qué se refería William James: que es *físicamente imposible* permanecer deprimido o agobiado mientras se manifiestan los síntomas de una felicidad radiante.

Es ésta una de las pequeñas verdades básicas de la naturaleza que puede fácilmente obrar milagros en nuestras vidas. Conozco a una mujer de California —no mencionaré su nombre— que eliminaría todas sus desdichas en veinticuatro horas si conociera este secreto. Es mujer de edad y viuda —es cosa triste, lo admito—, pero ¿es que intenta ser feliz? No: si se le pregunta cómo se encuentra contesta: "¡Oh, muy bien!". Pero, con la expresión de su rostro y el temblor de su voz, está diciendo: " ¡Oh, Dios mío, si supiera usted todo lo que yo he pasado!". Parece que está reprochando a los demás que se muestren contentos ante ella. Hay cientos de mujeres en peor situación que ella: su marido le dejó un seguro suficiente para las necesidades del resto de su vida y tiene hijas casadas que pueden procurarle un hogar. Pero raramente sonríe. Se queja de que sus tres hijos políticos son ásperos y egoístas, aunque pasa temporadas de meses en sus casas. Se lamenta de que sus hijas nunca le regalan nada, aunque atesora cuidadosamente sus propios bienes "para la vejez". ¡Es una plaga para ella misma y su desdichada familia! Pero ¿es necesario que sea así? Es una lástima, porque podría transformarse de lo que es, una mujer amargada e infeliz, en un miembro de la familia respetado y querido, siempre que *quisiera* el cambio. Y todo lo que necesitaría para esta transformación es comenzar a actuar de modo animoso y alegre, a actuar como si tuviera que dar expresión a un amor de juventud en lugar de dar vueltas a su amargado carácter.

H. J. Englert, de Tell City, Indiana, aún vive porque descubrió este secreto. Hace diez años, el señor Englert tuvo fiebre escarlatina; cuando se restableció, vio que había contraído nefritis, una enfermedad de los riñones. Consultó a toda clase de médicos, "incluso curanderos", según me dijo, sin resultado alguno.

Después, pasado cierto tiempo, tuvo otras complicaciones. Su presión sanguínea subió. Consultó a un médico y éste le dijo que la presión había alcanzado el altísimo punto de 21.4. Agregó que el caso era fatal, que tenía un carácter progresivo y que valía más que el paciente ordenara sus asuntos cuanto antes.

Y Englert dice: "Fui a casa, verifiqué que mi póliza de seguro estaba al día, pedí perdón al Hacedor por mis faltas y me dediqué a sombrías meditaciones.

"Hice desdichados a cuantos estaban a mi alrededor. Mi mujer y mis hijos estaban aterrados y yo mismo me sentía muy deprimido. Sin embargo, al cabo de una semana de compadecerme, me dije: '¡Eres un estúpido! Quizás aún tardes un año en morir. ¿Por qué, pues, no intentas mostrarte alegre mientras estés en este mundo?'.

"Saqué el pecho, sonreí y traté de actuar como si todo fuera normal. Admito que fue costoso en un principio, pero me forcé a ser agradable y animoso. Y esto fue un bien, no solamente para mi familia, sino también para mí.

"El primer resultado fue que comencé a *sentirme* mejor, casi tan bien como pretendía sentirme. La mejoría continuó. Y hoy —meses después de la supuesta fecha de mi fallecimiento—, no solamente estoy vivo, bien y contento, sino también con mi presión sanguínea en la normalidad. Tengo una cosa por cierta: que la predicción del médico se hubiera cumplido si hubiese continuado alimentando los pensamientos de derrota. Pero di a mi cuerpo una oportunidad para curarse sin otro esfuerzo que el que supone un cambio en la actitud mental."

Quiero hacer esta pregunta: si una actuación animosa y los pensamientos positivos de salud y valor bastan para salvar la vida de un hombre, ¿por qué usted y yo vamos a soportar ni un minuto más nuestros malos humores y depresiones de orden secundario? ¿Por qué hacer de nosotros y de cuantos nos rodean seres infelices y melancólicos cuando es posible crear la felicidad por medio de una simple actuación animosa?

Hace años leí un librito que tuvo un duradero y profundo efecto en mi vida. Se titulaba *As a Man Thinketh (Piensa como un hombre)*, y es de James Lane Allen. He aquí lo que decía:

"Uno verá que, si cambia sus pensamientos sobre las cosas y los demás, las cosas y los demás cambiarán... Si un hombre cambia radicalmente sus pensamientos, quedará asombrado de la rápida transformación que se producirá en las condiciones materiales de su vida. Los hombres no atraen por lo que quieren, sino por lo que son... La divinidad que da forma a nuestros propósitos somos nosotros mismos... Todo lo que un hombre consigue es el resultado directo de sus propios pensamientos... Un hombre sólo puede prosperar, conquistar y alcanzar sus metas elevando sus pensamientos. Solamente puede permanecer débil e ínfimo por negarse a esta elevación."

De acuerdo con el libro del Génesis, el Creador dio al hombre el dominio sobre toda la tierra. Fue un gran presente. Pero no me interesan prerrogativas tan regias. Todo lo que quiero es el dominio sobre mí mismo, el dominio sobre mis pensamientos, el dominio sobre mis miedos, el dominio sobre mi inteligencia y mi espíritu. Y lo más maravilloso es que yo sé que puedo conseguir este dominio en medida asombrosa, en cuanto lo desee, con sólo regular mis actos, los cuales regulan a su vez mis reacciones.

Recordemos estas palabras de William James: *"Gran parte de lo que denominamos Mal... puede ser convertido muchas veces en un bien amplio y tónico con sólo el cambio interior del paciente de una actitud de miedo a otra de lucha".*

¡Luchemos por nuestra Felicidad!

Luchemos por nuestra felicidad siguiendo un programa diario de pensamientos animosos y constructivos. He aquí un programa así. Se titula *Sólo por hoy*. Juzgué este programa tan alentador que distribuí cientos de ejemplares. Fue escrito hace treinta y seis años por el extinto Sibyl F. Partridge. Si usted y yo lo seguimos, eliminaremos la mayoría de nuestras preocupaciones y aumentaremos de modo inconmensurable nuestra porción de lo que los franceses llaman *la joie de vivre*.

SÓLO POR HOY

1. Sólo por hoy, seré feliz. Esto supone que es verdad lo que dijo Abraham Lincoln, que "la mayoría de las personas son tan felices como deciden serlo". La felicidad es algo interior; no es asunto de fuera.

2. Sólo por hoy, trataré de ajustarme a lo que es y no trataré de ajustar todas las cosas a mis propios deseos. Aceptaré mi familia, mis negocios y mi suerte como son y procuraré encajar en todo ello.

3. Sólo por hoy, cuidaré de mi organismo. Lo ejercitaré, lo atenderé, lo alimentaré, no abusaré de él ni lo abandonaré, en forma que será una perfecta máquina para mis cosas.

4. Sólo por hoy, trataré de vigorizar mi espíritu. Aprenderé algo útil. No seré un haragán mental. Leeré algo que requiera esfuerzo, meditación y concentración.

5. Sólo por hoy, ejercitaré mi alma de tres modos. Haré a alguien algún bien sin que él lo descubra. Y haré dos cosas que no me agrade hacer, sólo, como dice William James, por ejercitarme.

6. Sólo por hoy, seré agradable. Tendré el mejor aspecto que pueda, me vestiré con la mayor corrección a mi alcance, hablaré en voz baja, me mostraré cortés, seré generoso en la alabanza, no criticaré a nadie, no encontraré defectos en nada y no intentaré dirigir o enmendar la plana al prójimo.

7. Sólo por hoy, trataré de vivir únicamente este día, sin abordar a la vez todo el problema de la vida. Puedo hacer en doce horas cosas que me espantarían si tuviera que mantenerlas durante una vida entera.

8. Sólo por hoy, tendré un programa. Consignaré por escrito lo que espero hacer cada hora. Cabe que no siga exactamente

el programa, pero lo tendré. Eliminaré dos plagas, la prisa y la indecisión.

9. Sólo por hoy, tendré media hora tranquila de soledad y descanso. En esta media hora pensaré a veces en Dios, a fin de conseguir una mayor perspectiva para mi vida.

10. Sólo por hoy, no tendré temor y especialmente no tendré temor de ser feliz, de disfrutar de lo bello, de amar y de creer que los que amo me aman.

Si queremos cultivar una actitud mental que nos proporcionará paz y felicidad, he aquí la Regla 1:

Pensemos y actuemos con alegría y nos sentiremos alegres.

13
EL ELEVADO COSTO DE PAGAR CON LA
MISMA MONEDA

Una noche, hace años, recorriendo el Parque de Yellowstone, me senté con otros turistas en unas gradas que miraban a un espeso bosque de pinos y abetos. En esto, el animal que esperábamos ver, el terror de la selva, el oso pardo, entró en la zona iluminada y comenzó a devorar los residuos que habían sido llevados allí desde la cocina de uno de los hoteles del parque. Uno de los guardabosques, el mayor Martindale, explicaba, montado a caballo, las costumbres de estos animales a los excitados turistas. Nos dijo que el oso pardo es capaz de aniquilar a cualquier otro animal del mundo occidental, con las posibles excepciones del búfalo y del oso Kadiak; sin embargo, yo advertí aquella noche que había un animal, sólo uno, al que el oso pardo permitía salir del bosque y comer con él a la luz: una mofeta (zorrillo). El oso pardo sabía que podía liquidar a la mofeta de un solo zarpazo. ¿Por qué no lo hacía? Porque había comprendido que una cosa así no resultaba beneficiosa.

Yo también lo comprendí. Como muchacho del campo, había atrapado mofetas de cuatro patas en los setos de las orillas del Missouri; ya de hombre, había encontrado unas cuantas mofetas de dos patas en las aceras de Nueva York. Y sabía por triste experiencia que servía de muy poco tratar con cualquiera de estas dos variedades.

Cuando odiamos a nuestros enemigos, les damos poder sobre nosotros, poder sobre nuestro sueño, nuestros deseos, nuestra presión sanguínea, nuestra salud y nuestra felicidad. Nuestros enemigos bailarían de alegría si supieran cómo nos preocupan, cómo nos torturan y cómo se nos imponen. Nuestro odio no les daña, pero convierte nuestros días y noches en un infernal torbellino.

¿Quién creen ustedes que dijo lo que sigue: "Si una persona egoísta trata de aprovecharse de ti, bórralo de tu lista, pero no trates de pagarle con la misma moneda. Cuando tratas de pagar con la misma moneda, te haces más daño del que puedas hacer a esa otra persona"? Son palabras que parecen pronunciadas por un idealista habituado a mirar las estrellas. Pero no es así. Estas palabras aparecieron en un boletín publicado por el Departamento de Policía de Milwaukee.

¿Cómo puede dañar el intento de pagar con la misma moneda? De muchos modos. Según la revista *Life,* puede incluso quebrantar la salud. *Life* dijo: "La característica principal de las personas con hipertensión —presión sanguínea alta— es el resentimiento. Cuando el resentimiento es crónico, las consecuencias son una hipertensión crónica y las enfermedades del corazón".

Por tanto, cabe ver que cuando Jesús dijo "Amad a vuestros enemigos", no se limitaba a predicar ética. También predicaba medicina del siglo XX. Cuando dijo: "Perdonad setenta veces siete", Jesús nos estaba diciendo a usted y a mí el modo de no padecer presión sanguínea alta, perturbaciones del corazón, úlceras del estómago y muchas otras enfermedades.

Una amiga mía tuvo recientemente un grave ataque al corazón. Su médico le ordenó que guardara cama y no se enfadara por nada, sucediese lo que sucediera. Los médicos saben que, cuando se tiene el corazón débil, un acceso de ira *puede matar.* ¿Dije que *puede matar*? Un acceso de ira *mató* al dueño de un restaurante en Spokane, Washington, hace unos cuantos años. Tengo ante mí la carta del jefe de policía de la ciudad donde ocurrió el hecho. Dice: "Hace unos cuantos años, un hombre de sesenta y ocho años de edad que era dueño de un café en Spokane, Washington, se mató al enfurecerse con su cocinero, quien persistía en la costumbre de beber caté en la propia taza

145

de su patrón. Éste se indignó de tal modo que tomó un revólver y se lanzó a la caza del cocinero. Cayó muerto de un ataque al corazón, con el revólver todavía en la mano. El instructor del sumario declaró que la causa del ataque al corazón había sido la ira".

Cuando Jesús dijo: "Amad a vuestros enemigos", también nos estaba diciendo el modo de mejorar nuestra presencia. Conozco a muchos —como conocerán ustedes— cuyos rostros se han arrugado y endurecido por el odio y desfigurado por el resentimiento. Toda la cirugía estética de la Cristiandad no mejorará su aspecto ni la mitad de lo que lo mejorarían el perdón, la ternura y el amor.

El odio destruye hasta nuestra capacidad para disfrutar de los alimentos. La Biblia dice así: "Vale más una comida de hierbas donde hay amor que buey bien cebado con odio".

¿Es que nuestros enemigos no se frotarían las manos de gusto y bailarían de alegría si supieran que el odio que sentimos hacia ellos nos está agotando y poniendo nerviosos, desfigurando, creando perturbaciones cardíacas y probablemente acortando la existencia? ¿Es que nuestros enemigos no quedarían encantados de ver cómo el odio nos está consumiendo?

Si no podemos amar a nuestros enemigos, amémonos por lo menos a nosotros mismos. Amémonos lo suficiente para no permitir que nuestros enemigos dominen nuestra felicidad, salud y aspecto. Shakespeare escribió:

No calientes de odio tanto el horno
que te quemes tú mismo.

Cuando Jesús dijo que deberíamos perdonar a nuestros enemigos "setenta veces siete", predicaba también una buena norma de negocios. Por ejemplo, tengo ante mí una carta de George Rona, Uppsala, Suecia. Durante años George Rona fue procurador en Viena, pero huyó a Suecia durante la segunda guerra mundial. No tenía dinero y necesitaba trabajar con urgencia. Como podía hablar y escribir en varios idiomas, confiaba obtener un puesto de corresponsal en alguna firma dedicada a la importación y la exportación. La mayoría de las firmas le contestaron que no necesitaban sus servicios a causa de la guerra, pero que incluirían su nombre en lista, etcétera. Sin embargo, un señor escribió a George Rona una carta en la que se decía: "Lo que usted se imagina acerca de mi negocio es falso. Todo lo que dice es una insensatez. No necesito ningún corresponsal. Y si necesitara uno, no lo tomaría a usted, porque ni siquiera es capaz de escribir correctamente en sueco. Su carta está llena de faltas".

Cuando George Rona leyó aquella carta, se puso tan fuera de sí como el Pato Donald. ¿Qué pretendía ese sueco al decirle que no podía escribir en sueco? La misma carta del agresivo señor estaba llena de faltas. Entonces, George Rona escribió una tercera carta destinada a sacar de quicio al sueco. Pero se calmó y se dijo: "Espera un momento. ¿Cómo sé que este hombre no tiene razón? He estudiado sueco, pero no es mi lengua materna y tal vez haya cometido faltas sin darme cuenta de ello. Si es así, no tengo más remedio que continuar mis estudios si quiero ·conseguir un puesto. Es muy posible que este hombre me haya hecho un favor, aun contra su voluntad. El mero hecho de que se haya expresado en términos desagradables no altera mi deuda hacia él. Voy a escribirle *dándole las gracias*".

George Rona rompió la furibunda carta que había escrito y escribió otra diciendo: "Fue usted muy amable al molestarse en escribirme, especialmente no necesitando un corresponsal. Lamento haberme equivocado en relación con su firma. La razón de que le escribiera es que solicité información y me dijeron que era usted figura principal en ese campo de actividades. No sabía que he cometido faltas gramaticales en mi carta. Lo lamento y quedo avergonzado de mí mismo. Dedicaré en adelante más diligencia al estudio del sueco y trataré de corregirme de ese defecto. Quiero agradecerle el que me haya iniciado de ese modo en el camino del mejoramiento".

Al cabo de unos días, George Rona recibió una carta del mismo señor, quien le pedía que fuera a verlo. Rona

147

fue... y consiguió un puesto. George Rona descubrió de este modo que "una respuesta amable disipa la ira".

Cabe que no seamos tan santos que amemos a nuestros enemigos, pero, en bien de nuestra salud y nuestra felicidad, perdonémoslos y olvidémoslos por lo menos. Es lo que hacía el general Eisenhower. En una ocasión pregunté a John, el hijo del general Eisenhower, si su padre alimentaba resentimientos. Y John me dijo: "No, mi padre no pierde ni un minuto pensando en las personas que le desagradan".

Hay un viejo proverbio que afirma que es un necio quien no puede enfadarse, pero es un sabio quien no se enfada.

Ésta era la norma del ex alcalde de Nueva York William J. Gaynor. Acusado violentamente por la prensa escandalosa, un maniático disparó contra él y casi lo mata. Cuando luchaba por su vida en el lecho del hospital, dijo: "Todas las noches perdono todo a todos". ¿Es demasiado idealismo? ¿Demasiada blandura? Si es así, busquemos consejo en el gran filósofo alemán Schopenhauer, autor de *Estudios sobre el pesimismo.* Consideraba este filósofo la vida como una aventura inútil y penosa. Era un hombre que goteaba lobreguez y, sin embargo, hundido en las profundidades de su desesperación, exclamó: "A ser posible, no se debe sentir animosidad hacia nadie".

En una ocasión pregunté a Bernard Baruch —el hombre que ha sido consejero muy estimado de seis presidentes: Wilson, Harding, Coolidge, Hoover, Roosevelt y Truman— si se había sentido turbado alguna vez por los ataques de sus enemigos. Y la contestación fue: "Nadie puede humillarme o turbarme. No se lo permitiría".

Tampoco nadie puede humillarnos o turbarnos a usted y a mí, *a menos que se lo consintamos.*

Palos y piedras romperán mis huesos,
pero las palabras no han de dañarme.

A través de los siglos, los hombres han encendido sus velas ante esos individuos que, al modo de Cristo, no alimentaban resentimientos contra sus enemigos. He estado muchas veces en el Parque Nacional Jasper del Canadá, en contemplación de una de las más bellas montañas del mundo occidental, una montaña que lleva el nombre de Edith Cavell, la enfermera británica que murió como una santa ante un piquete alemán el 12 de octubre de 1915. ¿Cuál era su crimen? Había escondido, alimentado y atendido en su hogar belga a soldados heridos franceses e ingleses y los había ayudado a escaparse a Holanda. Cuando el capellán inglés entró en su celda de la prisión militar de Bruselas para prepararla a morir, Edith Cavell pronunció dos frases que han sido preservadas en el bronce y el granito: "Comprendo que el patriotismo no es bastante. No debo guardar odio ni resentimiento para nadie". Cuatro años después sus restos fueron trasladados a Inglaterra y se celebraron unos solemnes servicios fúnebres en su honor en la Abadía de Westminster. Hoy existe una estatua de granito frente a la Galería Nacional de pintura de Londres; es la estatua de una de las figuras inmortales de Inglaterra. "Comprendo que el patriotismo no es bastante. No debo guardar odio ni resentimiento para nadie."

Un modo seguro de perdonar y olvidar a nuestros enemigos es dejarse absorber por una causa infinitamente superior a nosotros mismos. Entonces los insultos y las inquinas no nos importarán, porque nos olvidaremos de todo lo que no sea nuestra *causa*. Como ejemplo tomemos un acontecimiento intensamente dramático que ocurrió en los bosques de pinos de Mississippi el año 1918. Un linchamiento. Laurence Jones, un maestro y predicador negro, iba a ser linchado. Hace unos cuantos años visité la escuela fundada por Laurence Jones, la Piney Woods Country School, y hablé ante los alumnos. Esta escuela es conocida hoy en toda la nación, pero el incidente que voy a relatar ocurrió en época muy anterior. Ocurrió en los días intensamente emocionales de la Primera Guerra Mundial. Se extendió por la zona central de Mississippi el rumor de que los alemanes estaban agitando a los negros e incitándolos a la rebelión. Laurence Jones, el hombre que iba a ser linchado, era, como he dicho, un negro, y fue acusado de incitar a su raza a rebelarse. Un grupo de blancos que se detuvo a la puerta de la iglesia había oído a Laurence Jones gritar a los fieles: "La vida es una batalla en la que cada negro debe tomar las *armas y luchar* para sobrevivir y triunfar".

"¡Luchar!" "¡Armas!" Era bastante. Corriendo en medio de la noche, los excitados jóvenes reclutaron una turba, volvieron a la iglesia, pusieron una soga alrededor del cuello del predicador, arrastraron a éste kilómetro y medio por la carretera, formaron un montón de leña, encendieron fósforos y se dispusieron a ahorcar y quemar vivo a la vez al desgraciado. En esto alguien gritó: "¡Dejemos que pronuncie su oración fúnebre antes de que arda! ¡Que hable, que hable!". Laurence Jones, de pie sobre la pira, con la soga al cuello, habló en defensa de su vida y de su *causa*. Había sido graduado en la Universidad de Iowa en 1907. Su carácter entero, su erudición y su aptitud para la música le habían granjeado la estima de alumnos y profesores. Después de graduado rechazó la oferta de un hotelero que le propuso entrar en los negocios y se negó también a los requerimientos de un hombre muy rico que se prestaba a costearle la educación musical. ¿Por qué? Porque estaba iluminado por una visión. Leyendo el relato de la vida de Booker T. Washington llegó a la decisión de consagrar su propia vida a la educación de los miembros pobres y analfabetos de su raza. En consecuencia, se instaló en la zona más atrasada del Sur, en un lugar a unos cuarenta kilómetros al sur de Jackson, Mississippi. Empeñó su reloj por U$S 1,65 e inauguró su escuela en pleno bosque, con un tocón como cátedra. Laurence Jones habló a aquellos hombres enfurecidos que iban a lincharlo de la lucha que había tenido que librar para instruir a aquellos muchachos negros, para hacer de ellos buenos labradores, mecánicos, cocineros y domésticos. Les habló de los blancos que le habían ayudado a establecer su Piney Woods Country Club, de los blancos que le habían proporcionado tierra, madera, cerdos, vacas y dinero, con el fin de facilitarle su misión educadora.

Cuando se preguntó a Laurence Jones después si no

odiaba a los hombres que lo habían arrastrado por el camino para colgarlo y quemarlo, replicó que estaba *demasiado ocupado en su causa* para odiar, *demasiado absorbido por algo que era muy superior a su propia persona.* Y añadió: *"No tengo tiempo para disputar ni para lamentarme y no hay hombre que me pueda obligar a agacharme lo suficiente para que lo odie".*

Como Laurence Jones hablaba con elocuencia sincera, conmovedora y defendía su causa más que su persona, la turba comenzó a ablandarse. Finalmente, un veterano confederado gritó: "Creo que este muchacho dice la verdad. Conozco a los blancos cuyos nombres ha mencionado. Está haciendo un buen trabajo. Nos hemos equivocado. Deberíamos ayudarlo en lugar de ahorcarlo". El viejo confederado pasó el sombrero por la multitud y recogió un donativo de cincuenta y dos dólares con cuarenta centavos de aquellos mismos hombres que se habían congregado para ahorcar al fundador del Piney Woods Country Club, al hombre que dijo: "No tengo tiempo para disputar ni para lamentarme y no hay hombre que me pueda obligar a agacharme lo suficiente para que lo odie".

Epicteto advirtió hace diecinueve siglos que recogemos lo que sembramos y que existe cierto sino que nos hace siempre pagar el mal que hemos hecho. Epicteto dijo: "A la larga, todo hombre sufre el castigo de sus malas acciones. El hombre que recuerde esto no se enfadará con nadie, no se indignará con nadie, no humillará a nadie, no culpará a nadie, no ofenderá a nadie, no odiará a nadie".

Probablemente no habrá en la historia de Norteamérica un hombre que haya sido más increpado, odiado y traicionado que Lincoln. Sin embargo, Lincoln, de acuerdo con la clásica biografía de Herndon, "jamás juzgó a los hombres por el agrado o el desagrado que le causaban. Si era preciso realizar un acto, podía comprender que su enemigo era capaz de realizarlo tan bien como otro cualquiera. Si alguien le había hecho una jugada fea o lo había maltratado personalmente, pero era el más capaz para determinado puesto, Lincoln le adjudicaba este puesto como si se hubiera tratado de un amigo... Creo que nunca destituyó a un hombre porque era su enemigo o porque le desagradaba".

Lincoln fue atacado e insultado por algunos de los mismos hombres a quienes había encumbrado, por hombres como McClellan, Seward, Stanton y Chase. Sin embargo, Lincoln creía, según Herndon, su socio en las actividades jurídicas, que "ningún hombre debía ser alabado por lo que hacía o censurado por lo que hacía o dejaba de hacer", porque "todos nosotros somos hijos de las condiciones, de las circunstancias, del ambiente, de la educación, de los hábitos adquiridos y de la herencia, todo lo cual moldea a los hombres como son y siempre serán".

Tal vez Lincoln tenía razón. Si usted y yo hubiésemos heredado las mismas características físicas, mentales y emocionales que nuestros enemigos y si la vida hubiese sido para nosotros lo mismo que para ellos, actuaríamos exactamente como ellos actúan. Sería imposible que hiciéramos otra cosa. Seamos lo bastante caritativos para repetir la plegaria de los indios sioux: "Oh Gran Espíritu, no me dejes juzgar ni criticar a un hombre hasta que haya caminado en sus mocasines durante dos semanas". Por tanto, en lugar de odiar a nuestros enemigos, compadezcámoslos y demos gracias a Dios por habernos hecho distintos de lo que son. En lugar de amontonar condenaciones y venganzas sobre nuestros enemigos, procurémosles nuestra comprensión, nuestra simpatía, nuestra ayuda, nuestro perdón y nuestras oraciones.

Yo he sido educado en una familia que leía las Escrituras o repetía un versículo de la Biblia todas las noches, para arrodillarse después y decir las "oraciones familiares". Todavía puedo oír a mi padre repetir, en la solitaria granja de Missouri, esas palabras de Jesús que continuarán repitiéndose mientras el hombre tenga ideales: "Amad a vuestros enemigos, bendecid a los que os maldicen, haced bien a los que os odian y rezad por los que malignamente os utilizan y os persiguen".

Mi padre trató de vivir de acuerdo con estas palabras de Jesús, las cuales le procuraron una paz interior que los capitanes y los reyes de la historia han buscado muchas veces en vano.

Para cultivar la actitud mental que ha de procurarnos paz y felicidad, recordemos que la Regla 2 es:

No tratemos nunca de pagar con la misma moneda a nuestros enemigos, porque, si lo hacemos, nos haremos más daño que el que les hagamos. Hagamos lo que hacía el general Eisenhower: no perdamos jamás un minuto pensando en las personas que nos desagradan.

14

SI USTED HACE ESTO, NUNCA LE PREOCUPARÁ LA INGRATITUD

Recientemente conocí en Texas a un hombre de negocios que ardía de indignación. Se me previno que él mismo me diría lo que le sucedía a los quince minutos de conocerlo. Así sucedió. El incidente que lo había exasperado así había ocurrido once meses antes, pero el hombre seguía ardiendo. No podía hablar de otra cosa. Había dado a sus treinta y cuatro empleados diez mil dólares en bonos de Navidad —unos trescientos dólares a cada uno—, y ni uno solo le había dado las gracias. Y se lamentaba amargamente: "¡Cuánto siento haberles dado siquiera un centavo!".

Confucio dijo que "un hombre enfadado está siempre lleno de veneno". Este hombre estaba tan lleno de veneno que yo sinceramente lo compadecí. Tenía unos sesenta años de edad. Ahora bien, las compañías de seguros calculan que, como promedio, viviremos poco más de los dos tercios de la diferencia entre nuestra edad actual y los ochenta. Por tanto, este hombre —si tenía suerte— viviría todavía unos catorce o quince años. Sin embargo, había malgastado ya casi uno de estos años que le quedaban de vida con sus amarguras y resentimientos debidos a un suceso que pertenecía al pasado. Yo lo compadecí.

En lugar de revolcarse en el resentimiento y la piedad de sí mismo, este hombre hubiera podido preguntarse *por qué* no había obtenido el menor agradecimiento. Tal vez había pagado poco o exigido mucho a sus empleados. Tal vez estimaran éstos que un bono de Navidad no era un obsequio, sino algo que les era debido. Tal vez era un hombre tan severo e inaccesible que sus gentes no se atrevían a darle las gracias o no tenían interés en hacerlo. Tal vez se dijeran estas gentes que recibieron los bonos porque de otro modo el dinero se hubiera ido en impuestos.

Por otra parte, cabe que los empleados fueran egoístas, mezquinos y maleducados. Cabe que fuera esto o que fuera lo otro. No sé acerca del asunto más de lo que saben ustedes. Pero sé que el Dr. Samuel Johnson dijo: "La gratitud es un fruto que exige mucho cultivo. No cabe encontrarla entre gente tosca".

Tal es el extremo que trato de recalcar: *este hombre cometió la humana y lamentable equivocación de esperar la gratitud.* No conocía la naturaleza humana.

Si usted salvara a un hombre la vida, ¿esperaría su agradecimiento? Puede usted esperarlo, pero he aquí el caso de Samuel Liebowitz, que fue un famoso abogado criminalista antes de hacerse un magistrado. Salvó a *setenta y ocho* hombres de ir a la silla eléctrica. Y ¿cuántos creen ustedes que se detuvieron para agradecer a Samuel Liebowitz o siquiera se tomaron la molestia de enviarle una felicitación de Navidad? ¿Cuántos? Adivinen... Eso es. Ninguno.

Cristo sanó a diez leprosos en una tarde, pero ¿cuántos de estos leprosos se detuvieron para darle las gracias? Sólo uno. Véanlo en San Lucas. Cuando Cristo se volvió hacia sus discípulos y preguntó: "¿Dónde están los otros nueve?", todos ellos habían desaparecido. ¡Se habían ido sin dar las gracias! Y permítaseme ahora una pregunta: ¿por qué usted y yo —y el hombre de negocios de Texas— podemos esperar más agradecimiento por nuestros menudos favores que el que obtuvo Jesucristo?

Y si pasamos a asuntos de dinero... Bien, es un caso todavía más desesperado. Charles Schwab me dijo que, en una ocasión, había salvado a un cajero bancario que había jugado en la Bolsa con el dinero del Banco. Schwab puso el dinero necesario para que este cajero no fuera a la cárcel. ¿Se mostró el hombre agradecido? ¡Oh, sí, por breve tiempo! Después se volvió contra Schwab y denigró y acusó al mismo hombre que lo había salvado de la prisión.

Si usted diera a uno de sus parientes un millón de dólares ¿esperaría agradecimiento? Andrew Carnegie hizo precisamente esto. Pero, si Andrew Carnegie hubiese salido de su tumba algún tiempo después, se hubiera escandalizado al ver que su pariente lo estaba maldiciendo. ¿Por qué? Porque el Viejo Andy había dejado 365 millones de dólares para caridades públicas y se había "desembarazado de él con un mísero millón".

Así son las cosas. La naturaleza humana ha sido siempre naturaleza humana y no es probable que cambie mientras usted viva. Entonces ¿por qué no aceptarla? Por qué no ser realista en relación con ella como el bueno de Marco Aurelio, uno de los hombres más juiciosos que haya gobernado jamás el Imperio Romano. Marco Aurelio escribió en su diario: "Voy a verme hoy con personas que hablan demasiado, que son egoístas y desagradecidas. Pero no me sorprenderé ni molestaré, porque no me imagino un mundo sin personas así".

Esto es lógico, ¿no es así? Si usted y yo vamos por ahí gruñendo contra la ingratitud, ¿a quién cabe culpar? ¿Es esto naturaleza humana o ignorancia de la naturaleza humana? No esperemos gratitud. Después, si en un momento dado la conseguimos, será una sorpresa deliciosa. Si no la conseguimos, no sentiremos molestia alguna.

He aquí el primer extremo que trato de recalcar en este capítulo: *es natural que las personas se olviden del agradecimiento; por tanto, si esperamos gratitud, vamos derechamente hacia muchos pesares.*

Conozco en Nueva York a una mujer que siempre se está quejando de su soledad. Ninguno de sus parientes quiere estar cerca de ella. No es de extrañar. Si usted la visita, hablará durante horas de lo que hizo por sus sobrinas. Las cuidó durante el sarampión y la tos ferina, las tuvo en su casa durante años, envió a una de ellas a una escuela mercantil y alojó a la otra hasta que se casó.

¿Venían estas sobrinas a visitarla? Oh, sí, de cuando en cuando, por cumplir un deber. Pero tenían santo temor a estas visitas. Sabían que tendrían que aguantar varias horas de reproches apenas velados. Oirían una letanía interminable de amargas quejas y de suspiros de autocompasión. Y cuando esta mujer no puede ya mortificar, maltratar o fulminar a sus sobrinas, tiene uno de sus "arrebatos": un ataque al corazón.

¿Es un verdadero ataque al corazón? Oh, sí. Los médicos dicen que tiene "un corazón nervioso", que tiene palpitaciones. Pero dicen también que no pueden hacer nada, que el mal tiene carácter emocional.

Lo que esta mujer quiere realmente es cariño y atención. Pero llama a esto "gratitud". Y no tendrá nunca gratitud ni cariño, porque los reclama. Cree que es algo que se le debe.

Hay miles de personas como ella, personas que están enfermas de "ingratitud", soledad y abandono. Desean ser amadas, pero el único modo que tienen en este mundo de que se llegue a amarlas es cesar de pedirlo y comenzar a querer sin esperanza de ser correspondidas.

¿Es que esto es idealismo puro, poco práctico, de visionario? No lo es. Es sentido común, nada más. Es un modo muy conveniente para que usted y yo encontremos la felicidad que buscamos. Mis propios padres daban por el placer de ayudar a los demás. Eramos pobres y siempre estábamos abrumados de deudas. Sí, pero con toda nuestra pobreza, mis padres siempre se arreglaban para enviar todos los años algún dinero a un asilo de huérfanos, al Hogar Cristiano de Council Bluffs, Iowa. Mis padres nunca visitaron este asilo. Probablemente, nadie les agradeció este donativo —salvo por carta—, pero quedaron muy bien recompensados, porque tuvieron la alegría de ayudar a los niños, sin desear ni esperar gratitud alguna a cambio.

Después de haber dejado mi casa, siempre enviaba a mis padres un cheque de Navidad; al mismo tiempo, les pedía que se permitieran ciertos lujos y gollerías. Pero nunca lo hicieron. Cuando llegaba a casa unos días antes de Navidad, mi padre solía hablarme del carbón y los víveres que habían comprado para alguna "pobre mujer" de la ciudad que tenía muchos hijos y carecía de dinero para lo indispensable. Obtenía una gran satisfacción con estos donativos, la de dar sin esperar compensación alguna.

Creo que mi padre encajaba casi perfectamente en la descripción que hizo Aristóteles del hombre ideal, del hombre más digno de ser feliz. Aristóteles dijo: "El hombre ideal disfruta haciendo favores a los demás, pero le avergüenza que los demás le hagan favores. Porque es señal de superioridad conceder una gracia, pero es señal de inferioridad el recibirla".

He aquí el segundo extremo que trato de recalcar en este capítulo: *si queremos encontrar la felicidad, cesemos de pensar en la gratitud o la ingratitud y demos por el placer interior de dar.*

Los padres se han arrancado los cabellos por la ingratitud de los hijos durante diez mil años.

Hasta el rey Lear de Shakespeare exclamó: "¡Cuánto más duro que el diente de una serpiente es tener un hijo desagradecido!".

Pero ¿por qué tienen que ser los hijos agradecidos, si no los educamos para serlo? La ingratitud es tan natural como la cizaña. La gratitud es como una rosa. Tiene que ser cultivada, regada, amada y protegida.

Si nuestros hijos son desagradecidos, ¿de quién es la culpa? Tal vez nuestra. Si no les hemos enseñado nunca a expresar su gratitud a los demás, ¿cómo podemos esperar que nos la expresen a nosotros?

Conozco en Chicago a un hombre que tenía motivos para quejarse de la ingratitud de sus hijastros. Trabajaba duramente en una fábrica de cajas y pocas veces ganaba más de cuarenta dólares a la semana. Se casó con una viuda y ésta lo indujo a que enviara a los dos hijos que tenía de su anterior marido a la Universidad tomando dinero a préstamo. De su salario de cuarenta dólares semanales este hombre tenía que pagar el alimento, la renta, el combustible, la ropa y los plazos de sus pagarés. Hizo esto durante cuatro años, trabajando como un negro y sin quejarse nunca.

¿Le dieron alguna vez las gracias? No; su mujer daba la cosa por supuesta y otro tanto pasaba con los hijastros. Nunca se imaginaron éstos que debían algo a su padrastro, ni siquiera agradecimiento.

¿De quién era la culpa? ¿De los chicos? Sí, pero la madre era todavía más culpable. Entendía que no debía cargar aquellas jóvenes existencias con "una sensación de obligación". No quería que sus hijos se iniciaran en la vida "con una deuda". En consecuencia, nunca pensó en decir: "¡Qué magníficamente se porta el padrastro con ustedes al enviarlos a la Universidad!". En lugar de ello, adoptó la actitud de: "¡Oh, es lo menos que puede hacer!".

Esta mujer quería hacer bien a sus hijos, pero, en realidad, estaba lanzándolos a la vida con la peligrosa idea de que el mundo les debía lo necesario para vivir. Y era, en verdad una idea muy peligrosa, porque uno de esos muchachos trató de "tomar a préstamo" dinero de su patrón y acabó en la cárcel.

Debemos recordar que nuestros hijos son en gran parte lo que les hacemos ser. Por ejemplo, la hermana de mi madre —Viola Alexander, de Minneapolis— es un excelente ejemplo de mujer que nunca ha tenido motivo para quejarse de la "ingratitud" de sus hijos. Cuando yo era chico, tía Viola recogió en su casa a su madre para atenderla mejor e hizo lo mismo con la madre de su marido. Todavía puedo cerrar los ojos y ver a las dos ancianas instaladas junto al fuego en la granja de mi tía. ¿Eran un "problema" para ésta? Supongo que lo fueron muchas veces. Pero no había modo de adivinarlo en la actitud. Mi tía *quería* a las dos ancianas; las mimaba y hacía que se sintieran en su propia casa. Además, tía Viola tenía seis hijos, pero esto no fue razón para que pensara que estaba haciendo algo noble o que merecía un halo de santidad al comportarse así con las dos ancianas. Para ella era lo natural, lo justo, lo que quería hacer.

¿Dónde está ahora tía Viola? Bien, ahora es viuda desde hace unos veinte años y tiene seis hijos ya mayores

—seis hogares independientes—, que se disputan por tenerla en sus respectivas casas. Sus hijos la adoran y nunca se cansan de ella. ¿Es "gratitud"? ¡Qué insensatez! Es cariño, *puro cariño*. Esos hijos fueron educados durante su infancia en un afecto humano cálido y radiante. No es extraño que, ahora, con la situación invertida, *devuelvan* ese afecto.

Recordemos que, para tener hijos agradecidos, debemos ser agradecidos nosotros. Recordemos que "los pequeños tienen muy buen oído" y están atentos a lo que decimos. Como ilustración, tomemos el propósito de que, la próxima vez que tengamos la tentación de empequeñecer la amabilidad de alguien en presencia de nuestros hijos, contendremos nuestros impulsos. No digamos nunca: "¡Qué mantelería nos ha enviado la prima Sue para Navidad! Está hecha por ella. No le ha costado ni un centavo". La observación puede parecernos trivial, pero los niños están a la escucha. Por tanto, vale más que digamos: "¡Cuántas horas habrá dedicado la prima Sue a esta mantelería de Navidad! ¡Qué buena es! Tenemos que escribirle dándole las gracias ahora mismo". Y nuestros hijos, de modo inconsciente, absorberán el hábito de alabar y de apreciar.

Para evitar el resentimiento y la preocupación que tengan por causa la ingratitud, he aquí la Regla 3:

A. En lugar de preocuparnos por la gratitud, no la esperemos. Recordemos que Jesús sanó a diez leprosos en un solo día y sólo uno de ellos se lo agradeció. ¿Por qué vamos a obtener más gratitud de la que Jesús obtuvo?

B. Recordemos que el único modo de ser feliz es no esperar gratitud, sino dar por el placer de dar.

C. Recordemos que la gratitud es un rasgo que debe ser "cultivado"; por tanto, si queremos que nuestros hijos sean agradecidos, debemos enseñarles a serlo.

15
¿ACEPTARÍA USTED UN MILLÓN DE DÓLARES POR LO QUE TIENE?

Conocí a Harold Abbot durante años. Vivía en Webb City, Missouri. Era quien organizaba mis conferencias. Un día nos vimos en Kansas City y me llevó en su automóvil a mi granja de Belton, Missouri. Durante el viaje le pregunté cómo se defendía de las preocupaciones y me contó una historia tan alentadora que nunca la olvidaré.

"Yo solía preocuparme mucho —me dijo—, pero un día de primavera de 1934, cuando iba por la calle West Dougherty, en Webb City, vi un espectáculo que desvaneció todas mis preocupaciones Todo sucedió en diez segundos, pero, en este tiempo, aprendí acerca de cómo se debe vivir más de lo que había aprendido en los diez años anteriores. Durante dos años, había tenido un almacén de comestibles en Webb City. No solamente había perdido todos mis ahorros, sino que había contraído deudas cuya liquidación me exigió siete años. Mi almacén se había cerrado el sábado anterior y ahora iba en busca de un préstamo al Banco Mercantil y Minero, a fin de ir a Kansas City para tratar de obtener una colocación. Era un hombre vencido. Había perdido mi espíritu de lucha y mi fe. En esto vi que venía por la calle un hombre sin piernas. Estaba sentado en una plataforma de madera equipada con ruedas de patín. Se empujaba con los bloques de madera que llevaba en cada mano. Lo vi en el momento en que había cruzado la calle y trataba de subir el escalón de unos cuantos centímetros de la acera. Cuando inclinaba su plataforma de madera para formar el ángulo apropiado, sus ojos se encontraron con los míos. Me saludó con una amplia sonrisa. 'Buenos días, señor. Linda mañana, ¿no es así?' Al contemplarlo comprendí qué rico era yo. Tenía dos piernas. Podía caminar. Me avergoncé de la compasión que yo mismo me había inspirado. Me dije que, si aquel hombre podía ser feliz y animoso sin piernas, yo lo podía ser con ellas. Sentí cómo mi pecho se ensanchaba. Había proyectado pedir al Banco Mercantil y Minero cien dólares. Pero, ahora, tuve el valor de pedir doscientos. Había proyectado decir que quería ir a Kansas City para *tratar* de conseguir un cargo. Pero, ahora, anuncié confiadamente que quería ir a Kansas City para *conseguir* empleo. Obtuve el préstamo y también el empleo.

"Ahora, tengo colocadas en el espejo de mi cuarto de baño las siguientes palabras que leo todas las mañanas al afeitarme:

Tuve aflicción por no tener zapatos
hasta que vi a quien no tenía pies.

En una ocasión pregunté a Eddie Rickenbacker cuál era la más importante de las lecciones que había aprendido al permanecer a la deriva con sus compañeros en balsas salvavidas, durante veintiún días, perdidos sin esperanza alguna en el Pacífico. Y la contestación fue: "Lo más importante que aprendí entonces fue que, si se tiene agua para beber y algo para comer en la medida suficiente, no hay motivo alguno para quejarse".

La revista *Times* publicó un artículo sobre un sargento que había sido herido en Guadalcanal. Herido en la garganta por un trozo de proyectil, este sargento había sido sometido a varias transfusiones de sangre. Escribió una nota al médico preguntando: "¿Voy a vivir?". El médico contestó: "Sí". Escribió otra nota indagando: "¿Podré hablar?". También fue afirmativa la respuesta. Y el sargento escribió una tercera nota: *"¿Por qué demonios me estoy entonces preocupando?".*

Por qué usted no se detiene en su rumiar ahora mismo y se pregunta: "¿Por qué demonios me estoy preocupando?". Verá probablemente que ese porqué es relativamente insignificante.

Aproximadamente un noventa por ciento de las cosas de nuestras vidas están bien y un diez por ciento mal. Si queremos ser felices, todo lo que debemos hacer es concentrarnos en el noventa por ciento que está bien y pasar por alto el diez por ciento restante. Si queremos estar preocupados y amargados y acabar con úlceras de estómago, todo lo que debemos hacer es concentrarnos en el diez por ciento que está mal y pasar por alto lo demás.

Las palabras *"Think and Thank"* ("Piensa y Agradece") se hallan inscritas en muchas iglesias cromwellianas de Inglaterra. Son palabras que también deberían ser inscritas en nuestros corazones. Deberíamos pensar en todo lo que merece nuestro agradecimiento y dar gracias a Dios por todas nuestras abundancias y prosperidades.

Jonathan Swift, autor de los *Viajes de Gulliver,* era el más devastador de los pesimistas de la literatura inglesa. Lamentaba tanto haber nacido que ayunaba y llevaba luto cuando cumplía años; sin embargo, en medio de su desesperación, el supremo pesimista de la literatura inglesa, Jonathan Swift, alababa el gran poder curativo de la alegría y la felicidad. Declaró: "Los mejores médicos del mundo son el Doctor Dieta, el Doctor Quietud y el Doctor Alegría".

Usted y yo podemos obtener los cuidados del "Doctor Alegría", de modo gratuito y a todas las horas del día, fijando nuestra atención en todas las increíbles riquezas que poseemos, en riquezas que exceden con gran diferencia de los fabulosos tesoros de Alí Babá.

¿Vendería usted sus dos ojos por mil millones de dólares? ¿Qué pediría usted por sus dos piernas? ¿O por sus dos manos? ¿Por su oído? ¿Por sus hijos? ¿Por su familia? Sume todas las partidas y verá que no vendería lo que posee por todo el oro que hayan acumulado los Rockefeller, los Ford y los Morgan juntos.

¿Es que sabemos apreciar todo esto? ¡Ah, no! Como dijo Schopenhauer: "Raramente pensamos en lo que tenemos, sino siempre en lo que nos falta". Sí, la tendencia a "pensar raramente en lo que tenemos y siempre en lo que nos falta" es la mayor tragedia del mundo. Probablemente ha causado más miserias que todas las guerras y enfermedades de la historia.

Fue la causa de que John Palmer se convirtiera de "un muchacho normal en un viejo gruñón" y destrozara su hogar. Lo sé porque él mismo me lo contó.

El señor Palmer, de Paterson, Nueva Jersey, se expresó así: "Poco después de dejar el ejército me dediqué a los negocios. Trabajaba día y noche. Las cosas iban muy bien. En esto las complicaciones comenzaron. Me era imposible conseguir repuestos y cierto material. Temía tener que abandonar la empresa. Me preocupé tanto que me convertí de un muchacho normal que era en un viejo gruñón. Mi carácter se hizo tan agrio y áspero que, bien, aunque no me di cuenta de ello entonces, estuve a punto de perder mi feliz hogar. Un día, un joven veterano inválido que trabajaba conmigo me dijo: 'John, debería darte vergüenza... Parece que eres la única persona en el mundo con dificultades. Supongamos que tengas que cerrar el taller durante algún tiempo. Y ¿qué? Empezarás de nuevo en cuanto la situación se normalice. Tienes muchas cosas que agradecer y te pasas el día gruñendo. ¡Cómo me gustaría estar en tu lugar! Mírame, con sólo un brazo y medio rostro desaparecido... Sin embargo, no me quejo. ¡Si no cesas de gruñir y protestar, perderás, no solamente tu negocio, sino también tu salud, y, por supuesto, tu hogar y tus amigos!'.

"Estas observaciones me hicieron detener en el camino que seguía. Me hicieron comprender qué lejos había ido ya. En aquel mismo momento decidí cambiar y ser el de antes. Y lo hice."

Una amiga mía, Lucile Blake, tuvo que temblar en los lindes mismos de la tragedia antes de aprender a ser feliz con lo que tenía en lugar de preocuparse por lo que le faltaba.

Conocí a Lucile hace años, cuando los dos estudiábamos redacción de cuentos en la Escuela de Periodismo de la Universidad de Columbia. Hace unos cuantos años recibió la mayor sacudida de su vida. Vivía entonces en

Tucson, Arizona. Había... Bien, aquí está la historia que me contó:

"Había estado viviendo en un torbellino: estudiando órgano en la Universidad de Arizona, dirigiendo una escuela de declamación en la ciudad y dando clases sobre crítica musical en el rancho Desert Willow Ranch, donde residía. Iba a fiestas, bailes y paseos a caballo a la luz de las estrellas. Una mañana me desvanecí. ¡Mi corazón! El médico me dijo: 'Tendrá usted que permanecer en cama durante un año en reposo absoluto'. No me alentó a creer que recuperaría nunca mi perdida fortaleza.

"¡En cama durante un año! Ser una inválida... y tal vez morir. ¿Por qué tenían que sucederme a mí todas estas cosas? ¿Qué había hecho para merecerlas? Lloré amargamente. Pero guardé cama como el médico me había ordenado. Un vecino mío, el señor Rudolf, un artista, me dijo: 'Usted cree ahora que un año de cama será una tragedia. Pero no lo será. Tendrá usted tiempo para pensar y conocerse. Obtendrá en los próximos meses un desarrollo espiritual muy superior al conseguido en toda su vida anterior'. Quedé más tranquila y traté de desarrollar un nuevo sentido de los valores. Leí libros inspirados. Un día oí que un comentarista de radio decía: 'Sólo se puede expresar lo que se tiene en la conciencia'. Había oído palabras semejantes muchas veces, pero éstas penetraron en mí muy hondamente y echaron raíces. Y decidí tener únicamente los pensamientos que me atraían; pensamientos de alegría, felicidad, salud. Me forcé cada mañana, en cuanto me despertaba, a recordar las cosas por las que debía estar agradecida. No sufría. Tenía una hijita muy linda.

"Veía muy bien. Tenía un buen oído. Oía música deliciosa por la radio. Tenía tiempo para leer. Buena casa. Buena comida. Buenos amigos. Estaba tan animada y tenía tantas visitas, que el médico puso un cartel diciendo que sólo se admitía un visitante a la vez y a determinadas horas.

"Han pasado nueve años desde entonces y, ahora, mi vida es una vida plena y activa. Estoy profundamente agradecida al año que pasé en la cama. Fue el año más valioso y feliz que pasé en Arizona. La costumbre que adquirí entonces de enumerar mis bienes cada mañana sigue conmigo. Es una de mis más preciadas posesiones. Me avergüenza comprender que nunca aprendí realmente a vivir hasta que temí morir."

Aunque cabe que no se haya dado cuenta de ello, usted, querida Lucile Blake, aprendió la misma lección que había aprendido doscientos años antes el Dr. Samuel Johnson, quien dijo: "La costumbre de ver el buen lado de cada cosa vale más que mil libras al año".

Estas palabras fueron pronunciadas, tengámoslo en cuenta, por un optimista profesional, pero también por un hombre que había conocido la ansiedad, la pobreza y el hambre durante veinte años, para convertirse finalmente en uno de los más eminentes escritores de su generación y en el conversador más brillante de todos los tiempos.

Logan Pearsall Smith concentró mucha sabiduría en unas cuantas palabras cuando dijo: "Hay dos cosas que deben perseguirse en la vida: la primera es conseguir lo que se quiere; tras esto, disfrutar de ello. Sólo los más sabios logran lo segundo".

¿Les agradaría saber cómo hacer para que hasta fregar platos en la artesa de la cocina resulte una cosa interesante? Si es así, el método está expuesto en un alentador libro, de valor increíble, de Borghild Dahl. Se titula *I Wanted to See (Quería ver).*

Este libro fue escrito por una mujer que estuvo prácticamente ciega durante medio siglo. Y esta mujer escribe: "Sólo tenía un ojo y mi único ojo estaba cubierto de tan densas cicatrices que mi único modo de ver era a través de una pequeña abertura a la izquierda. Para leer tenía que colocar el libro muy cerca del rostro y forzar mi único ojo hacia la izquierda cuanto pudiera".

Pero esta mujer no quiso ser compadecida; se negó a ser "diferente". Cuando niña, quiso jugar a la rayuela con sus compañeras, pero no podía ver las marcas. En vista de ello, cuando las otras niñas se fueron a casa, se arrastró por el suelo con los ojos cerca de las marcas. Se aprendió de memoria cada trozo del suelo en que sus amigas jugaban y pronto se convirtió en una experta en diversos juegos. Aprendió a leer en su casa, con un libro de tipos muy grandes que mantenía tan cerca de los ojos que sus pestañas rozaban las páginas. Obtuvo dos títulos universitarios, el de *bachelor* en artes de la Universidad de Minnesota y el de *master* en artes de la Universidad de Columbia.

Comenzó a enseñar en la aldea de Twin Valley, Minnesota, y ascendió hasta convertirse en profesora de periodismo y literatura en el Augustana College de Sioux Falls, Dakota del Sur. Enseñó aquí durante trece años y, al mismo tiempo, dio conferencias en sociedades femeninas y ante el micrófono sobre libros y autores. Y escribe: "En el fondo de mi espíritu había albergado siempre el temor a la ceguera total. Con el fin de superar esto, adopté hacia la vida una actitud animosa, casi bulliciosa y jaranera".

Después, en 1943, cuando tenía cincuenta y dos años, sucedió un milagro: una operación en la famosa Clínica Mayo. Ahora ve cuarenta veces mejor de lo que había visto en cualquier momento anterior.

Se abrió así ante ella un nuevo e interesante mundo de belleza. Encontró interesante hasta lavar platos en la artesa de la cocina. Escribe: "Comencé a jugar con la blanca espuma en la pileta. Hundí mis manos en ella y tomé una bola de diminutas pompas de jabón. Las puse a la luz y pude ver en cada una de ellas los brillantes colores de un arco iris en miniatura".

Cuando miró por la ventana que había encima de la artesa; vio las "batientes alas de un gris negruzco de los gorriones que volaban a través de la densa nieve que caía".

Encontró tal placer en contemplar las pompas de jabón y los gorriones que cerró el libro con estas palabras: "Mi Señor, Padre Nuestro que estás en los Cielos, gracias, gracias".

¡Imagínese agradeciendo a Dios por poder lavar platos y ver arcos iris en las pompas de jabón y gorriones volando a través de la nieve!

Usted y yo deberíamos avergonzarnos de nosotros mismos. Todos los días de nuestra vida hemos vivido en un país de magia y de belleza, pero hemos sido demasiado ciegos para ver y estábamos demasiado ahítos para disfrutar.

La Regla 4 es:

¡Contemos nuestros bienes, no nuestros problemas!

16

ENCUÉNTRATE Y SÉ TÚ MISMO; RECUERDA QUE NO HAY NADIE EN EL MUNDO COMO TÚ

Tengo una carta de la señora Edith Allred, de Mount Airy, Carolina del Norte. Esta carta dice: "Cuando era niña, era sensible y tímida en extremo. Siempre pesaba demasiado y mis mejillas me hacían parecer todavía más gruesa de lo que era. Tenía una madre chapada a la antigua que creía que era una locura procurar que las ropas embellecieran. Decía siempre: 'La casquivana cosecha lágrimas'. Y me vestía en consecuencia. Yo nunca iba a fiestas, nunca me divertía y, cuando fui al colegio, nunca me reunía con otros niños en actividades exteriores, ni siquiera deportivas. Era tremendamente tímida. Sentía que era 'distinta' de todos los demás y que no gozaba de ninguna simpatía.

"Cuando llegué a mayor, me casé con un hombre que me llevaba varios años. Pero no cambié. Mi familia política era muy equilibrada y dueña de sí misma. Era todo lo que yo debía haber sido y no era. Hice lo posible para parecerme a ellos, pero no pude. Cualquier intento de salir de mi cascarón no hacía más que meterme más en él. Me convertí en un ser nervioso e irritable. Huía de los amigos. Llegué a estar tan mal que temblaba en cuanto sonaba el timbre de la puerta. Era un fracaso. Lo sabía y tenía miedo de que mi esposo lo comprendiera. Siempre que estábamos en público procuraba mostrarme alegre y exageraba mi papel. Me daba cuenta de ello y pasaba después unos días muy tristes. Finalmente, me sentí tan desdichada que no veía motivo para prolongar mi existencia. Comencé a pensar en el suicidio."

¿Qué sucedió para que cambiara la vida de esta desgraciada mujer? ¡Una simple observación casual!

La señora Allred prosigue: "Una observación casual transformó toda mi vida. Mi suegra hablaba un día de cómo había educado a sus hijos y dijo: 'Sucediera lo que sucediera, yo siempre insistía en que fueran ellos mismos'. ¡Que fueran ellos mismos! Esta observación realizó la obra. En un relámpago, comprendí que me había hecho una desgraciada por tratar de adaptarme a un patrón que no me servía.

"¡Cambié de la noche a la mañana! Comencé a ser yo misma. Traté de estudiar mi propia personalidad. Traté de averiguar *qué era.* Estudié mis puntos fuertes. Aprendí cuanto pude acerca de colores y estilos y me vestí de un modo que comprendía que me sentaba bien. Salí en busca de amigos. Ingresé en una sociedad —en una pequeña al principio—, y quedé aterrada cuando me incluyeron en un programa. Pero cada vez que hablaba mi valor aumentaba un poco. Hizo falta bastante tiempo, pero mi felicidad es hoy mayor de la que juzgué posible jamás. Al educar a mis propios hijos, siempre les he enseñado la lección que aprendí a tanta costa: *suceda lo que suceda, tenemos que ser siempre nosotros mismos."*

El Dr. James Gordon Gilkey dice que este problema de querer ser uno mismo es "viejo como la historia y tan universal como la vida humana". Y este problema de no estar dispuesto a ser uno mismo es la fuente oculta de infinidad de neurosis, psicosis y complejos. Angelo Patri ha escrito trece libros y miles de artículos para periódicos sindicados sobre el tema de la *educación infantil y* escribe: "Nadie es tan desgraciado como el que aspira a ser alguien y algo distinto de la persona que es en cuerpo y en alma".

El ansia de ser algo que no se es se manifiesta de modo muy acentuado en Hollywood. Sam Wood, uno de los directores de Hollywood más conocidos, dice que el mayor quebradero de cabeza que tiene con los jóvenes actores aspirantes es exactamente este problema: hacerles ser ellos mismos. Todos quieren ser una Lana Turner de segunda o un Clark Gable de tercera. Y Sam Wood les dice una y otra vez: "El público ya conoce eso; ahora quiere otra cosa".

Antes de que comenzara a dirigir películas como *Adiós, Sr. Chips* y *Por quién doblan las campanas,* Sam Wood pasó varios años en el negocio de inmuebles, desarrollando personalidades de vendedores. Declara que ha de aplicarse en el mundo del cine el mismo principio que en el mundo de los negocios. No se va a ninguna parte con el espíritu de imitación. No se puede ser un papagayo. Sam Wood dice: "La experiencia me ha enseñado que lo más seguro es abandonar cuanto antes a las personas que tratan de ser lo que no son".

Pregunté a Paul Boynton, jefe de personal de la Socony Vacuum Company, cuál es el error más grave que cometen los que solicitan trabajo. Es un hombre que debe saberlo; ha atendido a más de sesenta mil solicitantes y ha escrito un libro titulado *Six Ways to Get a Job (Seis modos de obtener un empleo).* Y este hombre me contestó: "El error más grave que cometen las personas que solicitan trabajo es no ser ellas mismas. En lugar de dejar las cosas al natural y ser completamente francas, frecuentemente dan las contestaciones que ellas creen que uno quiere". Pero esto no da resultados, porque nadie quiere un farsantón. Nadie quiere nunca moneda falsa.

La hija de un tranviario tuvo que aprender esta lección de un modo muy duro. Quería ser cantante. Pero su rostro era su desdicha. Tenía una boca grande y dientes salientes. Cuando cantó por primera vez en público —en un club nocturno de Nueva Jersey—, trató de bajar el labio superior para ocultar sus dientes. Trató de estar "encantadora". ¿Cuál fue el resultado? Que hizo el ridículo. Iba directamente al fracaso.

Sin embargo, había en aquel club nocturno un hombre que oyó cantar a la joven y que dijo que allí había talento. De modo liso y llano encaró a la joven y le dijo: "Mire, he estado observando su actuación y me doy cuenta de lo que trata de ocultar. ¡Usted tiene vergüenza de sus dientes!". La joven quedó muy turbada, pero el hombre aquel continuó: "¿Qué le importa? ¿Es un crimen acaso tener dientes salientes? ¡No trate de ocultarlos! Abra la boca y el público le tendrá simpatía cuando vea que usted no se avergüenza". Y añadió sagazmente: "Además, esos dientes que trata usted de ocultar pueden ser su fortuna".

Cass Daley aceptó el consejo y se olvidó de sus dientes. *Desde entonces,* sólo pensó en los auditorios. Abrió la boca sin miedo y cantó con tanto gusto y placer que llegó a ser una de las grandes estrellas del cine y de la radio. ¡Y muchos artistas trataron de imitarla!

El famoso William James hablaba de hombres que nunca se habían encontrado a sí mismos cuando declaró que el hombre medio desarrolla únicamente el diez por ciento de su capacidad mental latente. Escribió esto: "Comparados con lo que deberíamos ser, estamos sólo despiertos a medias. Hacemos uso sólo de una pequeña parte de nuestros recursos físicos y mentales. Para hablar en un sentido amplio, diremos que el individuo humano vive muy lejos de sus límites. Posee facultades de diversa índole que generalmente no utiliza".

Usted y yo tenemos esas facultades, por lo que no debemos preocuparnos a causa de no ser como otros. Usted es algo nuevo en el mundo. Nunca antes, desde los comienzos del tiempo, ha habido nadie exactamente como usted y nunca después, a través de todas las épocas por venir, habrá nadie en el que usted se repita. La nueva ciencia de la genética nos dice que usted es quien es como resultado en gran parte de veintitrés cromosomas que ha aportado su padre y otros veintitrés cromosomas que ha aportado su madre. Estos cuarenta y seis cromosomas comprenden todo lo que determina su herencia de usted. Amram Scheinfeld dice que en cada cromosoma hay "de docenas a cientos de genes, de los que uno solo es capaz, en algunos casos, de cambiar toda la vida de un individuo". Verdaderamente, estamos hechos de un modo que "asusta y maravilla".

Incluso después de la unión de sus padres, sólo había una oportunidad contra 300 billones de que naciera una persona que fuera específicamente usted. En otros términos, si usted tuviera 300 billones de hermanos y hermanas, todos podrían ser distintos de lo que usted es. ¿Es esto una adivinanza? No, es un hecho científico. Si quiere usted leer algo más acerca del asunto, vaya a una biblioteca pública y pida un libro titulado *Usted y la herencia,* de Amram Scheinfeld.

Puedo hablar de este tema con convicción porque lo siento profundamente. Sé de qué estoy hablando. Lo sé por amarga y costosa experiencia. Cuando vine por primera vez a Nueva York desde los maizales de Missouri, me inscribí en la Academia Norteamericana de Artes Dramáticas. Aspiraba a ser actor. Había tenido lo que creía que era una idea brillante, un atajo hacia el triunfo; era una idea tan sencilla y tan clara que no comprendía cómo no la habían descubierto tantos miles de personas ambiciosas que pululan por el mundo. Consistía en esto: estudiaría cómo los actores famosos de la época —John Drew, Walter Hampden y Otis Skinner— conseguían sus efectos. Después imitaría lo mejor de cada uno y me convertiría en una brillante y triunfal combinación de todos ellos. ¡Qué tonto! ¡Qué absurdo! Tuve que malgastar años; después me puse a escribir lo que yo suponía que iba a ser yo mismo y que no podía ser otro cualquiera.

Esta lamentable experiencia debió enseñarme una lección duradera. Pero no fue así. No me la enseñó. Yo era demasiado torpe. Tuve que pasar por una segunda prueba. Varios años después, me puse a escribir lo que yo suponía que iba a ser el mejor libro sobre oratoria para la gente de negocios que jamás se hubiera escrito. Tuve para escribir este libro la misma estúpida idea que había tenido acerca de la profesión teatral; iba a *sacar* ideas de toda una serie de escritores e incluirlas en un libro, en un libro que lo contendría todo. Para esto, obtuve docenas y docenas de libros sobre oratoria y pasé un año incorporando sus ideas a mi manuscrito. Pero llegó el momento en que comprendí que estaba haciendo una vez más el tonto. Aquella mescolanza de las ideas de los demás que había escrito era tan sintética y tan aburrida que no habría persona de negocios que la soportara. Eché, pues, al cesto el trabajo de todo un año y comencé de nuevo. Esta vez me dije: "Vas a ser Dale Carnegie, con todos sus defectos y limitaciones. No puedes ser otra persona". Así abandoné la idea de ser una combinación de otra gente, me arremangué e hice lo que debí hacer desde el principio: escribir un libro de texto sobre oratoria, sacado de mis propias experiencias, observaciones y convicciones como orador y maestro de declamación. Aprendí —para siempre, espero— la lección que aprendió Sir Walter Raleigh. (No estoy hablando del Sir Walter que arrojó su capa al barro para que pasara la Reina. Estoy hablando del Sir Walter Raleigh que fue profesor de literatura inglesa en Oxford en 1904.) Este profesor dijo: "No puedo escribir un libro con la medida de Shakespeare, pero puedo escribir un libro por mi cuenta".

Sea usted mismo. Siga el sabio consejo que Irving Berlin dio al extinto George Gershwin. Cuando Berlin y Gershwin se conocieron, Berlin era famoso, pero Gershwin era un joven compositor que luchaba por abrirse camino y ganaba treinta y cinco dólares semanales en Tin Pan Alley. Berlin, impresionado por la capacidad de Gershwin, ofreció a éste un puesto como su secretario musical, con un salario casi triple del anterior. Pero Berlin aconsejó: "Sin embargo, no acepte el puesto. Si lo hace, puede llegar a ser un Berlin de segunda. En cambio, si insiste en ser usted mismo, llegará un día a ser un Gershwin de primera".

Gershwin siguió el consejo y se transformó lentamente en uno de los más famosos compositores de su época. Charlie Chaplin, Will Rogers, Mary Margaret McBride, Gene Autry y millones más tuvieron que aprender la lección que trato de enseñar en este capítulo. Tuvieron que aprenderla a mucho costo, como me pasó a mí.

Cuando Charlie Chaplin comenzó a hacer películas, el director insistió en que imitara a un popular comediante alemán de la época. Charlie Chaplin no llegó a ninguna parte hasta que actuó con su propia personalidad. Bob Hope tuvo una experiencia análoga; pasó varios años actuando en espectáculos de canto y baile y no hizo nada de fundamento hasta que fue él mismo. Will Rogers hizo girar una cuerda en un vaudeville durante años, sin pronunciar una palabra. Así continuó hasta que descubrió su don humorístico de carácter único y comenzó a hablar mientras hacía girar su cuerda.

Cuando Mary Margaret McBride actuó por primera vez en la radio, trató de ser una comediante irlandesa y fracasó. Cuando se limitó a ser lo que era —una sencilla campesina de Missouri— se transformó en una de las más populares estrellas de la radio de Nueva York.

Cuando Gene Autry quiso desprenderse de su acento de Texas, se vistió como los jóvenes de la ciudad y afirmó ser de Nueva York, las gentes se reían de él a sus espaldas. Pero, cuando comenzó a tocar su banjo y a cantar tonadas de vaquero, Gene Autry inició una carrera que hizo de él el *cowboy* más popular del cine y de la radio.

Usted es algo nuevo en este mundo. Alégrese de ello. Saque el máximo provecho de lo que la naturaleza le ha procurado. En última instancia, todo arte es autobiográfico. Usted sólo puede cantar lo que es. Usted sólo puede pintar lo que es. Usted debe ser lo que sus experiencias, su ambiente y su herencia le han hecho. Para bien o para mal, usted debe cultivar su propio jardín. Para bien o para mal, usted debe tocar su propio instrumento en la orquesta de la vida.

Como dijo Emerson en su ensayo sobre la "Confianza en sí mismo": "Llega un momento en la educación de todo hombre en que se llega a la convicción de que la envidia es ignorancia; de que la imitación es un suicidio; de que el hombre debe tomarse a sí mismo, para bien o para mal, como a su parte; de que, aunque el vasto universo está lleno de riquezas, ningún grano nutritivo puede llegar hasta uno si no es a través del trabajo en la parcela de tierra que le ha sido asignada. El poder que reside en cada hombre es de naturaleza nueva y sólo él sabe lo que puede hacer y, por otra parte, sólo puede saberlo cuando lo haya intentado".

Éste es el modo que Emerson tuvo de decirlo. Pero he aquí el modo en que lo dijo un poeta, el extinto Douglas Malloch:

Si no puedes ser pino de la cumbre,
sé la mata del valle, la más linda
de las matas que van junto al arroyo;
sé el arbusto, si el árbol está arriba.

Si no llegas a arbusto, sé la hierba
que al camino feliz y humilde vista;
de no ser almizcleña, sé la atocha
que entre todas el lago más estima.

Tripulantes, si no los capitanes,
que un lugar siempre guárdanos la vida;
hay que hacer cosas grandes y pequeñas,
pero siempre ha de hacerse la más chica.

De no ser el camino, sé el sendero;
si no sol, sé la estrella que titila;
no busquemos tamaño en la pelea,
sino ser lo mejor en nuestras filas.

Para cultivar la actitud mental que nos procurará paz y nos liberará de la preocupación, he aquí la Regla 5:

No imitemos a los demás. Encontrémonos y seamos nosotros mismos.

17

SI TIENE USTED UN LIMÓN, HAGA
UNA LIMONADA

Mientras escribía este libro estuve un día en la Universidad de Chicago y pregunté al rector, Robert Maynard Hutchins, cómo se libraba de las preocupaciones. Y me contestó: "He tratado siempre de seguir el consejo que me dio el extinto Julius Rosenwald, presidente de la Sears, Roebuck and Company: 'Cuando tengas un limón, hazte una limonada' ".

Tal es lo que hace un gran docente. Pero el simple hace algo completamente opuesto. Si la vida le entrega un limón, una cosa amarga y agria, se desespera y dice: "Estoy vencido. Es el destino. No tengo la menor oportunidad". Después lanza imprecaciones contra el mundo y se compadece hasta lo más hondo de su ser. En cambio, el juicioso a quien entregan un limón dice: "¿Qué lección cabe aprender de esta desgracia? ¿Cómo puedo mejorar esta situación? ¿Cómo puedo convertir este limón en una limonada?".

Después de pasar toda su vida dedicado al estudio de las personas y de sus ocultos recursos de poder, el psicólogo Alfred Adler declaró que una de las características maravillosas de los seres humanos es "su poder de convertir un menos en un más".

He aquí la interesante y alentadora historia de una mujer que conozco y que hizo precisamente eso. Se llama Thelma Thompson. He aquí lo que me contó: "Durante la guerra mi marido estaba adscrito a un campo de instrucción próximo al desierto de Mojave, en California. Fui a vivir allí con objeto de estar cerca de él. Odiaba el lugar. Nunca me había sentido tan desdichada. Mi marido fue enviado de maniobras al desierto y yo me quedé sola en una cabaña. El calor era insoportable; pasaba de los cuarenta grados centígrados a la sombra de un cacto. No había nadie con quien hablar. El viento soplaba de modo incesante y todos los alimentos que comía y hasta el aire que respiraba estaban llenos de arena, arena, arena...

"Me sentía tan hundida, me compadecía tanto, que escribí a mis padres. Les dije que abandonaba mi empresa y que volvía a casa. Les dije que no podía resistir ni un minuto más. ¡Prefería estar en la cárcel! Mi padre me contestó con una carta de sólo dos líneas. Eran dos versos que siempre cantarán en mi recuerdo, dos versos que cambiaron mi vida por completo:

> Dos hombres que miraron tras las rejas de su prisión,
> uno el barro miró, el otro las estrellas contempló.

"Leí estos versos muchas veces. Estaba avergonzada. Decidí ver qué había de bueno en aquella situación mía; trataría de ver las estrellas.

"Me hice amigos entre los indígenas y la reacción de esta gente me asombró. En cuanto mostré interés por sus tejidos y cacharros, me regalaron sus piezas favoritas, las que no habían querido vender a los turistas. Estudié las bellísimas formas de los cactos, las yucas y los árboles Joshua. Aprendí cosas de los perros de pradera, observé las puestas de sol del desierto y busqué conchas marinas, dejadas allí hace millones de años, cuando las arenas del desierto eran el fondo de un océano.

"¿Qué es lo que produjo en mi cambio tan asombroso? El desierto de Mojave no había cambiado. Los indios no habían cambiado. Pero había cambiado yo. Había cambiado mi actitud mental. Y al pasar esto, mi desdichada existencia quedó transformada en la más emocionante aventura de mi vida. Fui estimulada y excitada por este nuevo mundo que había descubierto. Estaba tan exaltada que escribí un libro sobre el asunto, una novela que fue publicada bajo el título *Brillantes murallas (Bright Ramparts)*... Había mirado desde la prisión que me había creado yo misma y había visto las estrellas."

Thelma Thompson, usted descubrió una vieja verdad que los griegos enseñaron quinientos años antes del nacimiento de Cristo: "Las cosas mejores son las más difíciles".

Harry Emerson Fosdick la repitió en el siglo XX: "La felicidad no es principalmente placer; es principalmente victoria". Sí, la victoria que llega con la sensación de realización, de triunfo, de haber convertido nuestros limones en limonadas.

En una ocasión visité en Florida a un labrador feliz que convertía en limonadas hasta los limones venenosos. Después de adquirir su granja, quedó desalentado. La tierra era tan pobre que no había modo de cultivarla ni de que sirviera siquiera para la cría de cerdos. Allí no salía nada, salvo robles esmirriados y culebras de cascabel. Pero nuestro hombre tuvo una idea. Transformaría el pasivo en activo; sacaría todo el provecho posible de aquellas serpientes. Con asombro de todos, se dedicó a las conservas de carne de culebras de cascabel. Cuando lo visité hace unos cuantos años, vi que los turistas acudían a su criadero de serpientes a razón de veinte mil por año. El negocio era espléndido. Vi cómo se enviaba veneno de los colmillos a los laboratorios para la producción de toxinas antitóxicas; vi que las pieles de serpiente se vendían a precios lucidísimos para la fabricación de zapatos y bolsos de mujer. Vi que la carne en conserva se enviaba a clientes de todo el mundo. Compré una tarjeta postal con una vista del lugar y la eché en la oficina de Correos local, la cual había sido rebautizada "Rattlesnake, Florida"—*rattlesnake* significa serpiente de cascabel—, en honor del hombre que había transformado un limón venenoso en dulcísima limonada. En mis experiencias, luego de haber recorrido el país de punta a punta en todas direcciones, he tenido el privilegio de conocer a docenas de hombres y mujeres que han demostrado "su poder de convertir un menos en un más".

El difunto William Bolitho, autor de *Twelve Against the Gods (Doce contra los dioses)*, lo expresó así: "La cosa más importante de la vida no es capitalizar las ventajas. Cualquier tonto puede hacer esto. Lo que verdaderamente importa es beneficiarse con las pérdidas. Esto exige inteligencia y señala la diferencia entre una persona de juicio y un necio".

Bolitho consignó estas palabras después de haber perdido una pierna en un accidente de ferrocarril. Pero yo conozco a un hombre que perdió sus dos piernas y convirtió su menos en más. Se llama Ben Fortson. Lo conocí en un ascensor de hotel de Atlanta, Georgia. Cuando entré en el ascensor, vi a un hombre de expresión alegre, con sus piernas inmóviles, sentado en una silla de ruedas en un rincón. Cuando el ascensor se detuvo en su piso, me pidió amablemente que me hiciera a un lado, a fin de que pudiera maniobrar mejor con su silla. "Lamento estorbarlo", murmuró. Y su rostro se iluminó con una sonrisa cordial.

Cuando dejé el ascensor y entré en mi habitación, no hacía más que pensar en este animoso inválido. Indagué hasta dar con él y le pedí que me contara su historia.

Siempre sonriéndose, me dijo: "Sucedió en 1929. Salí a cortar unas estacas de nogal para las alubias de mi huerta. Cargué las estacas en mi Ford y emprendí el retorno. En esto una de las estacas se deslizó bajo el vehículo y enredó la dirección en el momento en que iba por un recodo. El vehículo saltó por encima de un muro bajo y me lanzó contra un árbol. Quedó afectada mi columna vertebral. Mis piernas quedaron paralizadas.

"Tenía veinticuatro años cuando sucedió esto y desde entonces no he dado un solo paso."

¡Condenado a los veinticuatro años a permanecer en una silla de ruedas por el resto de su vida! Le pregunté cómo se las arregló para soportar la cosa tan bien y me contestó: "No la soporté nada bien". Dijo que se enfureció y se rebeló. Maldecía su suerte. Pero, a medida que pasaban los años, vio que su rebelión sólo le proporcionaba amarguras. Y declaró: "Finalmente, comprendí que las gentes eran amables y corteses conmigo. Por tanto, lo menos que podía hacer era mostrarme amable y cortés con ellas".

Le pregunté si entendía todavía, después de todos los años transcurridos, que su accidente había sido una terrible desgracia y en seguida me contestó: "No. Casi me alegro de lo que sucedió". Me dijo que, después de reponerse de la sacudida y el resentimiento, comenzó a vivir en un mundo diferente. Comenzó a leer y a aficionarse a la literatura. En catorce años leyó por lo menos mil cuatrocientos libros; estos libros le habían abierto nuevos horizontes y procurado una vida más rica de todo lo que creyó posible. Comenzó a escuchar buena música y sigue ahora emocionándose con las grandes sinfonías que antes le hubieran aburrido. Pero la oportunidad mayor es que tenía tiempo para pensar. Me habló así: "Por primera vez en mi vida pude contemplar el mundo y adquirir un verdadero sentido de los valores. Comencé a comprender que la mayoría de las cosas por las que antes había luchado no valían la pena en absoluto".

Como resultado de sus lecturas se interesó en la política, estudió los asuntos públicos y pronunció discursos desde su silla de ruedas. Comenzó a conocer gente y a ser conocido. ¡Y Ben Fortson, todavía en su silla de ruedas, llegó a ser Secretario de Estado del estado de Georgia!

Al dirigir clases de adultos en la Ciudad de Nueva York descubrí que una de las cosas que más lamentan muchos adultos es no haber hecho estudios universitarios. Parecen pensar que el no tener una educación universitaria es una gran desventaja. Sé que esto no es necesariamente porque he conocido a miles de hombres que han triunfado sin haber pasado de la enseñanza secundaria. Por tanto, suelo contar con frecuencia a estos alumnos la historia de un hombre que conocí y que ni siquiera acabó la instrucción primaria. Fue criado en una absoluta pobreza. Cuando murió su padre, los amigos del difunto tuvieron que hacer una suscripción para comprarle el ataúd. Después de la muerte de su padre, su madre trabajó en una fábrica de paraguas diez horas diarias y, más tarde, a destajo en casa hasta las once de la noche.

El muchacho así criado ingresó en una sociedad teatral de aficionados organizada por un club de la parroquia. Le gustó tanto aquello que decidió dedicarse a la declamación y la oratoria. Esto lo llevó a la política. A los treinta años de edad fue elegido para el cuerpo legislativo del Estado de Nueva York. Pero estaba muy mal preparado para tanta responsabilidad. En realidad, él mismo me dijo con franqueza que no sabía el significado de aquello. Estudió los largos y complicados proyectos de ley que debía votar, pero, en lo que a él se refería, esos proyectos de ley podían muy bien haber sido escritos en el idioma de los indios choctaw. Quedó preocupado y aturdido cuando lo nombraron miembro de la comisión de bosques, porque no había pisado un bosque en su vida. Quedó preocupado y aturdido cuando lo hicieron miembro de la comisión de Banca, porque jamás había tenido una cuenta bancaria. Me dijo que estaba tan desalentado que hubiera dimitido si no le hubiese avergonzado admitir la derrota ante su madre. Desesperado, decidió estudiar dieciséis horas diarias y convertir su limón de ignorancia en una limonada de conocimiento. Al hacer esto se transformó de político local en una figura nacional y en lo que mereció del diario *The New York Times* la calificación de "ciudadano más querido de Nueva York".

Estoy hablando de Al Smith.

Diez años después de que estableciera su programa de autoeducación, Al Smith fue la mayor autoridad en el gobierno del Estado de Nueva York. Fue elegido Gobernador del Estado de Nueva York para cuatro períodos; en aquellos tiempos esa marca no había sido alcanzada por ningún otro ser humano. En 1928 fue el candidato demócrata para la Presidencia. Seis grandes universidades, con inclusión de Columbia y Harvard, confirieron grados honoríficos a este hombre que no había pasado de la instrucción más elemental.

El mismo Al Smith me dijo que ninguna de estas cosas hubieran sucedido si no hubiese trabajado duramente dieciséis horas al día para convertir su menos en más.

La fórmula de Nietzsche para el hombre superior era:

"No sólo cobrar ánimos en la carencia, sino también apreciarla".

Cuanto más he estudiado las carreras de los grandes personajes, más me he convencido de que un número sorprendentemente considerable de ellos han triunfado porque comenzaron con desventajas que les acicatearon hacia los grandes comportamientos y las grandes recompensas. Como dijo William James: "Nuestras dolencias nos ayudan de modo inesperado".

Sí, es muy posible que Milton escribiera mejor poesía por ser ciego y que Beethoven compusiera mejor música por ser sordo.

La brillante carrera de Helen Keller fue inspirada y hecha posible por su ceguera y su sordera.

Si Tchaikovsky no se hubiese visto ante la frustración y casi ante el suicidio por su trágico matrimonio, es probable que no hubiera podido componer nunca su inmortal *Sinfonía Patética*.

Si Dostoievsky y Tolstoi no hubiesen tenido vidas torturadas, es muy posible que no hubieran podido escribir nunca sus novelas inmortales.

El hombre que cambió el concepto científico de la vida sobre la tierra escribió así: "Si no hubiese sido tan gran inválido, no hubiera realizado tanto trabajo como realicé". Tal fue el modo en que Charles Darwin confesó que sus dolencias le habían ayudado de modo inesperado.

El mismo día en que nació Darwin en Inglaterra, nacía otra criatura en una choza de troncos en los bosques de Kentucky. También, este ser fue ayudado por sus dolencias. Se llamaba Lincoln, Abraham Lincoln. Si se hubiese criado en una familia aristocrática y disfrutado de un título en derecho de Harvard y una vida matrimonial feliz, es probable que nunca hubiera encontrado en las profundidades de su corazón las obsesionantes palabras que pronunció en Gettysburg ni el sagrado poema que declamó en su segunda inauguración, las más bellas y nobles frases que hayan sido pronunciadas jamás por un rector de hombres: "Con malicia hacia nadie; con caridad para todos...".

Harry Emerson Fosdick dice en su libro *The Power to See It Through* (*El poder de llevarlo a cabo*): "Hay un proverbio escandinavo que algunos de nosotros deberíamos adoptar como grito de combate para nuestras vidas: 'El viento norte hace a los vikingos'. ¿De dónde sacamos la idea de que la vida segura y agradable, la ausencia de dificultades y la comodidad de la holgura hicieron a las personas buenas o felices? Por el contrario, las personas que se compadecen continúan compadeciéndose incluso cuando están entre blandos almohadones, y, en cambio, la fuerza de carácter y la felicidad han ido siempre en la historia a personas en toda clase de circunstancias, buenas, malas o indiferentes, que han tomado sobre los hombros su responsabilidad personal. Así, repetidamente, el viento norte ha hecho a los vikingos".

Supongamos que estamos tan desalentados que juzgamos que no hay la menor esperanza de que podamos alguna vez convertir nuestros limones en limonada. He aquí dos razones de que deberíamos intentarlo, de todos modos; de que tenemos todo que ganar y nada que perder.

Primera razón: Podemos triunfar.

Segunda razón: Aunque no triunfemos, el mero intento de convertir nuestro menos en más hará que miremos hacia adelante y no hacia atrás; esto reemplazará nuestros pensamientos negativos por pensamientos positivos; esto pondrá en libertad energía creadora y nos impulsará a ocuparnos de tal modo que no tendremos tiempo ni inclinación para llorar sobre lo pasado y que se fue para siempre.

En una ocasión, cuando Ole Bull, el violinista mundialmente famoso, estaba dando un concierto en París, la cuerda de la nota *la* de su violín se rompió bruscamente. Pero Ole Bull se limitó a terminar su melodía con tres cuerdas. Y Harry Emerson Fosdick dice: "Así es la vida: cuando se rompe la cuerda de *la*, se termina con tres cuerdas".

Esto no es sólo la vida. Es *más* que la vida. ¡Es *la vida* triunfal!

Si de mí dependiera, haría esculpir en bronce y expondría en todas las escuelas del país estas palabras de William Bolitho:

"La cosa más importante de la vida no es capitalizar las ventajas. Cualquier tonto puede hacer esto. Lo que verdaderamente importa es beneficiarse con las pérdidas. Esto exige inteligencia y señala la diferencia entre una persona de juicio y un necio."

Por lo tanto, para cultivar una actividad mental que nos procure la paz y la felicidad, hagamos algo en relación con la Regla 6:

Cuando el destino nos entregue un limón, tratemos de convertirlo en limonada.

18

CÓMO CURARSE DE LA MELANCOLÍA EN CATORCE DÍAS

Cuando comencé a escribir este libro ofrecí un premio de doscientos dólares para el relato más provechoso y alentador sobre "Cómo suprimí la preocupación".

Los tres árbitros de este concurso fueron: Eddie Rickenbacker, presidente de la Eastern Air Lines; el Dr. Stewart W. McClelland, presidente de la Lincoln Memorial University; y H. W. Kaltenborn, analista de noticias por radio. Sin embargo, recibimos dos relatos tan soberbios que los árbitros fueron incapaces de elegir entre ellos. Ante esto, dividimos el premio. He aquí uno de los relatos que empataron para el primer premio; es el relato de C. R. Burton, que trabajaba para la Whizzer Motor Sales de Springfield, Missouri.

El señor Burton escribió: "Perdí a mi madre cuando tenía nueve años y a mi padre cuando tenía doce. Mi padre sufrió una muerte violenta, pero mi madre se marchó simplemente de casa hace diecinueve años y no la he vuelto a ver. Tampoco he vuelto a ver a mis dos hermanitas que mi madre se llevó. Transcurrieron siete años antes de que mi madre me escribiera una carta. Mi padre resultó muerto en un accidente tres años después de la partida de mi madre. Había comprado con un socio un café en una localidad de Missouri y, durante una ausencia por motivos de negocios, el socio vendió el café al contado y se escapó con el dinero. Un amigo telegrafió a mi padre para que volviera cuanto antes y, con la prisa, mi padre se mató en un accidente de automóvil en Salinas, Kansas. Dos de las hermanas de mi padre, pobres, de edad y enfermas, se llevaron a sus casas a tres de los huérfanos. Nadie nos quiso a mí y a mi hermanito. Quedamos a merced de las autoridades de la localidad. Estábamos obsesionados por el temor de que nos llamaran huérfanos y nos trataran como a tales. Estos temores no tardaron en materializarse. Durante algún tiempo viví con una familia pobre de la localidad. Pero los tiempos eran duros y el cabeza de familia perdió su colocación, por lo que les fue imposible continuar alimentándome. Después los señores Loftin me llevaron a vivir con ellos en su granja, a unos dieciocho kilómetros de la localidad. El señor Loftin tenía setenta años y estaba en cama, enfermo de zoster. Me dijo que podía quedarme allí mientras "no mintiera, no robara e hiciera lo que se me ordenara". Estas tres órdenes se convirtieron en mi Biblia. Me atuve a ellas estrictamente. Comencé a ir a la escuela, pero la primera semana fue muy amarga y lloré como una criatura. Los otros chicos la emprendieron conmigo, se burlaron de mi gruesa nariz, dijeron que era tonto y me llamaron el 'mocoso huérfano'. Me sentí tan herido que quise pelearme con ellos, pero el señor Loftin, el granjero que me había recogido, me dijo: 'Recuerda siempre que cuesta más al que es un hombre rehuir una pelea que plantarse y aceptarla'. No me peleé hasta que uno de los chicos tomó excremento de gallina del patio de la escuela y me lo arrojó a la cara. Le di una paliza y me hice de un par de amigos. Dijeron que el otro se lo había buscado.

"Estaba orgulloso del gorro que la señora Loftin me había comprado. Un día una de las chicas mayores me lo quitó de la cabeza, me lo llenó de agua y me lo puso a la miseria. Dijo que lo había llenado de agua para que se humedeciera mi cabeza dura y no saltaran así mis sesos de chorlito.

"Nunca lloraba en la escuela, pero solía hacerlo en casa. Un día la señora Loftin me dio un consejo que eliminó mis zozobras y preocupaciones y convirtió en amigos a mis enemigos. Me dijo: 'Ralph, no se meterán contigo ni te llamarán huérfano si muestras interés por ellos y tratas de ayudarles'. Seguí el consejo. Estudié mucho y, aunque pronto me puse al frente de la clase, no suscité envidias porque prestaba toda la ayuda posible.

"Ayudé a varios chicos a redactar sus temas y composiciones. A algunos de ellos les escribí ejercicios enteros. Un chico tenía vergüenza de que sus padres se enteraran de que contaba con mi ayuda. Solía decir a su madre que iba a cazar zarigüeyas. Después venía a la granja del señor Loftin, ataba a sus perros en la cuadra y hacía conmigo sus deberes. Escribí resúmenes para un chico y pasé varias veladas ayudando a una chica en matemáticas.

"La muerte llamó a la vecindad. Fallecieron dos viejos labradores y una mujer fue abandonada por su marido. Yo era el único varón de cuatro familias. Ayudé a las viudas durante dos años. A la ida y al regreso de la escuela me detenía en sus granjas, les cortaba la leña, les ordeñaba las vacas y les atendía los animales. Ahora me bendecían en lugar de maldecirme. Era un amigo para todos. Me revelaron lo que me estimaban cuando regresé del servicio en la Marina. Recibí el primer día la visita de más de doscientos granjeros. Algunos de ellos viajaron ciento veinticinco kilómetros y su interés por mí era verdaderamente sincero. Como estuve siempre ayudando a los demás, tuve pocas preocupaciones; desde hace trece años, nadie me ha llamado 'mocoso huérfano'."

¡Bravo, C. R. Burton! He aquí un hombre que sabe cómo ganar amigos. Y que también sabe cómo se vence a la preocupación y se disfruta de la vida.

Otro tanto hizo el Dr. Frank Loope, de Seattle, Washington. Fue un inválido durante veintitrés años. Artritis. Sin embargo, Stuart Whithouse, del *Seattle Star*, me escribió: "He entrevistado al Dr. Loope muchas veces y *nunca he conocido a un hombre menos egoísta y que saque más fruto de la vida*".

¿Cómo este inválido condenado a permanecer en el lecho sacaba tanto de la vida? Les formularé dos adivinanzas. ¿Lo hacía lamentándose y criticando? No... ¿Lo hacía compadeciéndose y pidiendo a los demás que se fijaran en él y lo atendieran? No... Seguimos sin acertar.

Lo hizo adoptando como suyo el lema del príncipe de Gales: *"Ich dien"* ("Sirvo"). Reunió los nombres y las direcciones de otros inválidos y los alentó, alentándose, con cartas alegres y animosas. En realidad, organizó un club de correspondencia entre inválidos y consiguió que todos se escribieran. Finalmente estableció una organización nacional llamada Sociedad de los Enclaustrados.

Guardando siempre cama, escribió un promedio de mil cuatrocientas cartas anuales y llevó la alegría a miles de inválidos consiguiendo radios y libros para sus consocios.

¿Cuál era la principal diferencia entre el Dr. Loope y muchas personas? Ésta: el Dr. Loope tenía la luz interior de un hombre con un propósito, con una misión. Tenía la alegría de saber que era un medio para una idea mucho más noble e importante que su propia persona, en lugar de ser, como Shaw dice, "un egocentrista, un paquetillo de dolencias y agravios que se lamenta de que el mundo no se dedique a hacerlo feliz".

He aquí la más asombrosa declaración que jamás haya visto salir de la pluma de un gran psiquiatra. Esta declaración fue formulada por Alfred Adler. Solía decir a sus pacientes afectados por la melancolía: "Usted puede curarse en catorce días si sigue esta prescripción: Procure pensar cada día de qué manera usted puede complacer a alguien".

Esta declaración parece tan increíble que me creo obligado a explicarla citando un par de páginas del espléndido libro del Dr. Adler, *What Life Should Mean to You (Lo que la vida debería significar para usted):*

La melancolía es como un furor y un reproche prolongados contra los demás, aunque, con objeto de obtener atención, simpatía y apoyo, el paciente parece únicamente abatido por su propia culpa. Un primer recuerdo melancólico es generalmente algo como esto: "Recuerdo que quería tenderme en el canapé, pero mi hermano se había tendido allí. Lloré tanto que mi hermano tuvo que levantarse".

Los melancólicos tienden frecuentemente a vengarse de sí mismos suicidándose y el primer cuidado del médico debe consistir en no proporcionarles una excusa para el suicidio. Yo mis-

189

mo he procurado aliviar la tensión general proponiéndoles como primera regla del tratamiento: "Nunca haga nada que no le agrade". Esto parece algo muy modesto, pero llega a las mismas raíces del problema. Si un melancólico puede hacer todo lo que quiere, ¿a quién ha de acusar? ¿De qué ha de vengarse? Yo le digo: "Si quiere usted ir al teatro o salir de vacaciones, hágalo. Y si cambia de parecer en el camino, desista". Es la mejor situación en que uno puede estar. Proporciona una satisfacción en la lucha por la superioridad. La persona se siente Dios y puede hacer lo que le place. En cambio, no encaja fácilmente en el modo de vida del melancólico. Éste quiere dominar a los demás y, si los demás están de acuerdo con él, no hay modo de dominarlos. Esta regla es un gran alivio y yo nunca he tenido un suicidio entre mis pacientes.

Generalmente el paciente replica: "Pero no hay nada que me agrade hacer". Yo suelo estar preparado para esta respuesta, porque la he oído muchas veces: "Entonces, absténgase de hacer todo lo que le desagrade", digo. Sin embargo, en ocasiones, manifestará: "Me gustaría estar todo el día en la cama". Sé que, si se lo permito, ya no le gustará. Sé que, si le pongo trabas, iniciará las hostilidades. Y siempre accedo.

Esto es una regla. Otra ataca su modo de vida de manera más directa. Digo a mis pacientes: "Usted puede curarse en catorce días si sigue esta prescripción: Procure pensar cada día de qué manera usted puede complacer a alguien". Obsérvese lo que esto significa para ellos. Están dedicados a pensar: "¿Cómo puedo fastidiar a alguien?" Las respuestas son muy interesantes. Algunos dicen: "Eso será muy fácil para mí. Lo he hecho toda mi vida". No lo han hecho nunca. Les pido que piensen en ello. No lo hacen. Les digo: "Usted puede emplear todo el tiempo que pierde cuando le es imposible conciliar el sueño en pensar cómo puede complacer a alguien y esto será un gran paso hacia su salud". Cuando los veo al día siguiente, les pregunto: "¿Pensó usted en lo que le dije?". Y contestan: "Anoche me dormí en cuanto me acosté". Todo esto, desde luego, debe hacerse de un modo sencillo y cordial, sin el menor asomo de superioridad.

Otros contestarán: "No podría hacerlo nunca. Estoy demasiado preocupado". Yo les digo: "No deje de preocuparse, pero, al mismo tiempo, usted puede pensar de cuando en cuando en los demás". Siempre trato de dirigir su atención hacia el prójimo. Muchos dicen: "¿Por qué he de complacer a los demás? Los demás no tratan de complacerme". Yo contesto: "Debe usted pensar en su salud. Los demás sufrirán después". Es muy raro el paciente que me haya dicho: "He pensado en lo que usted me dijo". Todos mis esfuerzos tienden a aumentar el interés social del paciente. Sé que la verdadera causa de su enfermedad es la falta de cooperación y quiero hacérselo ver. En cuanto puede relacionarse con sus semejantes sobre una base de igualdad y cooperación, está curado... El deber más importante que ha impuesto siempre la religión es "Ama a tu prójimo"... El individuo que más dificultades tiene en la vida y más daño causa a los demás es el que no se interesa en su semejante. De estos individuos surgen todos los fracasos humanos... Todo lo que pedimos a un ser humano y el fundamento de nuestras mayores alabanzas hacia él es simplemente que sea un buen compañero de trabajo, un amigo para los demás y un verdadero socio en el amor y el matrimonio.

El Dr. Adler nos invita a que realicemos una buena acción cada día. Y ¿qué es una buena acción? El profeta Mahoma dijo: "Una buena acción es la que provoca una sonrisa de alegría en el rostro de otro".

¿Por qué una buena acción cada día tiene tan asombrosos efectos en el que la hace? Porque, cuando tratamos de complacer a los demás, cesamos de pensar en nosotros y esto es precisamente lo que produce la preocupación, el miedo y la melancolía.

La señora de William T. Moon, que dirigía la Escuela de Secretariado Moon en Nueva York, no tuvo que esperar catorce días dedicados a pensar cómo podía complacer a alguien para verse libre de su melancolía. Sacó un paso de ventaja a Alfred Adler o, mejor dicho, *trece* pasos.

Acabó con su melancolía, no en catorce días, sino en un día, pensando en una manera de complacer a un par de huérfanos.

Sucedió así, según lo revela la señora Moon: "En diciembre, hace cinco años, estaba hundida en una sensación de pena y autocompasión. Después de varios años de una feliz vida matrimonial, había perdido a mi esposo. Al acercarse la Navidad, mi tristeza aumentó. Nunca en mi vida había pasado una Navidad en la soledad; temía que llegaran las fiestas. Unos amigos me habían invitado a pasar la Navidad con ellos, pero no me sentía en condiciones de divertirme. Comprendía que sería una aguafiestas. Rechacé las amables invitaciones. Cuando llegó la Nochebuena, me compadecí más que nunca. Verdad era que, como sucede a todos, tenía más de un motivo para estar satisfecha. Ese día dejé la oficina a las tres de la tarde y caminé sin propósito por la Quinta Avenida, con la esperanza de desvanecer mi melancolía. La avenida estaba atestada de grupos alegres y bulliciosos; las escenas evocaban recuerdos de los años felices. Se me hizo insoportable la idea de volver a casa, de ir a un departamento vacío y sin vida. Estaba perpleja. No sabía qué hacer. No podía contener las lágrimas. Después de caminar una hora o cosa así, me encontré frente a la terminal de una línea de autobuses. Recordé que mi marido y yo habíamos subido más de una vez a un autobús desconocido por simple gusto de la aventura y, por lo tanto, subí al primer autobús que encontré en la estación. Después de cruzar el río Hudson y viajar durante cierto tiempo, oí que el guarda me decía: 'Última parada, señora'. Bajé. No conocía ni el nombre de aquel pueblo. Era un pueblecito tranquilo. A la espera de que otro autobús me llevara a casa, paseé por una calle de viviendas. Pasé junto a una iglesia y oí la bella melodía de 'Noche silenciosa'. Entré. La iglesia estaba vacía, si se exceptúa al organista. Me senté sin ser advertida en un banco. Las luces del muy adornado árbol de Navidad hacían que las decoraciones parecieran miríadas de estrellas bailando en rayos de luna. Las prolongadas cadencias de la música —y el hecho de que no había probado bocado desde la mañana— me causaron modorra. Estaba cansada y amargada y me dejé vencer por el sueño.

"Cuando me desperté, no comprendí dónde estaba. Estaba asustadísima. Vi frente a mí a dos niñitos que, al parecer, habían venido a contemplar el árbol de Navidad. Uno de ellos, una chiquilla, me señalaba y decía: 'Tal vez la haya traído Santa Claus'. Los niños también se asustaron cuando me desperté. Les dije que no tuvieran miedo. Estaban pobremente vestidos. Les pregunté dónde estaban sus padres. 'No tenemos ni mamá ni papá', me contestaron. Tenía delante dos huérfanos en una situación peor que cualquiera mía anterior. Me hicieron avergonzar de mi tristeza. Les enseñé el árbol de Navidad y los llevé después a una confitería, donde tomamos un refrigerio, y les compré unas golosinas y unos regalos. Mi soledad se desvaneció como por arte de magia. Aquellos huérfanos me procuraron la única felicidad y el único olvido de mí misma que había experimentado desde hacía meses. Charlé con ellos y comprendí la mucha suerte que había tenido. Di gracias a Dios por todas las Navidades que había pasado como una niña rodeada del afecto de sus padres. Aquellos huérfanos hicieron por mí mucho más de lo que yo hice por ellos. Esta experiencia me reveló de nuevo la necesidad de hacer felices a los demás para ser uno mismo feliz. Vi que la felicidad es contagiosa. Al dar, recibimos. Al ayudar a alguien, al ofrecerle mi afecto, me libré de la preocupación, la tristeza y la compasión de mí misma, y me sentí una persona nueva. Y lo fui, no sólo entonces, sino en los años que siguieron."

Podría llenar un libro con relatos de personas que hallaron en el olvido de sí mismas la salud y la felicidad. Por ejemplo, tomemos el caso de Margaret Tayler Yates, una de las mujeres más populares en la Marina norteamericana.

La señora Yates es una novelista, pero ninguna de sus novelas de misterio es ni la mitad de interesante que el relato verídico de lo que le sucedió aquella fatídica mañana en que los japoneses atacaron a Pearl Harbour. La señora Yates había sido una inválida desde hacía más de un año: un corazón débil. Había pasado en la cama veintidós de cada veinticuatro horas. El mayor viaje que emprendía era un paseo por el jardín para tomar un poco de sol. Incluso entonces tenía que apoyarse en el brazo de una doncella. Ella misma me dijo que, en aquellos días, suponía que sería una inválida por el resto de su vida. Me manifestó: "En realidad, nunca hubiera vuelto a la verdadera vida si los japoneses no hubiesen atacado Pearl Harbour y no me hubiesen sacado de mi flojedad".

Y, narrando lo que le sucedió, la señora Yates manifestó: "Cuando ocurrió la cosa, todo era caos y confusión. Una bomba cayó tan cerca de mi casa que la conmoción me tiró de la cama. Los camiones del ejército corrían hacia el campamento de Hickam, los cuarteles de Scofield y el aeródromo de Kaneohe Bay para llevar a las mujeres y los niños de los militares y marinos a las escuelas públicas. La Cruz Roja estaba telefoneando a quienes tenían habitaciones sobrantes para que las cedieran. Sus gentes sabían que yo tenía un teléfono junto a mi cama y me pidieron que actuara como un centro de informaciones. En consecuencia, yo fui enterándome de dónde estaban siendo alojados las mujeres y los niños de militares y marinos, y éstos, siguiendo las instrucciones de la Cruz Roja, me telefoneaban para averiguar dónde paraban sus familiares.

"Pronto supe que mi marido, el teniente de navío Robert Raleigh Yates, estaba ileso. Traté de animar a las esposas que no sabían la suerte corrida por sus maridos y de consolar a las viudas, que eran muchas. Habían perecido dos mil ciento diecisiete oficiales y hombres de la Marina y del Cuerpo de Infantería de Marina y otros novecientos sesenta habían desaparecido.

"En un principio contesté a las llamadas sin abandonar la cama. Después me senté en ella. Finalmente estuve tan atareada y exaltada que me olvidé por completo de mi debilidad, dejé la cama y me senté a una mesa. Ayudando a los que estaban peor que yo, me olvidé de mí misma. Y ya no he vuelto a la cama, salvo para las ocho horas de sueño regular de cada noche. Comprendo ahora que si los japoneses no hubiesen atacado Pearl Harbour, yo hubiera continuado siendo una semiinválida toda la vida. Estaba muy cómoda en la cama. Me atendían muy bien y ahora me doy cuenta de que estaba perdiendo inconscientemente la fuerza de voluntad necesaria para rehabilitarme.

"El ataque de Pearl Harbour fue una de las mayores tragedias de la historia norteamericana, pero, en lo que a mí se refiere, fue una de las mejores cosas que me hayan sucedido. Esta terrible crisis me procuró una fuerza que yo jamás había creído poseer. Hizo que mi atención abandonara a mi persona y se fijara en los demás. Me dio una razón de ser grande, poderosa, importante. Ya no tenía tiempo que dedicarme o para cuidarme."

La tercera parte de las personas que van a ver a los psiquiatras podrían probablemente curarse haciendo lo que hizo Margaret Yates: interesarse en la ayuda a los demás. ¿Es idea mía? No, es poco más o menos lo que dijo Carl Jung. Y si hay alguien que pueda saberlo, es él. Dijo así: "Una tercera parte de mis pacientes sufren, no de neurosis clínicamente definibles, sino de la carencia de sentido y del vacío de sus vidas". Para decirlo de otro modo, estas gentes tratan de subirse a una carroza, pero el desfile los deja atrás. Después corren a un psiquiatra con sus vidas mezquinas, sin sentido e inútiles. Como han perdido el tren, se quedan en la plataforma, echando la culpa a todo el mundo menos a ellas mismas y pidiendo que todos se dediquen a satisfacer sus egocéntricos deseos.

Cabe que usted se esté diciendo ahora: "Bien, estas historias no me impresionan. Yo también puedo interesarme en un par de huérfanos una Nochebuena y, si hubiese estado en Pearl Harbour, hubiera hecho gustosamente lo que hizo Margaret Tayler Yates. Pero mis circunstancias son distintas: mi vida es una vida vulgar. Trabajo ocho horas diarias en un puesto aburrido. Nunca me sucede nada dramático. ¿Cómo puedo interesarme en la ayuda a los demás? Y ¿por qué debo hacerlo? ¿Qué puedo yo sacar de eso?".

Es una pregunta lógica. Trataré de contestarla. Por muy vulgar que sea su vida, es indudable que se verá cada día con *algunas personas*. ¿Qué hace usted en relación con ellas? ¿Se limita usted a mirarlas o trata de averiguar lo que les puede agradar? ¿Qué me dice usted, por ejemplo, de su cartero? Camina todos los años cientos de kilómetros y entrega la correspondencia en la puerta de usted. Pero ¿se ha tomado usted alguna vez la molestia de averiguar dónde vive o de pedirle que le enseñe alguna fotografía de su esposa y de sus niños? ¿Le ha preguntado alguna vez si se cansa o si se aburre?

¿Qué me dice del chico del almacén, del vendedor de diarios, del hombre de la esquina que le lustra los zapatos? Todas estas gentes son seres humanos, con sus problemas, sus sueños y sus ambiciones. Arden en deseos de compartir todo ello con alguien. Pero ¿les ofrece usted la menor oportunidad? ¿Muestra usted un vehemente y honrado interés en ellos o en sus vidas? Esto es lo que quiero decir. No tiene usted necesidad de convertirse en una Florence Nightingale o un reformador social para mejorar el mundo, su propio mundo privado. ¡Puede empezar mañana mismo con las personas que encuentre!

¿Qué puede usted sacar de eso? ¡Una felicidad mucho mayor! Una mayor satisfacción y el sentirse orgulloso de sí mismo. Aristóteles llamó a esta clase de actitud "egoísmo ilustrado". Zoroastro dijo: "Hacer bien a los demás no es un deber. Es una alegría, porque aumenta tu propia salud y tu propia felicidad". Y Benjamin Franklin lo resumió en forma muy sencilla: "Cuando eres bueno para los demás, eres mejor para ti mismo".

Henry C. Link, director del Psychological Service Center de Nueva York, escribe: "Ningún descubrimiento de la psicología moderna tiene, a mi juicio, tanta importancia como la prueba científica de la necesidad de sacrificarse o disciplinarse para realizarse y ser feliz".

Pensar en los demás, no solamente impide que uno se preocupe por sí mismo, sino que ayuda a tener muchos amigos y a pasarlo muy bien. ¿Cómo? Bien, una vez pregunté al Profesor William Lyon Phelps, de Yale, cómo lo hacía. Y he aquí lo que me dijo:

"Nunca voy a un hotel, una barbería o un almacén sin decir algo agradable a las personas que encuentro. Trato de decir algo que suponga considerarlas como individuos, no como ruedas de una máquina. En ocasiones digo a la muchacha que me atiende en el almacén un cumplido acerca de sus ojos o su cabello. Al barbero le pregunto si no se cansa de permanecer de pie todo el día. Indago cómo se le ocurrió adoptar el oficio de barbero, cuánto tiempo lleva en el oficio y el número de cabezas que lleva rapadas. Le ayudo a hacer el cálculo. He observado que cuando uno toma interés en los asuntos de los demás les causa un gran placer. Frecuentemente estrecho la mano del botones que me trae mis cosas. Esto le da ánimos y lo mantiene feliz para todo el día. Un día de verano caluroso en extremo fui al coche comedor de la línea de New Haven para almorzar. El coche estaba atestado y parecía un horno; el servicio era lento. Cuando finalmente llegó el mozo para entregarme la minuta, dije: 'La gente de la cocina tiene que estar hoy pasando muy mal día'. El mozo lanzó una exclamación con tono amargado. En un principio creí que estaba furioso. Habló así: '¡Dios! Las gentes vienen aquí y se quejan de la comida. Protestan de la lentitud del servicio y gruñen acerca del calor y los precios. Llevo escuchando sus criticas diecinueve años y es usted la primera y única persona que haya expresado jamás una simpatía hacia los cocineros que se están asando vivos en esa cocina. ¡Qué no daríamos para que hubiera más pasajeros como usted!'

"El mozo estaba aturdido porque yo me había referido a los cocineros como a seres humanos y no como a ruedas de la vasta organización de un gran ferrocarril. Lo que las personas quieren es que se les preste un poco de atención como a seres humanos. Cuando encuentro en la calle a un hombre con un perro, siempre dedico unas palabras a la belleza del animal. Cuando sigo mi camino y miro por encima del hombro, frecuentemente veo que el hombre está acariciando y admirando al perro. Mi estimación por el perro ha renovado la suya.

"En una ocasión, en Inglaterra, me encontré con un pastor y expresé mi sincera admiración por el vigoroso e inteligente perro que tenía. Le pregunté cómo había adiestrado al animal. Al alejarme miré por encima del hombro y vi que el perro, en dos patas, con las delanteras sobre los hombros del pastor, estaba siendo acariciado por éste. Al interesarme un poco por el pastor y su perro, había hecho feliz al pastor, había hecho feliz al perro y me había hecho feliz a mí mismo."

¿Puede alguien imaginarse que un hombre así, un hombre que estrecha la mano a los botones, expresa su simpatía a los cocineros de una cocina calurosa y dice a los dueños cuánto le gustan sus perros, ha de estar alguna vez amargado, preocupado y necesitado de los servicios de un psiquiatra? Es imposible, ¿verdad? No cabe duda, desde luego. Un proverbio chino lo dice así: "Siempre queda un poco de fragancia en la mano que te da rosas".

No hace falta que digamos nada de esto a Billy Phelps, de Yale. Lo sabe. Lo ha vivido.

Si es usted varón, sáltese este párrafo. No le interesará. Se refiere a una muchacha preocupada e infeliz que consiguió tener varios pretendientes. La joven que logró esto es ahora una abuela. Hace unos cuantos años pasé una noche en la casa del matrimonio. Había dado una conferencia en la ciudad en que éste vive; a la mañana siguiente, ella me condujo en su automóvil a un punto situado a unos ochenta kilómetros de allí, a fin de que tomara el tren en la línea principal del Central de Nueva York. Estuvimos hablando acerca de cómo se ganan amigos y esta mujer me dijo: "Señor Carnegie: voy a contarle algo que no he confesado a nadie, ni siquiera a mi marido". (Por cierto, este relato no va a ser ni la mitad de interesante de lo que ustedes se imaginan.) Tras declararme que pertenecía a una familia muy distinguida de Filadelfia, continuó: "La tragedia de mi adolescencia y mi juventud fue nuestra pobreza. No podíamos estar en muchas cosas a la misma altura de otras jóvenes de mi condición social. Mis ropas no eran nunca de la mejor calidad. Tenía que hacerlas durar demasiado, no me sentaban bien y frecuentemente distaban de hallarse a la última moda. Me sentía tan humillada y avergonzada que muchas veces lloraba en la cama. Finalmente, por pura desesperación, adopté la costumbre de hacer preguntas al caballero que me tocaba al lado en las cenas acerca de sus experiencias, sus ideas y sus planes para el futuro. No hacía estas preguntas porque me interesaran mucho las respuestas. Las hacía únicamente para que mi acompañante no se fijara en mis pobres ropas. Pero sucedió una cosa extraña. A medida que escuchaba a estos jóvenes y sabía más de ellos, me iba interesando de verdad en lo que decían. Llegué a interesarme tanto que me olvidaba a veces de las ropas dichosas. Pero lo más asombroso era esto: como, al saber escuchar y alentar a los jóvenes a que hablaran de sí mismos, los hacía felices, a poco me convertí en la muchacha más buscada de mi grupo social y tres de esos jóvenes quisieron casarse conmigo".

Algunas de las personas que lean este capítulo se dirán: "Toda esta charla acerca de interesarse en los demás es pura insensatez. ¡Pura habladuría religiosa! ¡No es para mí esta música celestial! Lo que yo quiero es obtener lo mejor que pueda; y obtenerlo ya, y al diablo los demás...".

Bien, si tal es su opinión, puede hacerlo, pero si tiene usted razón, se han equivocado todos los grandes filósofos y maestros —Jesús, Confucio, Buda, Platón, Aristóteles, Sócrates, San Francisco— que ha habido desde el principio de la historia. Sin embargo, como cabe que usted se burle de las enseñanzas de los jefes religiosos, busquemos el consejo de un par de ateos. En primer lugar, tomemos al extinto A. E. Housman, profesor de la Universidad de Cambridge y uno de los más distinguidos eruditos de su generación. En 1936 dio una conferencia en la Universidad de Cambridge sobre *El nombre y la naturaleza de la poesía*. En esta conferencia declaró que "la verdad más grande que jamás se haya dicho y el más profundo descubrimiento moral de todos los tiempos fueron estas palabras de Jesús: 'Quien encuentre su vida la perderá y quien pierda su vida por mi causa la hallará' ".

Hemos oído decir esto a los predicadores toda la vida. Pero Housman era un ateo, un pesimista, un hombre que pensaba en el suicidio. Sin embargo, entendía que la persona que sólo piensa en sí misma muy poco puede sacar de la vida. Será desdichada. Pero la persona que se olvida de sí misma en el servicio de los demás encontrará la alegría de vivir.

Si a usted no le impresiona lo que dijo A. E. Housman, busquemos el consejo del más distinguido ateo norteamericano del siglo XX, Theodore Dreiser. Dreiser calificó a todas las religiones de cuentos de hadas y consideró la vida como "un cuento narrado por un idiota, lleno de ruido y furor, sin significado alguno". Sin embargo, Dreiser propugnó el gran principio que Jesús había enseñado: servir a los demás. Dijo esto: "Si (el hombre) ha de extraer algo de alegría de su paso, debe pensar en hacer las cosas mejores, no solamente para sí, sino también para los demás, ya que su propia alegría depende de su alegría en los demás y de la de los demás en él".

Si hemos de "hacer las cosas mejores para los demás", como Dreiser propugnaba, hagámoslo pronto. El tiempo pasa. "Pasaré por este camino sólo una vez. Por tanto, cualquier bien que pueda hacer o cualquier afecto que pueda mostrar debe ser para hoy. No debo posponerlo o descuidarlo, porque no pasaré de nuevo por este camino."

Por tanto, si quiere usted eliminar la preocupación y cultivar la paz y la felicidad, he aquí la Regla 7:

Olvídese de sí mismo interesándose en los demás. Haga cada día una buena acción que provoque una sonrisa de alegría en el rostro de alguien.

En síntesis

SIETE MANERAS DE CULTIVAR UNA ACTITUD
MENTAL QUE NOS PROCURARÁ PAZ Y FELICIDAD

Regla 1: Tengamos pensamientos de paz, valor, salud y esperanza, porque "nuestras vidas son la obra de nuestros pensamientos".

Regla 2: No tratemos nunca de pagar a nuestros enemigos con la misma moneda, porque, si lo hacemos, nos haremos más daño del que les hagamos. Hagamos lo que hacía el general Eisenhower: no perder un minuto pensando en las personas que nos desagradan.

Regla 3: A. En lugar de preocuparnos por la gratitud, no la esperemos. Recordemos que Jesús sanó a diez leprosos en un día y sólo uno se lo agradeció. ¿Por qué hemos de esperar más gratitud de la que Jesús obtuvo?
B. Recordemos que el único modo de ser feliz no es esperar gratitud, sino dar por el placer de dar.
C. Recordemos que la gratitud es un rasgo "cultivado"; por tanto, si queremos que nuestros hijos sean agradecidos, hay que educarlos para ello.

Regla 4: Cuente sus bienes, no sus males.

Regla 5: No imitemos a los demás. Encontrémonos y seamos nosotros mismos, porque "la envidia es ignorancia" y "la imitación es suicidio".

Regla 6: Cuando el destino nos entregue un limón, tratemos de hacer una limonada.

Regla 7: Olvidemos nuestra propia felicidad tratando de crear un poco de felicidad para los demás. "Cuando eres bueno para los demás, eres mejor para ti mismo."

QUINTA PARTE

El modo perfecto de suprimir las preocupaciones

19
CÓMO MIS PADRES SUPRIMIERON LAS PREOCUPACIONES

Como he dicho, nací y me crié en una granja de Missouri. Como la mayoría de los agricultores de aquellos días, mis padres tuvieron que trabajar muy duramente. Mi madre había sido maestra rural y mi padre peón de granja con el sueldo de doce dólares al mes. Mi madre hacía no solamente mis ropas, sino también el jabón con que nos lavábamos todos. Rara vez teníamos algún dinero, salvo una vez al año, cuando vendíamos nuestros cerdos. Cambiábamos nuestra manteca y nuestros huevos en el almacén por harina, azúcar y café. A los doce años, no gastaba en mi persona más de cincuenta centavos anuales. Todavía recuerdo el día en que fuimos a la celebración del Cuatro de Julio y mi padre me dio diez centavos para que los gastara en lo que quisiera. Tuve la impresión de que era mía toda la riqueza de las Indias.

Tenía que recorrer más de kilómetro y medio para asistir a una escuela rural de una sola clase. Hacía a veces este recorrido con una espesa capa de nieve y el termómetro señalando quince grados bajo cero. Hasta que alcancé los catorce años, nunca tuve botas de goma ni chanclos. Durante los largos y crudos inviernos mis pies siempre estaban mojados y fríos. Durante mi infancia nunca me imaginé que hubiera alguien con los pies secos y calientes en invierno.

Mis padres trabajaban dieciséis horas al día y, sin embargo, siempre estaban agobiados por las deudas y acosados por la mala suerte. Uno de mis recuerdos más tempranos es el de las aguas del Río 102 inundando nuestros campos de maíz y heno y destruyéndolo todo. Las inundaciones destruían nuestras cosechas seis años de cada siete. Año tras año nuestros cerdos morían de cólera y teníamos que quemarlos. Puedo cerrar mis ojos y percibir todavía el olor de aquella carne quemada.

Un año no hubo inundaciones. Obtuvimos una espléndida cosecha de maíz, compramos ganado y lo engordamos. Pero las inundaciones hubieran podido venir también aquel año, porque el precio del ganado se hundió en el mercado de Chicago; después de engordar a nuestros animales, obtuvimos por ellos sólo treinta dólares más de lo que nos habían costado. ¡Treinta dólares por el trabajo de un año!

Hiciéramos lo que hiciéramos, perdíamos dinero. Todavía recuerdo los jóvenes mulos que compró mi padre. Los alimentamos durante tres años, contratamos peones para domarlos y los enviamos después a Memphis, Tennessee. Aquí los vendimos por menos de lo que nos habían costado tres años antes.

Después de diez años de un trabajo duro y agotador, no solamente no teníamos un centavo, sino que habíamos contraído importantes deudas. Nuestra granja estaba hipotecada. Por grande que fuera nuestro esfuerzo, no podíamos pagar ni los intereses de la hipoteca. El banco que tenía la hipoteca acosó e insultó a mi padre y lo amenazó con quitarle la granja. Mi padre tenía cuarenta y siete años. Después de más de treinta años de duro trabajo, sólo tenía deudas y humillaciones. Era más de lo que podía soportar. Se preocupaba y enfermó. No comía; a pesar del trabajo físico que efectuaba en el campo durante todo el día, tenía que tomar medicinas para abrirse el apetito. Enflaqueció. El médico dijo a mi madre que su esposo no duraría más de seis meses. Mi padre estaba tan preocupado que ya no deseaba vivir. He oído frecuentemente a mi madre decir que, cuando mi padre iba a los establos a alimentar a los caballos y ordeñar a las vacas y tardaba en regresar, ella acudía ahí con el temor de encontrar un cuerpo balanceándose en el extremo de una cuerda. Un día, cuando volvía de Maryville, donde el banquero lo había amenazado con liquidar la hipoteca, mi padre detuvo los caballos sobre el puente que cruza el Río 102, bajó del carro y estuvo largo tiempo mirando las aguas, preguntándose si debía dar un salto y acabar con todo.

Años después mi padre me dijo que la única razón de que no saltara fue la profunda, animosa y optimista fe de mi madre en que, si amábamos a Dios y guardábamos sus mandamientos, todo iría bien. Mi madre tenía razón. Todo acabó bien. Mi padre vivió felizmente cuarenta y dos años más; falleció en 1941, a los ochenta y nueve años de edad.

Durante todos esos años de lucha y angustias, mi madre nunca se preocupó. En sus oraciones ponía todas sus zozobras en las manos de Dios. Todas las noches, antes de irnos a la cama, mi madre leía un capítulo de la Biblia; frecuentemente mis padres repetían estas confortadoras palabras de Jesús: "En la casa de mi Padre, hay muchas moradas... Voy a preparar lugar para ti... para que donde Yo esté puedas tú estar también". Después nos arrodillábamos ante nuestras sillas en aquella granja de Missouri y pedíamos a Dios amor y protección.

Cuando William James era profesor de filosofía en Harvard, dijo: "Desde luego, la cura soberana para la preocupación es la fe religiosa".

No hace falta ir a Harvard para descubrir esto. Mi madre lo descubrió en una granja de Missouri. Ni las inundaciones, ni las deudas, ni el desastre consiguieron vencer a aquel espíritu feliz, radiante y triunfador. Todavía puedo oír cómo cantaba mientras trabajaba:

Paz, paz, paz maravillosa
que el Buen Padre nos envía,
ven a quien en Dios confía,
ven a nosotros, piadosa.

Mi madre quería dedicarme al trabajo religioso. Pensé seriamente en hacerme misionero. Después hice estudios universitarios y, con el correr del tiempo, experimenté un cambio. Estudié biología, ciencias, filosofía y religiones comparadas. Leí libros acerca de cómo había sido escrita la Biblia. Comencé a poner en tela de juicio muchas de las afirmaciones de ésta. Comencé a dudar de muchas de las estrechas doctrinas que exponían los predicadores de aquellos días. Estaba desorientado. Como Walt Whitman, "sentía dentro de mí el curioso y áspero interrogatorio". No sabía en qué debía creer. No veía propósito en la vida. Dejé de rezar. Me convertí en un agnóstico. Creía que la vida carecía de plan y de finalidad. Creía que los seres humanos no tenían más divino propósito que los dinosaurios que merodeaban por la tierra hace doscientos millones de años. Entendía que llegaría el momento en que la raza humana desaparecería, como había desaparecido la de los dinosaurios. Sabía que la ciencia decía que el sol se estaba enfriando lentamente y que, cuando su temperatura bajara en sólo un diez por ciento, no habría forma de vida posible en la tierra. Me reía de la idea de que un Dios benevolente había creado al hombre a su imagen y semejanza. Creía que los miles y miles de millones de astros que giran a través del espacio negro, frío y sin vida habían sido creados por la fuerza ciega. Tal vez no habían sido creados nunca. Tal vez habían existido siempre, como han existido siempre el tiempo y el espacio.

¿Es que pretendo saber ahora las contestaciones a todas estas preguntas? No. No hay persona que haya sido capaz de explicar el misterio del universo, el misterio de la vida. Estamos rodeados de misterios. El funcionamiento de nuestro organismo es un misterio profundo. Otro tanto es el de la electricidad en nuestro hogar. Otro tanto es el de la verde hierba al pie de nuestra ventana. Charles F. Kettering, el genial director de los Laboratorios de Investigación de la General Motors, dio al Colegio de Antioch treinta mil dólares anuales de su propio bolsillo en un intento de descubrir por qué la hierba es verde. Dijo que si pudiéramos saber cómo la hierba es capaz de transformar la luz del sol, el agua y el dióxido de carbono en su alimentación de azúcar, podríamos transformar la civilización.

Hasta el funcionamiento del motor de nuestro coche es un profundo misterio. Los Laboratorios de Investigación de la General Motors han empleado años de tiempo y millones de dólares en el empeño de descubrir cómo y por qué una chispa en el cilindro provoca una explosión que hace andar a nuestro coche. E ignoran todavía la respuesta.

El hecho de que no comprendamos los misterios de nuestros cuerpos, de la electricidad o del motor de explosión no nos impide que disfrutemos de todas estas cosas. El hecho de que yo no comprenda los misterios de la oración y de la religión ya no me impide disfrutar de la vida más rica y feliz que la religión proporciona. A la larga, comprendo la sabiduría de las palabras de Santayana: "El hombre no está hecho para comprender la vida, sino para vivirla".

He vuelto... Bien, iba a decir que había *vuelto* a la religión, pero esto no sería exacto. He *avanzado* hasta un nuevo concepto de la religión. Ya no tengo el menor interés en las diferencias de credos que dividen a las iglesias. Pero estoy enormemente interesado en lo que la religión hace por mí, como estoy interesado en lo que hacen por mí la electricidad, el agua y los alimentos. Me ayudan a llevar una vida más rica, plena y feliz. Pero la religión hace más que esto. Me proporciona valores espirituales. Me da, como dice William James, *"más celo para la vida... más vida, una vida más grande, rica y satisfactoria"*. Me procura fe, esperanza y valor. Desvanece mis tensiones, ansiedades, miedos y preocupaciones. Señala propósito y dirección a mi vida. Aumenta mi felicidad. Me facilita una salud abundosa. Me ayuda a crearme "un oasis paz en medio de los torbellinos de arena de la existencia".

Francis Bacon tenía razón cuando dijo, hace trescientos cincuenta años: "Un poco de filosofía inclina al espíritu humano al ateísmo, pero las profundidades filosóficas llevan a los espíritus humanos a la religión".

Puedo recordar los días en que las gentes hablaban del

conflicto entre la ciencia y la religión. Pero esto se acabó. La más nueva de las ciencias —la psiquiatría— está enseñando lo que Jesús enseñó. ¿Por qué? Porque los psiquiatras comprenden que la oración y una vigorosa fe religiosa desvanecen las preocupaciones, las ansiedades, las tensiones y los miedos que causan más de la mitad de todos nuestros males. Saben, como una de sus principales figuras, el Dr. A. A. Brill, que "todo aquel que es verdaderamente religioso no desarrolla una neurosis".

Si la religión no es verdadera, la vida no tiene sentido. Es una farsa trágica.

Visité a Henry Ford unos cuantos años antes de su muerte. Antes de la visita suponía que mostraría en su aspecto las huellas de los largos años de tensión empleados en construir y dirigir uno de los mayores negocios del mundo. Quedé sorprendido de ver qué tranquilo, sano y apacible parecía a los setenta y ocho años de edad. Cuando le pregunté si había tenido preocupaciones, me contestó: "No. Creo que Dios dirige las cosas y no necesita ningún consejo mío. Con Dios a cargo de las cosas, creo que todo ha de acabar bien. Y si es así, ¿para qué preocuparse?".

Hoy, hasta los psiquiatras se están convirtiendo en evangelistas modernos. No nos invitan a que llevemos vidas religiosas para que nos libremos de los fuegos del infierno en el otro mundo, pero nos invitan a que llevemos vidas religiosas para que nos libremos de los fuegos del infierno de este mundo, los fuegos del infierno de las úlceras de estómago, la angina de pecho, los desarreglos nerviosos y la locura. Como ejemplo de lo que nuestros psicólogos y psiquiatras enseñan, recomiendo leer *The Return to Religion (La vuelta a la religión)*, del Dr. Henry C. Link.

Sí, la religión cristiana es una actividad alentadora y saludable. Jesús dijo: "He venido para que tengáis vida y la tengáis más abundante". Jesús denunció y atacó las secas formas y los fríos rituales que pasaban por religión en su tiempo. Era un rebelde. Predicó una nueva especie de religión, una religión que amenazaba con revolucionar al mundo. Tal es la razón de que fuera crucificado. Predicó que la religión debe existir para el hombre, no el hombre para la religión; que el Sábado estaba hecho para el hombre, no el hombre para el Sábado. Habló más del miedo que del pecado. *El miedo indebido es un pecado*, un pecado contra la salud, un pecado contra la vida más rica, plena, feliz y valiente que Jesús propugnaba. Emerson se llamaba a sí mismo "Profesor de la Ciencia de la Alegría". Jesús también era un maestro de "la Ciencia de la Alegría". Ordenó a sus discípulos que "se alegraran y saltaran de contento".

Jesús declaró que sólo había dos cosas importantes respecto a la religión: amar a Dios sobre todas las cosas y al prójimo como a uno mismo. Quien haga esto es religioso, aunque no lo sepa. He aquí como ejemplo a mi suegro, Henry Price, de Tulsa, Oklahoma. Trata de ajustarse a la regla áurea y es incapaz de hacer nada mezquino, egoísta o deshonesto. Sin embargo, no va a la iglesia y se considera un agnóstico. ¡Qué insensatez! ¿Qué es lo que hace a un hombre cristiano? Dejaré que conteste John Baillie. Fue probablemente el más distinguido de los profesores que hayan enseñado teología en la Universidad de Edimburgo. Dijo esto: "Lo que hace cristiano a un hombre no es ni su aceptación intelectual de ciertas ideas ni su adaptación a ciertas normas, sino su posesión de cierto Espíritu y su participación en cierta Vida".

Si esto es lo que hace cristiano a un hombre, Henry Price lo es y muy noble.

William James, el padre de la psicología moderna, escribió a su amigo el profesor Thomas Davidson diciendo que, a medida que pasaba el tiempo, se consideraba "más incapaz de seguir el camino sin Dios".

Anteriormente he mencionado que los árbitros que trataron de elegir el mejor relato sobre la preocupación entre los remitidos por mis alumnos, se vieron ante tan serias dificultades para optar entre dos destacados envíos que hubo necesidad de dividir el premio en dos. He aquí el segundo de los relatos que empataron para el primer premio, la inolvidable experiencia de una mujer que comprobó a su costa que "no podía seguir el camino sin Dios".

Voy a llamar a esta mujer Mary Cushman, aunque no sea su verdadero nombre. Tiene hijos y nietos que podrían molestarse de ver el relato en letra de imprenta, por lo que he accedido a ocultar la identidad. Sin embargo, esta mujer es real, muy real. Hace unos cuantos meses se sentó en la butaca junto a mi mesa de trabajo y me contó su historia. Hela aquí:

"Durante la depresión, los ingresos medios de mi marido eran de dieciocho dólares semanales. Muchas veces no teníamos ni eso, porque no le pagaban cuando estaba enfermo, lo que sucedía con frecuencia. Tuvo una serie de accidentes menores; tuvo también paperas, fiebre escarlatina y repetidos ataques de gripe. Perdimos la casita que habíamos construido con nuestras propias manos. Debíamos cincuenta dólares en el almacén y teníamos cinco hijos que alimentar. Me dediqué a lavar y planchar para los vecinos, compré ropas de segunda mano en el almacén del Ejército de Salvación y las arreglé para mis hijos. Mis preocupaciones me enfermaron. Un día el almacenero a quien debía cincuenta dólares acusó a mi chico de once años de haberle robado un par de lápices. Mi hijo lloró al contármelo. Sabía que era honrado y sensible y comprendía que lo habían afrentado y humillado ante otras personas. Esto fue la gota que hizo rebasar el agua del vaso. Pensé en todos los sinsabores que habíamos soportado; no veía esperanza para el futuro. Creo que enloquecí momentáneamente con la preocupación, porque cerré mi máquina de lavar, llevé a mi nena de cinco años al dormitorio y tapé todas las rendijas de la ventana con papeles y trapos. Mi nena me preguntó: 'Mamá, ¿qué estás haciendo?'. Yo le contesté: 'Hay corriente de aire'. Después abrí el calentador de gas que teníamos en la habitación... y no lo encendí. Tendida en la cama con mi hija al lado, ésta me preguntó: 'Mamá, si nos hemos levantado hace poco, ¿por qué nos volvemos a acostar?'. Pero yo le dije: 'No importa; vamos a dormir un poquito más'. Después cerré los ojos y escuché el ruido del gas que se escapaba. Nunca olvidaré el olor de aquel gas...

"De pronto creí oír una música. Escuché. Me había olvidado de cerrar la radio instalada en la cocina. No importaba ya. Pero la música seguía y, en esto, oí que alguien cantaba un viejo himno religioso:

Es Jesús el buen amigo
que los pecados perdona,
que nuestras causas abona
con su santa Redención.
La paz ha de ser contigo,
si, con el alma contrita,
le cedes cuando te agita
por medio de la oración.

"Mientras escuchaba el himno, comprendí que había cometido una trágica equivocación. Había tratado de librar sola mis terribles batallas. No había cedido mis cuitas a Dios por medio de la oración... Salté de la cama, cerré la llave del gas y abrí la puerta y las ventanas.

"Lloré y recé durante el resto del día. Pero no recé pidiendo ayuda, sino que agradecía a Dios todas sus bendiciones: cinco espléndidos hijos, todos ellos sanos y guapos, fuertes de cuerpo y espíritu. Prometí a Dios que no volvería a ser una desagradecida. Y he cumplido mi promesa.

"Aun después de perder nuestro hogar y trasladarnos a una escuelita rural que alquilamos por cinco dólares al mes, agradecí a Dios. Le agradecí que tuviéramos por lo menos un techo bajo el que cobijarnos. Le agradecí que las cosas no fueran todavía peores y creo que Él me escuchó. Porque las cosas comenzaron a mejorar. No de la noche a la mañana, desde luego, pero como la depresión comenzó a ceder, ganábamos más dinero. Yo conseguí un puesto en el guardarropa de un gran club de campo y vendía además medias. Para costearse sus estudios universitarios, uno de mis chicos se colocó en una granja, donde ordeñaba trece vacas a la mañana y a la noche. Hoy mis hijos están casados y tengo tres hermosos nietos. Y, cuando recuerdo aquel terrible día en que abrí la llave del gas, doy gracias a Dios una y mil veces de que me 'despertara' a tiempo. ¡Cuántas alegrías me hubiera perdido si hubiese realizado aquel acto! ¡Cuántos maravillosos años hubiera dejado de vivir! Siempre que oigo a alguien que desea abandonar la vida, siento el afán de gritar: ¡No, no! Los momentos negros de nuestra existencia no pueden durar mucho... Y siempre está el futuro..."

Como promedio, en los Estados Unidos se suicida una persona cada treinta y cinco minutos. Como promedio, una persona enloquece cada ciento veinte segundos. La mayoría de estos suicidios y probablemente la mayoría de estos casos de locura podrían evitarse si tales personas tuvieran el alivio y la paz que la religión y la oración proporcionan.

Uno de los más distinguidos psiquiatras, el doctor Carl Jung, dice en la página 264 de su libro *Modern Man in Search of a Soul (El hombre moderno en busca de un alma):* "Durante los últimos treinta años me han consultado personas de todos los países civilizados. He tratado a muchos cientos de pacientes. Entre todos mis pacientes en la segunda mitad de la vida —es decir, de más de treinta y cinco años— no ha habido uno solo cuyo problema no fuera en última instancia el de hallar una perspectiva religiosa de la vida. Puedo decir que todos ellos se sentían enfermos porque habían perdido lo que las religiones vivas de todos los tiempos han dado a sus fieles y que ninguno de ellos se curó realmente sin reconquistar esa perspectiva religiosa".

Esta declaración es tan importante que voy a repetirla en cursiva. El Dr. Carl Jung dijo:

"Durante los últimos treinta años me han consultado personas de todos los países civilizados. He tratado a muchos cientos de pacientes. Entre todos mis pacientes en la segunda mitad de la vida —es decir, de más de treinta y cinco años— no ha habido uno solo cuyo problema no fuera en última instancia el de hallar una perspectiva religiosa de la vida. Puedo decir que todos ellos se sentían enfermos porque habían perdido lo que las religiones vivas de todos los tiempos han dado a sus fieles y que nin-

guno de ellos se curó realmente sin reconquistar esa perspectiva religiosa."

William James dijo aproximadamente lo mismo: *"La fe es una de las fuerzas que hacen vivir a los hombres y la total carencia de ella significa el desplome".*

Mahatma Gandhi, el más grande de los conductores indios después de Buda, se habría desplomado si no lo hubiera inspirado la fuerza sustentadora de la oración. ¿Cómo lo sé? Porque el propio Gandhi lo dijo. "Sin la oración —escribió— hace mucho tiempo que sería un demente."

Millares de personas pueden atestiguar lo mismo. Mi propio padre... y bien, como ya lo he dicho, mi propio padre se habría arrojado al río de no haber sido por las oraciones y la fe de mi madre. Quizá miles de las almas torturadas que hoy padecen en nuestros manicomios se habrían salvado si hubieran acudido a una fuerza superior en busca de ayuda, en vez de afrontar por sí solas las batallas de la vida.

Cuando nos vemos acosados y en el límite de nuestras fuerzas, recurrimos a Dios en nuestra desesperación. "No hay ateos en las trincheras." Pero ¿por qué esperar hasta la desesperación? ¿Por qué no renovar nuestras fuerzas todos los días? ¿Por qué esperar hasta el domingo? Desde hace años tengo la costumbre de entrar en iglesias vacías *las tardes de días de labor.* Cuando veo que estoy demasiado atosigado para poder dedicar unos minutos a las cosas espirituales, me digo: "Espera un momento, Dale Carnegie, espera un momento. ¿Para qué tanta prisa, muchacho? Necesitas hacer una pausa y adquirir un poco de perspectiva". En tales ocasiones entro en la primera iglesia que encuentro abierta. Aunque soy protestante, entro frecuentemente las tardes de los días de labor en la catedral de San Patricio, en la Quinta Avenida, para recordarme que yo habré muerto dentro de otros treinta años, pero que las grandes verdades espirituales que todas las iglesias enseñan son eternas. Cierro mis ojos y rezo. Encuentro que hacer esto calma mis nervios, descansa mi cuerpo, aclara mis perspectivas y me ayuda a revalidar mis valores. ¿Me permite usted que le recomiende esta práctica?

Durante los seis últimos años he estado dedicado a escribir este libro y he recogido cientos de ejemplos y de casos concretos acerca de cómo hombres y mujeres han vencido miedos y preocupaciones por medio de la oración. Tengo en mi archivo cajas que rebosan de relatos. Tomemos como ejemplo típico la historia de un amargado y descorazonado vendedor de libros, John R. Anthony, de Houston, Texas. He aquí la historia que me narró:

"Hace veintidós años cerré mi despacho de abogado para convertirme en representante en el Estado de una compañía norteamericana de libros de derecho. Mi especialidad era la venta de colecciones de libros de derecho a los abogados. Eran colecciones punto menos que indispensables.

"Estaba muy preparado para la tarea. Conocía el arte de la conversación para la venta directa y todas las respuestas convincentes a las posibles objeciones. Antes de visitar a un presunto cliente me ponía al tanto de su rango como abogado, de su especialidad, de sus ideas políticas y de sus aficiones. Durante la entrevista utilizaba esta información con mucha habilidad. Sin embargo, algo andaba mal. ¡Simplemente, no obtenía pedidos!

"Me descorazoné. Pasaban los días y las semanas y yo redoblaba mis esfuerzos, pero sin conseguir las ventas necesarias para cubrir mis gastos. Se desarrolló en mí una sensación de miedo. Antes de que pudiera entrar en el despacho de un presunto cliente, esta sensación me asaltaba con tanta fuerza que tenía que pasear delante de la puerta o salir del edificio y dar la vuelta a la manzana. Después de perder mucho tiempo valioso, simulaba por pura fuerza de voluntad tener el coraje suficiente para hacer trizas la puerta y... hacía girar débilmente la manija con mano temblorosa, esperando a medias que el presunto cliente no estuviera.

"Mi gerente de ventas me amenazó con suprimirme los adelantos si no le enviaba más pedidos. Mi esposa me

216

pedía dinero para pagar la cuenta del almacén que alimentaba a la familia. La preocupación me agobiaba. Día a día me sentía más desesperado. No sabía qué hacer. Como he dicho, había cerrado mi propio despacho de abogado y despedido a mis clientes. Ahora estaba hundido. No tenía dinero ni para pagar la cuenta del hotel. Tampoco tenía dinero para tomar el billete de regreso. Y también carecía del valor de regresar como un hombre vencido, aunque hubiera tenido el billete. Finalmente, con el miserable término de otro mal día, volví a mi habitación de hotel por última vez, según pensaba. En cuanto a mi persona, estaba totalmente derrotado. Angustiado, deprimido, no sabía qué decisión tomar. Me era lo mismo vivir o morir. Lamentaba haber nacido. Aquella noche mi cena consistió en un vaso de leche caliente. Hasta esto era más de lo que podía soportar. Comprendí aquella noche por qué el hombre desesperado abre la ventana y se tira a la calle. Yo también lo hubiera hecho si hubiese tenido valor. Comencé a preguntarme cuál era la finalidad de la vida. No lo sabía. No podía imaginármela.

"Como no tenía a nadie a quien acudir, acudí a Dios. Comencé a rezar. Pedí al Todopoderoso que me iluminara y guiara a través de las sombras, a través de aquella densa desesperación que me rodeaba. Le pedí que me ayudara a obtener pedidos para mis libros y dinero con que alimentar a mi esposa y mis tres hijos. Después de esta oración abrí los ojos y vi una Biblia sobre el tocador de aquella habitación de hotel solitario. La abrí y leí esas bellas e inmortales promesas de Jesús que habrán inspirado a innumerables generaciones de hombres abrumados y vencidos a través de las edades, esa conferencia que Jesús dio a sus discípulos acerca del modo de librarse de la preocupación:

No os cuidéis de la vida, de lo que coméis o de lo que bebéis; ni de vuestro cuerpo y de lo que lleváis encima. ¿No es la vida más que el alimento y el cuerpo más que la vestidura? Ved a las aves del cielo, que no siembran, ni cosechan, ni guardan en graneros y a las que, sin embargo, el Padre celestial alimenta. ¿No sois mucho mejores que ellas?... Pero buscad primeramente el reino de Dios y su justicia y todo lo demás se os dará por añadidura.

"Mientras rezaba y leía estas palabras, sucedió un milagro: mi tensión nerviosa cedió. Mis ansiedades, miedos y preocupaciones se transformaron en coraje, esperanza y fe.

"A la mañana siguiente apenas pude dominar mi impaciencia hasta la hora en que se abrían los despachos de mis presuntos clientes. Me acerqué a la puerta del primero en aquella bella mañana fría y lluviosa con paso firme y decidido. Hice girar la manija con energía. Entré con desenvoltura, a la busca de mi hombre, con la cabeza alta y amable dignidad, muy sonriente y diciendo: '¡Buenos días, señor Smith! Soy John R. Anthony, de la All-American Lawbook Company'.

"Y él, también sonriente, se levantó y me alargó la mano: '¡Oh, sí! Encantado de saludarlo. ¡Tome asiento!'.

"Hice aquel día más ventas de las que había hecho en varias semanas. Aquella noche regresé a mi hotel como un héroe conquistador. Era un hombre nuevo, porque tenía una actitud mental nueva y victoriosa. No cené aquella noche leche caliente. ¡Cierto que no! Pedí un hermoso bife con todos sus accesorios. Desde aquel día mis ventas se multiplicaron.

"Nací de nuevo aquella desesperada noche de hace veintiún años en el hotelito de Amarillo, Texas. Mi situación exterior al día siguiente era la misma que durante mis semanas de fracaso, pero había sucedido en mi interior algo tremendo. Bruscamente, me había dado cuenta de mi relación con Dios. Un mero hombre solitario puede ser derrotado fácilmente, pero un hombre enérgico con el poder de Dios en su interior es invencible. Lo sé. Vi cómo funcionó esto en mi propia vida.

"Pide y se te dará; busca y encontrarás; llama y se te abrirá."

Cuando la señora L. G. Beaird, de Highland, Illinois, se vio ante la tragedia, descubrió que podía encontrar la paz y la tranquilidad arrodillándose y diciendo: "¡Oh, Dios mío! Hágase Tu voluntad y no la mía".

En una carta que tengo ahora ante mí, escribe: "Una noche, sonó nuestro teléfono. Sonó catorce veces antes de que tuviera el valor de tomar el aparato. Sabía que era del hospital y estaba aterrada. Temía que nuestro hijito se estuviera muriendo. Tenía meningitis. Le habían dado ya penicilina, pero su temperatura había fluctuado y el médico temía que la enfermedad hubiera llegado al cerebro y producido un tumor, lo que significaba la muerte. La llamada telefónica *era* precisamente lo que temía: el médico quería que fuéramos inmediatamente.

"Tal vez se imagine usted la angustia de mi marido y mía, sentados en la sala de espera. Todos los demás tenían sus hijos, pero allí estábamos nosotros, con los brazos vacíos, preguntándonos si volveríamos a tener en ellos a nuestro nene. Cuando finalmente se nos hizo pasar al despacho particular del médico, la expresión de su rostro nos llenó de terror. Y sus palabras nos aterrorizaron más. Nos dijo que sólo había una probabilidad contra tres de que nuestro hijo viviera. Y nos dijo también que, si conocíamos a otro médico, lo llamáramos para que interviniera en el caso.

"De vuelta a casa mi marido se derrumbó; apretó el puño, golpeó el volante del automóvil y dijo: 'Betts, no me resigno a perderlo...'. ¿Ha visto usted llorar a un hombre alguna vez? No es nada agradable. Detuvimos el coche tras hablar del asunto y decidimos entrar en una iglesia y decir a Dios que sometíamos nuestra voluntad a la suya si había dispuesto llevarse a nuestro nene. Me dejé caer en un banco y mientras las lágrimas rodaban por mis mejillas, murmuré: 'Hágase Tu voluntad y no la mía'.

"En cuanto pronuncié estas palabras me sentí mejor. Me invadió una sensación de paz que hacía tiempo no había sentido. Por todo el camino de regreso a casa estuve repitiendo: '¡Oh, Dios mío! Tu voluntad y no la mía...'.

"Aquella noche dormí profundamente por primera vez en una semana. El médico llamó unos cuantos días después y me dijo que Bobby había pasado la crisis. Doy gracias a Dios por el niño de cuatro años fuerte y sano que hoy tenemos."

Conozco hombres que consideran la religión como algo de mujeres, niños y predicadores. Se jactan de ser "hombres cabales" que pueden librar las batallas sin ayuda.

¡Cuánto les sorprenderá saber que algunos de los "hombres más cabales" del mundo rezan todos los días! Por ejemplo, el "hombre cabal" Jack Dempsey me dijo que nunca se acostaba sin hacer sus oraciones. Me dijo también que nunca hacía una comida sin dar antes gracias a Dios por el alimento. Me dijo también que rezaba todos los días cuando se preparaba para un combate y que, durante la lucha, siempre rezaba antes de que el gong anunciara una nueva vuelta. "La oración me ayudaba a luchar con valor y confianza", me manifestó.

El "hombre cabal" Connie Mack me dijo que no podía irse a la cama si no hacía previamente sus oraciones.

El "hombre cabal" Eddie Rickenbacker me dijo que creía que consiguió salvar su vida gracias a la oración. Reza todos los días.

El "hombre cabal" Edward R. Stettinius, que ocupó un alto cargo en General Motors y fue secretario de Estado, me dijo que todas las mañanas y todas las noches rezaba para pedir una guía y buen juicio.

El "hombre cabal" J. Pierpont Morgan, el financista más importante de su época, con frecuencia iba solo a la iglesia Trinity Church, en el extremo de Wall Street, los sábados por la tarde para arrodillarse y rezar.

Cuando el "hombre cabal" Eisenhower voló a Inglaterra para hacerse cargo del mando supremo de las fuerzas británicas y norteamericanas, no llevó más que un libro consigo: la Biblia.

El "hombre cabal" general Mack Clark me dijo que leía su Biblia todos los días durante la guerra y que se arrodillaba para rezar. Otro tanto hacían Chiang Kai-Shek y el general Montgomery, "Monty, el de El Alamein". Otro tanto hicieron Lord Nelson en Trafalgar, el general Washington, Robert E. Lee, Stonewall Jackson y docenas de otros grandes jefes militares.

Estos "hombres cabales" descubrieron la verdad de la declaración de William James: "Nosotros y Dios mantenemos una relación y, al abrirnos a su influencia, queda cumplido nuestro último destino".

Son muchos los "hombres cabales" que están descubriendo esto. El número de norteamericanos miembros de las distintas iglesias es de setenta y dos millones, cifra nunca alcanzada anteriormente. Como he dicho antes, hasta los hombres de ciencia se están volviendo hacia la religión. Tomemos, por ejemplo, al Dr. Alexis Carrel, quien escribió *El Hombre, ese desconocido,* y conquistó el mayor premio que se puede conceder a un hombre de ciencia, el premio Nobel. El doctor Carrel dijo en un artículo de *Selecciones* del *Reader's Digest:* "La oración es la más poderosa forma de energía que cabe generar. Es una fuerza tan real como la gravedad terrestre. Como médico, he visto a hombres que, después del fracaso de todos los procedimientos curativos, han vencido la enfermedad y la melancolía por el sereno esfuerzo de la oración... La oración, como una iluminación, es una fuente de energía autogeneradora y luminosa... En la oración, los seres humanos tratan de aumentar su energía finita dirigiéndose a la fuente Infinita de toda energía. Cuando rezamos, nos ligamos con el inagotable poder motivador que hace girar el universo. Pedimos que una parte de ese poder quede adscrito a nuestras necesidades. Incluso al pedir, nuestras deficiencias humanas quedan suplidas y nos levantamos con nuevas fuerzas y recompuestos... Siempre que nos dirigimos a Dios con una oración fervorosa, mejoramos de cuerpo y alma. Es imposible que un hombre o una mujer recen un instante sin que haya algún buen resultado".

El almirante Byrd sabe lo que significa ligarnos "con el inagotable poder motivador que hace girar el universo". Su capacidad para hacer esto le permitió salir con bien de la más dura prueba de su vida. Cuenta la historia en su libro *Soledad (Alone).* En 1934 pasó cinco meses en una choza, sepultado bajo la capa de hielo de la Barrera de Ross, muy adentro del Antártico. Era el único ser vivo al sur de la latitud setenta y ocho. Rugía un viento helado y el frío alcanzó los treinta grados bajo cero; estaba rodeado por la noche interminable. Y, en estas condiciones, descubrió con horror que estaba siendo lentamente envenenado por el monóxido de carbono que se escapaba de su estufa. ¿Qué podía hacer? La más próxima ayuda estaba a doscientos kilómetros y no llegaría allí hasta transcurridos varios meses. Trató de arreglar su estufa y su sistema de ventilación, pero el humo seguía escapándose. Frecuentemente perdía el sentido y quedaba tendido en el piso, completamente inconsciente. No podía comer ni dormir; se debilitó tanto que apenas podía abandonar su litera. A veces temía no llegar al día siguiente. Estaba convencido de que moriría en aquella choza y que su cadáver quedaría sepultado bajo las nieves eternas.

¿Cómo salvó su vida? Un día, en plena desesperación, tomó su diario y trató de concretar su filosofía de la vida. Escribió: "La raza humana no está sola en el universo". Pensó en las estrellas de lo alto, en el ordenado movimiento de constelaciones y planetas, en cómo el perdurable sol volvería a su tiempo a iluminar incluso aquellas soledades de las regiones del Polo Sur. Y después escribió en su diario: *"No estoy solo"*.

Esta comprensión de que no estaba solo —ni siquiera en un agujero en el hielo del confín del mundo— fue lo que salvó a Richard Byrd. Dice: "Sé que fue esto lo que me sacó adelante". Y añade: "Pocos hombres llegan alguna vez en su vida a los límites de los recursos que hay en ellos. Hay pozos profundos de energía que nunca son utilizados". Richard Byrd aprendió a sondear estos pozos de fuerza y a utilizar estos recursos volviéndose hacia Dios.

Glenn A. Arnold aprendió en medio de los maizales de Illinois la misma lección que el almirante Byrd aprendió en los hielos polares. El señor Arnold, un comisionista de seguros del Edificio Bacon, Chillicothe, Illinois, inició su discurso sobre el modo de librarse de la preocupación de este modo: "Hace ocho años hice girar la llave en la cerradura de la puerta de mi casa por lo que creía que era la última vez de mi vida. Después subí a mi coche y marché

222

río abajo. Había fracasado. Un mes antes todo mi reducido mundo se había hundido sobre mi cabeza. Mi negocio de aparatos eléctricos había naufragado. En mi casa, mi madre estaba agonizando. Mi esposa iba a darme el segundo hijo. Las cuentas de los médicos se amontonaban. Habíamos dado en prenda cuanto teníamos: nuestro coche y nuestros muebles. Hasta había tomado un préstamo sobre mis pólizas de seguros. Todo se había liquidado. Ya no podía resistir más. Ante esto, subí al coche y tomé la dirección del río, decidido a poner término a aquel caos lamentable.

"Recorrí varios kilómetros, abandoné la carretera, bajé del coche, me senté en la hierba y lloré como un niño. Después comencé a pensar realmente. En lugar de marearme en aterradores círculos de preocupación, traté de pensar constructivamente. ¿Hasta qué punto era mala mi situación? ¿No podía ser peor? ¿No había verdaderamente esperanza? ¿Qué podía hacer para mejorarla?

"Decidí en aquel momento presentar el problema al Señor y pedirle que lo tomara en sus manos. Recé. Recé fervorosamente. Recé como si mi vida dependiera de ello, como así era en efecto. Después pasó una cosa extraña. Tan pronto como traspasé mis problemas a un poder mayor que el mío, sentí una paz interior que no había conocido desde hacía meses. Estuve sentado allí durante media hora, llorando y rezando. Después volví a casa y dormí como un niño.

"A la mañana siguiente me levanté con confianza en mí mismo. Ya no tenía nada que temer, porque contaba a Dios como guía. Aquella mañana entré en un gran comercio local con la cabeza alta y hablé con decisión solicitando un puesto de vendedor en el departamento de aparatos eléctricos. Sabía que obtendría el puesto. Y lo obtuve. Trabajé allí muy bien hasta que todo el negocio de aparatos eléctricos se vino abajo a causa de la guerra. Después comencé a vender seguros de vida, siempre dirigido por mi Gran Guía. Esto fue hace sólo cinco años. Ahora tengo pagadas todas mis cuentas, una linda familia de tres hijos, mi casa propia, un coche nuevo y un seguro de vida por el valor de veinticinco mil dólares.

"Cuando vuelvo la vista hacia atrás, me alegro de que perdiera todo y me deprimiera hasta el punto de haber tomado la dirección del río, porque esta tragedia me enseñó a confiar en Dios. Ahora disfruto de una paz y una confianza que nunca soñé que fueran posibles."

¿Por qué la fe religiosa nos procura paz, serenidad y fortaleza? Dejaré que sea William James quien conteste a esto. Dice: *"El turbulento oleaje de la irritada superficie deja las profundidades del océano en calma, y a quien posee realidades más vastas y permanentes parecen cosas relativamente insignificantes las vicisitudes cotidianas de su destino personal. La persona verdaderamente religiosa se muestra, en consecuencia, inconmovible y llena de ecuanimidad, dispuesta serenamente a cualquier deber que pueda reclamarle la jornada".*

Si estamos preocupados y angustiados, ¿por qué no probar a Dios? ¿Por qué no —como dijo Immanuel Kant— "aceptamos la fe en Dios porque nos es una fe necesaria"? ¿Por qué no nos ligamos con "el inagotable poder motivador que hace girar el universo"?

Aunque usted no sea una persona religiosa por naturaleza o educación, aunque sea incluso un escéptico completo, la oración puede ayudarlo más de lo que cree, porque se trata de una cosa *práctica*. ¿Qué quiero decir con esto? Quiero decir que la oración satisface estas tres necesidades psicológicas básicas que todos tenemos, ya sea que creamos en Dios o no:

1. La oración nos ayuda a expresar en palabras lo que nos turba. Vimos en el capítulo 4 que es casi imposible abordar un problema que continúa en la vaguedad. En cierto modo, la oración es como consignar por escrito nuestro problema. Si pedimos ayuda para resolver un problema, aunque sea a Dios, tenemos que expresarlo con palabras.

2. La oración nos procura la sensación de que se comparte la carga, de no estar solos. Pocos entre nosotros pueden soportar las más pesadas cargas y las más angus-

tiadas zozobras sin ayuda de nadie. En ocasiones, nuestras preocupaciones son tan íntimas que no podemos exponerlas ni a parientes o amigos de absoluta confianza. En estos casos, la salida es la oración. Cualquier psiquiatra nos dirá que, cuando estamos en un estado de tensión, con el espíritu atormentado, tiene un gran valor terapéutico contar a alguien nuestras cuitas. Cuando no las podamos contar a nadie, siempre podremos contárselas a Dios.

3. La oración pone en vigor un activo principio de *realizaciones*. Es el primer paso hacia la *acción*. Dudo de que se pueda rezar para una realización, día tras día, sin obtener algún beneficio, es decir, sin tomar algunas medidas para que suceda lo que se desea. El Dr. Alexis Carrel, hombre de ciencia mundialmente famoso, dijo: "La oración es la más poderosa forma de energía que se pueda generar". En tal caso ¿por qué no usarla? Llamémoslo Dios, Alá o Espíritu, ¿para qué disputarnos por definiciones mientras el misterioso poder de la naturaleza nos lleve de la mano?

¿Por qué no cierra usted este libro ahora, se va a su dormitorio, cierra la puerta, se arrodilla y alivia su corazón? Si ha perdido usted sus sentimientos religiosos, pida al Todopoderoso que renueve su fe; y repita esta hermosa oración que San Francisco de Asís escribió hace setecientos años: "Señor, haz de mí un instrumento de Tu paz. Donde haya odio, haz que yo siembre amor. Donde haya daño, el perdón. Donde haya tristeza, la alegría. Oh Divino Señor, asegúrame que no he de buscar tanto el consuelo, cuanto el consolar a los otros; no tanto la comprensión, cuanto el comprender a los otros; no tanto el ser amado, cuanto el amar a los otros. Porque sólo al dar recibimos, sólo al perdonar somos perdonados, sólo al morir nacemos a la Vida Eterna.

SEXTA PARTE

Cómo se evita que las críticas nos preocupen

20

RECORDEMOS QUE NADIE PATEA A UN PERRO MUERTO

En 1929 se produjo un acontecimiento que causó sensación en todos los círculos docentes del país. Acudieron a observar el caso de Chicago sabios de toda Norteamérica. Unos cuantos años antes, un joven llamado Robert Hutchins había conseguido graduarse en la Universidad de Yale trabajando de mozo, leñador, preceptor y vendedor de ropas hechas. Ahora, ocho años después, iba a ser el presidente de la cuarta universidad de Norteamérica en orden de ingresos: la Universidad de Chicago. ¿Su edad? ¡Treinta años! ¡Era increíble! Los viejos profesores movían la cabeza. Se multiplicaron las críticas acerca de este "chico prodigio". Era esto y era lo otro: demasiado joven, demasiado inexperimentado, con ideas pedagógicas muy raras... Hasta los periódicos intervinieron en el ataque.

El día en que fue proclamado presidente Robert Maynard Hutchins, un amigo dijo a su padre: "Me he escandalizado esta mañana al leer el artículo editorial en que se atacaba a su hijo".

Y el viejo Hutchins contestó: "Sí, es un ataque duro, pero recuerde que nadie patea a un perro muerto".

Sí, y cuanto más importante es el perro, con más satisfacción se lo patea. El príncipe de Gales, que posteriormente se convirtió en Eduardo VIII, comprobó esto por experiencia propia, en sus posaderas. Asistía entonces al Colegio de Darmouth, en el condado de Devon; es un colegio que corresponde a la Academia Naval de Annapolis. El príncipe tenía catorce años. Un día, uno de los oficiales lo encontró llorando y le preguntó qué le pasaba.

Se negó a decirlo al principio, pero finalmente admitió la verdad: los cadetes lo habían pateado. El comodoro del colegio congregó a los muchachos y les explicó que el príncipe no se había quejado, pero que deseaba saber por qué el príncipe había sido castigado.

Después de muchas toses y rascaduras de cabeza, los cadetes confesaron que querían estar en condiciones de decir, cuando fueran oficiales de la Marina Real, que habían dado un puntapié al propio Rey.

Por tanto, cuando uno es golpeado y criticado, recordemos que se debe muchas veces a que ello procura al atacante una sensación de importancia. Significa frecuentemente que uno está haciendo algo que merece la atención. Muchas personas obtienen una especie de satisfacción feroz al denunciar a quienes están por encima de ellas o han sido más afortunadas. Por ejemplo, mientras escribía este capítulo, recibí la carta de una mujer que atacaba al general William Booth, fundador del Ejército de Salvación (Salvation Army). Yo había dedicado muchas alabanzas al general Booth en un programa de radio; entonces la mujer me escribió diciendo que el general Booth había robado ocho millones de dólares del dinero que se había recaudado para los pobres. La acusación era, desde luego, absurda. Pero esta mujer no buscaba la verdad. Buscaba la mezquina satisfacción de hacer daño a quien estaba por encima de ella. Eché la fea carta al cesto de los papeles y di gracias a Dios de que una mujer así no fuera mi esposa. La carta no me decía nada acerca del general Booth, pero me decía mucho acerca de su autora. Schopenhauer había dicho hacía años: "El vulgo disfruta muchísimo con los defectos y las locuras de los grandes hombres".

Es difícil pensar que un presidente de Yale puede ser un hombre vulgar; sin embargo, un ex presidente de Yale, Timothy Dwight, disfrutó al parecer muchísimo atacando a un candidato a la Presidencia de los Estados Unidos. El presidente de Yale advirtió que, si este hombre era elegido presidente, "podríamos ver a nuestras esposas e hijas víctimas de la prostitución legal, fríamente deshonradas, alevosamente degradadas, convertidas en las proscritas de la delicadeza y la virtud y en la abominación de Dios y de los hombres".

Parece una increpación de Hitler, ¿no es así? Pero no lo era. Era un ataque contra Thomas Jefferson. ¿Qué Thomas Jefferson? Seguramente no el inmortal Thomas Jefferson, el autor de la Declaración de Independencia, el santo patrón de la democracia, ¿verdad? Pues sí, ése era el acusado, el mismo.

¿Qué norteamericano creen ustedes que fue acusado de "hipócrita", "impostor" y "poco mejor que un asesino"? Una caricatura de diario lo presentaba en la guillotina, con la cuchilla a punto de caer sobre su cabeza. La multitud lo increpaba y silbaba en las calles. ¿Quién era él? George Washington.

Pero esto ocurrió hace mucho tiempo. Tal vez haya mejorado desde entonces la naturaleza humana. Veamos. Tomemos el caso del almirante Peary, el explorador que emocionó al mundo al alcanzar el Polo Norte en trineos tirados por perros el 6 de abril de 1909; era una meta por la que habían luchado y muerto los valientes durante siglos. El mismo Peary estuvo a punto de morir de hambre y de frío; ocho dedos de los pies se le helaron de tal modo que debieron amputárselos. Lo abrumaron también tanto los contratiempos que temió volverse loco. Sus superiores de Washington ardían de celos; Peary estaba acumulando renombre y aclamaciones. Entonces lo acusaron de haber recaudado dinero para expediciones científicas y de haberse dedicado después "a pasearse y haraganear en el Ártico". Y tal vez lo creían, porque es casi imposible no creer lo que se quiere creer. Su decisión de humillar y cerrar el paso a Peary era tan violenta que sólo una orden directa del Presidente McKinley permitió a Peary continuar su carrera en el Ártico.

¿Hubiera sido atacado Peary si hubiese tenido un puesto de oficina en el Departamento de Marina de Washington? No. Claro que no. No hubiera tenido la importancia necesaria para provocar celos.

El general Grant tuvo una experiencia todavía peor que

la del almirante Peary. En 1862 el general Grant obtuvo la primera gran victoria decisiva para las fuerzas del Norte, una victoria que fue lograda en una tarde, una victoria que hizo de Grant un ídolo nacional de la noche a la mañana, una victoria que tuvo enormes repercusiones hasta en la lejana Europa, una victoria que lanzó las campanas al vuelo y provocó fuegos artificiales y chupinazos en todo el ámbito entre Maine y las orillas del Mississippi. Sin embargo, seis semanas después de obtenida esta victoria, Grant, el héroe del Norte, fue *arrestado y separado de su ejército. Tuvo que dejar el mando humillado y abrumado.*

¿Por qué el general U. S. Grant fue detenido en plena carrera triunfal? En gran parte, porque había provocado los celos y las envidias de sus arrogantes superiores.

Si nos sentimos inclinados a preocuparnos por las críticas, he aquí la Regla 1:

Recordemos que las críticas injustas son frecuentemente elogios disfrazados. Recordemos que nadie patea a un perro muerto.

21

HAGAMOS ESTO Y LA CRÍTICA NO PODRÁ AFECTARNOS

En una ocasión entrevisté al mayor general Smedley Butler, el viejo "Ojo que Barrena". ¡El "Diablo Infernal" del viejo Butler! ¿Lo recuerdan? El más pintoresco y matasiete de los generales que hayan mandado la Infantería de Marina de los Estados Unidos.

Me dijo que, en su juventud, trataba desesperadamente de hacerse popular, de causar buena impresión en todo el mundo. En aquellos días, la más ligera crítica le escocía. Pero confesó que treinta años en la Infantería de Marina le habían endurecido el pellejo. Me dijo: "He sido zaherido e insultado. He sido acusado de chacal, de serpiente y de mofeta. He sido maldecido por los técnicos. Me han adjudicado todas las combinaciones posibles de los epítetos más brutales que tiene la lengua inglesa. ¿Molestarme? ¡Bah! Cuando alguien me maltrata ahora de palabra, no me molesto ni en volver la cabeza para ver quién está hablando".

Tal vez era demasiado indiferente a la crítica el viejo "Ojo que Barrena", pero hay una cosa cierta: la mayoría de nosotros damos demasiada importancia a los pinchazos y picaduras. Recuerdo aquella vez, hace años, en que un periodista del neoyorquino diario *Sun* asistió a una demostración de mis clases para adultos y puso después en berlina a mi persona y mi trabajo. ¿Me enfurecí? Lo tomé como un insulto personal. Telefoneé a Gil Hodges, presidente del Consejo de Administración del *Sun,* y exigí prácticamente que publicara un artículo estableciendo los hechos y no poniéndome en ridículo. Estaba decidido a que el castigo se hallara a la altura del crimen.

Me avergüenza mi proceder de entonces. Comprendo ahora que la mitad de las personas que compraron el periódico ni siquiera leyeron el artículo. Una mitad de las que lo leyeron lo consideraron como un motivo de inocente diversión. Y la mitad de los que se refocilaron con él lo olvidaron todo al cabo de unas cuantas semanas.

Comprendo ahora que las personas no están pensando en usted o en mí y se cuidan muy poco de lo que digan de nosotros. Piensan en ellas antes del desayuno, después del desayuno y así sucesivamente hasta la medianoche. Se interesarán mil veces más en cualquier jaqueca suya que en la noticia de la muerte de usted o de la mía.

Aunque seamos calumniados, ridiculizados, engañados, apuñalados por la espalda y traicionados por uno de cada seis de nuestros más íntimos amigos, no incurramos en una orgía de lamentaciones. En lugar de ello, recordemos que eso fue precisamente lo que le pasó a Jesús. Uno de sus doce más íntimos amigos se convirtió en traidor por un gaje que equivaldría en nuestro moderno dinero a diecinueve dólares. Otro de sus doce más íntimos amigos renegó de él abiertamente en los momentos de peligro y declaró tres veces que ni siquiera conocía a Jesús. Lo hizo con juramento. ¡Uno de cada seis! Esto es lo que sucedió a Jesús. ¿Por qué debemos esperar una proporción mejor?

Descubrí hace años que, aunque no podía impedir que se me criticara injustamente, podía hacer algo infinitamente más importante: podía decidir que las críticas injustas me molestaran o no.

Seamos claros acerca de esto: no estoy propugnando que se pase por alto toda crítica. Lejos de eso. Estoy hablando únicamente de *pasar por alto las críticas injustas.* En una ocasión pregunté a Eleanor Roosevelt cómo se comportaba ante esta clase de críticas; Alá sabe cuántas sufría. Probablemente, ha tenido más fervorosos amigos y más violentos enemigos que cualquier otra mujer que haya pasado por la Casa Blanca.

Me dijo que en su juventud era casi tremendamente tímida y se asustaba de lo que la gente decía. Tenía tanto miedo a la crítica que pidió un día a su tía, la hermana de Theodore Roosevelt, algún consejo. Habló así: "Tía Bye, quiero hacer esto y esto. Pero temo que me critiquen".

La hermana de Teddy Roosevelt la miró cara a cara y le dijo: "Nunca debe importarte lo que la gente diga, siempre que sepas en el fondo de tu alma que tienes razón". Eleanor me dijo que este consejo fue su Peñón de Gibraltar años después, cuando estuvo en la Casa Blanca. Me dijo que el único modo de escapar a toda crítica es ser como una figura de porcelana de Dresde y permanecer en un anaquel. "Haga lo que entienda que es justo, porque lo criticarán, de todos modos. Será 'condenado si lo hace y condenado si no lo hace'." Tal es su consejo.

Cuando el extinto Matthew C. Brush era presidente de la American International Corporation le pregunté si era sensible a las críticas. Me contestó así: "Sí, era muy sensible en otros tiempos. Tenía afán de que todos los empleados de la organización pensaran que era perfecto. Si no lo pensaban, me preocupaba. Trataba en primer lugar de agradar a la persona que me había atacado, pero el mismo hecho de entenderme con ella ponía a otros fuera de sí. Después, cuando trataba de arreglar cuentas con esa misma persona, me creaba otro par de moscardones. Finalmente, llegué a la conclusión de que cuanto más trataba de pacificar los espíritus más enemigos me creaba. Entonces me dije: 'Si consigues ser más que los demás, serás criticado. Acostúmbrate, pues, a la idea'. Esto me ayudó enormemente. Desde entonces me fijé la norma de obrar como mejor sabía y podía y, a continuación, abrir el viejo paraguas y dejar que la lluvia de críticas cayera sobre él y no sobre mí".

Deems Taylor hizo algo más: dejó que la lluvia de críticas cayera sobre él y se rió de la mojadura, en público. Cuando exponía sus comentarios durante el intermedio de los conciertos por radio de las tardes dominicales de la Orquesta Filarmónica-Sinfónica de Nueva York, una mujer le escribió una carta llamándolo "mentiroso, traidor, víbora y tonto". El señor Taylor dice en su libro *Of Men and Music (De hombres y música):* "Tengo la sospecha de que esa mujer no encontró interesante mi charla". En sus comentarios de la semana siguiente, el señor Taylor leyó la carta a los millones de oyentes. Y recibió pocos días después otra de la misma señora, en la que ésta "expresaba su no cambiada opinión de que yo era un mentiroso, un traidor, una víbora y un tonto". Es imposible dejar de admirar a quien soporta así las críticas. Son admirables su serenidad, su calma inconmovible y su sentido del humor.

Cuando Charles Schwab hablaba a los estudiantes de Princeton, confesó que una de las más importantes lecciones que había aprendido se la había enseñado un viejo alemán que trabajaba en sus talleres siderúrgicos. Este viejo alemán se vio envuelto en una discusión sobre la guerra con otros operarios y acabó siendo arrojado al río. El señor Schwab dijo: "Cuando llegó el hombre a mi despacho todo mojado y manchado de barro, le pregunté qué había dicho a los compañeros que lo habían arrojado al río y él me contestó: 'Me reí no más'".

El señor Schwab declaró que había adoptado como lema las palabras del viejo alemán: "Reír no más".

Este lema es especialmente bueno cuando se es víctima de críticas injustas. Uno puede replicar al hombre que contesta, pero ¿qué cabe decir al que "ríe no más"?

Lincoln pudo haberse derrumbado bajo la tensión de la guerra civil si no hubiese comprendido la locura que era tratar de responder a los anatemas vitriólicos que lanzaban en contra de él. Su descripción de cómo trataba a sus críticos ha llegado a ser una joya literaria, un texto clásico. El general Mac Arthur tenía una copia de ese texto colgada sobre su escritorio durante la guerra, y Winston Churchill lo había enmarcado para colgarlo en una pared de su despacho en Chartwell. El texto dice: "Si hubiese tratado de leer, para no hablar de contestar todas las críticas que me hicieron, esta tienda hubiera tenido que cerrarse para otro negocio cualquiera. Hago las cosas lo mejor que puedo según mi leal saber y entender, y pienso seguir con esta norma hasta el final. Si al final todo acaba bien, lo que se haya dicho contra mí no importa. Y si todo acaba mal, diez ángeles que juraran que yo tenía razón no servirían de nada".

Cuando seamos injustamente criticados, recordemos la Regla 2:

Hagamos las cosas lo mejor que podamos y, a continuación, abramos el viejo paraguas y procuremos que la lluvia de críticas no nos moje.

22

TONTERÍAS QUE HE COMETIDO

Tengo en mi archivo privado una carpeta con el título "TC", abreviatura de "Tonterías que he cometido". He puesto en esta carpeta constancias escritas de las tonterías de que soy culpable. En ocasiones suelo dictar estas constancias a mi secretaria, pero se trata a veces de cosas tan personales o tan estúpidas que me avergüenzo de dictarlas y las escribo a mano.

Todavía recuerdo algunas de las críticas de Dale Carnegie que puse en mi carpeta "TC" hace quince años. Si hubiera sido completamente honrado conmigo mismo, tendría ahora un archivo rebosante de estas constancias "TC". En verdad puedo repetir lo que el Rey Saúl dijo hace treinta siglos: "He sido un necio y mis errores son innumerables".

Cuando saco mis "TC" y releo las críticas que escribí de mí mismo, obtengo una gran ayuda para resolver el más difícil de mis problemas: la administración de Dale Carnegie.

Antes creía que mis problemas se debían a los demás; pero a medida que fui acumulando años —y sensatez, espero— descubrí que yo mismo era el único culpable de mis contratiempos. Son muchos los que han descubierto esto en el curso de los años. "Sólo yo —dijo Napoleón en Santa Elena—, sólo yo soy el culpable de mi caída. He sido mi peor enemigo, la causa de mi aciago destino."

Permítanme que hable de un hombre que conocí y que era un artista en cuanto a autoevaluación y administración. Se llamaba H. P. Howell. Cuando la noticia de su muerte repentina en el bar del Hotel Ambassador de Nueva York fue difundida a todo el país el 31 de julio de 1944, Wall Street quedó impresionada, porque se trataba de una de las grandes figuras del mundo financiero norteamericano; Howell era presidente del Commercial National Bank & Trust Company y directivo de varias grandes empresas. Obtuvo escasa instrucción en su juventud, se inició en la vida como mozo de un almacén rural y posteriormente se convirtió en gerente de créditos de la empresa de acero U. S. Steel. Estaba ya en el camino que conduce a la altura y al poder.

Cuando le pedí que me explicara las razones de sus triunfos, el señor Howell me dijo: "Durante años he llevado un cuaderno de notas en el que apuntaba todos mis compromisos para el día. Mi familia no cuenta conmigo para nada las noches de los sábados, porque sabe que dedico parte de estas horas a examinarme y a revisar y juzgar mi trabajo de la semana. Después de cenar me retiro, abro mi cuaderno y medito acerca de todas las entrevistas, los debates y las reuniones que he tenido desde el lunes por la mañana. Y me pregunto: '¿Qué equivocaciones he cometido?' '¿Qué cosas hice bien y hasta qué punto pude mejorar mi actuación?' '¿Qué lecciones puedo aprender de esta experiencia?'. En ocasiones esta revisión semanal me hace muy desdichado. En otras quedo aturdido ante mis garrafadas. Desde luego, a medida que los años pasaban, estas garrafadas se hacían menos frecuentes. Este sistema de analizarme, continuado año tras año, ha hecho por mí más que cualquier otra cosa que haya intentado".

Cabe que H. P. Howell recogiera esta idea de Benjamin Franklin. Pero Franklin no esperaba a la noche del sábado. Se sometía a revisión *todas* las noches. Descubrió que tenía trece graves defectos. He aquí tres de ellos: perdía tiempo, se ocupaba de pequeñeces y discutía y contradecía a otras personas. El juicioso Benjamin Franklin comprendió que, si no eliminaba estas desventajas, no llegaría muy lejos. Entonces, batalló con una de sus deficiencias todos los días de una semana y mantuvo un registro de los progresos realizados en esta lucha. A la semana siguiente tomó otro de sus malos hábitos, se puso los guantes y, en cuanto sonó el gong, se colocó en su rincón de combate. Franklin mantuvo esta batalla con sus defectos sin un respiro durante dos largos años.

¡No es extraño que se convirtiera en uno de los hombres más amados e influyentes que esta nación haya producido!

Elbert Hubbard dijo: "Todo hombre es un perfecto estúpido cinco minutos por día cuando menos. La sabiduría consiste en no pasarse de este límite".

El hombre chiquitín se enfurece ante la menor crítica, pero el juicioso procura aprender de los que lo censuran, reprochan y "disputan la acera". Walt Whitman lo dijo de este modo: "¿Habéis aprendido únicamente de los que os han admirado, han sido cariñosos con vosotros y han estado a vuestro lado? ¿No habéis aprendido mucho de los que os han rechazado, de los que han luchado con vosotros y de los que os han disputado la acera?".

En lugar de esperar a que nuestros enemigos nos critiquen o critiquen nuestro trabajo, adelantémonos a ellos. Seamos nosotros nuestros más severos críticos. Tratemos de poner remedio a todas nuestras debilidades antes de que nuestros enemigos tengan ocasión de decir una palabra. Esto es lo que hizo Charles Darwin. En realidad, pasó quince años criticándose... Bien, lo sucedido es esto: cuando Darwin completó el manuscrito de su libro inmortal, *El origen de las especies,* comprendió que la publicación de su revolucionario concepto de la creación chocaría con los mundos intelectual y religioso. En consecuencia, *se convirtió en su propio crítico y pasó otros quince años verificando sus datos, poniendo en tela de juicio sus razonamientos y considerando críticamente sus conclusiones.*

Supongamos que alguien dijera de usted que es un "estúpido". ¿Qué haría usted? ¿Se enfadaría? ¿Se indignaría? He aquí lo que hizo Lincoln: Edward M. Stanton, Secretario de Guerra de Lincoln, llamó a Lincoln "estúpido" en una ocasión. Stanton estaba furioso porque Lincoln se había metido en sus asuntos. Con el fin de dar satisfacción a un político egoísta, Lincoln había dado una orden transfiriendo determinados regimientos. Stanton no solamente se negó a cumplir la orden, sino que juró y perjuró que Lincoln era un estúpido por haber firmado una orden así. ¿Qué sucedió? Cuando dijeron a Lincoln lo que Stanton había dicho, el primero manifestó calmosamente: "Si Stanton ha dicho que soy un estúpido, debo serlo, porque casi siempre tiene razón. Voy a estudiar el asunto y verlo por mi cuenta".

Lincoln fue a ver a Stanton. Éste lo convenció de que la orden no era pertinente y Lincoln la anuló. Lincoln aceptaba las críticas cuando comprendía que eran sinceras, fundadas en el saber y hechas con espíritu de colaboración.

Usted y yo debemos también acoger bien esa clase de críticas, porque no podemos tener la pretensión de acertar más de tres veces de cada cuatro. Por lo menos, esto es todo lo que pretendía Theodore Roosevelt cuando estaba en la Casa Blanca. Einstein, el más profundo pensador de nuestros tiempos, confiesa que sus conclusiones son falsas el noventa y nueve por ciento de las veces.

La Rochefoucauld dijo: "Las opiniones de nuestros enemigos se acercan más a la verdad en lo que respecta a nosotros que nuestras opiniones propias".

Sé que esta declaración puede ser exacta muchas veces; sin embargo, cuando alguien comienza a criticarme, si no me vigilo me pongo inmediata y automáticamente a la defensiva, incluso antes de tener la menor idea de lo que mi crítico va a decir. Me enfado conmigo mismo cada vez que procedo así. Todos nosotros tendemos a dolernos de la crítica y a aceptar las alabanzas, con independencia de que una y otras estén o no justificadas. No somos seres de lógica. Somos seres de emociones. Nuestra lógica es como un barquichuelo que navega en un sombrío y tempestuoso mar de emoción.

Si oímos que alguien ha hablado mal de nosotros, no tratemos de defendernos. Todos los tontos hacen eso. ¡Seamos originales, humildes y... brillantes! Desconcertemos a nuestro crítico y cosechemos aplausos diciendo: "Si mi censurador supiera todas mis otras faltas, me hubiera criticado mucho más severamente".

En anteriores capítulos he hablado acerca de lo que se debe hacer cuando se nos critica injustamente. Pero he aquí otra idea: cuando siente usted que se enfurece porque cree que se lo condena injustamente, ¿por qué no hace una pausa y se dice: "Espera un momento... Disto mucho de ser perfecto. Si Einstein admite que se equivoca el noventa y nueve por ciento de las veces, tal vez yo me equivoque el ochenta por ciento por lo menos. Tal vez merezca esta crítica. Si es así, debería agradecerla y sacar de ella algún provecho".

Charles Luckman, ex presidente de la Pepsodent Company, gastaba un millón de dólares por año para poner a Bob Hope en la radio. No se fijaba en las cartas que elogiaban el programa, pero insistía en ver las que contenían críticas. Sabía que podía aprender algo en ellas.

La Ford Company tenía tanto afán en averiguar qué andaba mal en su administración y su funcionamiento que efectuó una encuesta entre sus empleados, a los que invitó a que criticaran a su propia empresa.

Conozco a un vendedor de jabón que llegaba a solicitar críticas. Cuando comenzó a trabajar para Colgate, los pedidos venían lentamente. Temió perder el puesto. Como sabía que no había nada malo ni en el jabón ni en el precio, se dijo que la falla estaba en él mismo. Cuando fracasaba en una venta, daba frecuentemente la vuelta a la manzana preguntándose dónde estaba la causa de lo sucedido. ¿Había sido demasiado vago? ¿Le había faltado entusiasmo? En ocasiones, volvía junto al comerciante y decía: "No he vuelto con el propósito de tratar de venderle jabón. He vuelto en busca de su consejo y su crítica. ¿Quiere decirme qué hice mal cuando intenté venderle jabón hace unos minutos? Usted tiene más experiencia y ha prosperado más que yo. Le ruego que analice críticamente el caso. Sea franco. No disimule sus juicios".

Esta actitud le conquistó muchos amigos y valiosísimos consejos.

¿Qué suponen ustedes que le sucedió? Llegó a ser presidente de la Colgate-Palmolive-Peet Soap Company, los mayores fabricantes de jabón del mundo. Se llama E. H. Little.

Se necesitan grandes hombres para hacer lo que hicieron H. P. Howell, Ben Franklin y E. H. Little. Y ahora, como nadie está mirando, ¿por qué no se mira usted en el espejo y se pregunta si pertenece a esta clase de personas?

Para que las críticas no nos preocupen, he aquí la Regla 3:

Llevemos un registro de las tonterías que hemos hecho y critiquémonos nosotros mismos. Como no es posible que pretendamos ser perfectos, hagamos lo que hacía E. H. Little: pidamos una crítica imparcial, útil y constructiva.

En síntesis

Regla 1: La crítica injusta es frecuentemente un cumplido disfrazado. Significa muchas veces que hemos provocado celos y envidias. Recordemos que nadie patea a un perro muerto.

Regla 2: Hagamos las cosas lo mejor que podamos; después abramos el viejo paraguas y procuremos que la lluvia de críticas no nos moje.

Regla 3: Llevemos un registro de las tonterías que hemos hecho y critiquémonos nosotros mismos. Ya que no podemos ser perfectos, hagamos lo que hace E. H. Little: pedir una crítica imparcial, útil y constructiva.

SÉPTIMA PARTE

Seis maneras de impedir la fatiga y la preocupación y de conservar la energía y el ánimo

23

CÓMO AÑADIR UNA HORA DIARIA
A NUESTRA VIDA ACTIVA

¿Por qué escribo un capítulo sobre la manera de impedir la fatiga en un libro sobre la manera de impedir la preocupación? Es sencillo. La fatiga produce frecuentemente preocupación o, por lo menos, hace a uno accesible a la preocupación. Cualquier estudiante de medicina nos dirá que la fatiga disminuye la resistencia física al resfrío común y a cientos de otras enfermedades, y cualquier psiquiatra nos dirá que la fatiga también disminuye nuestra resistencia a las emociones de la preocupación y del miedo. Por tanto, impedir la fatiga tiende a impedir la preocupación.

¿Dije *"tiende* a impedir la preocupación"? Es decirlo muy blandamente. El Dr. Edmund Jacobson va más allá. El doctor Jacobson ha escrito dos libros sobre el descanso: *Progressive Relaxation* y *You Must Relax (Descanso progresivo* y *Usted debe descansar).* Como director del Laboratorio de Fisiología Clínica de la Universidad de Chicago, ha dedicado varios años al estudio de la utilización del descanso como método de práctica médica. Declara que cualquier estado nervioso o emocional "desaparece en presencia de un completo descanso". Es otro modo de decir que *"uno no puede continuar preocupándose si descansa".*

Para impedir la fatiga y la preocupación, pues, la primera regla es descansar a menudo. Descansar antes de cansarse.

¿Por qué esto tiene tanta importancia? Porque la fatiga

se acumula con asombrosa rapidez. El Ejército de los Estados Unidos ha descubierto por medio de pruebas repetidas que hasta los jóvenes —hombres endurecidos por años de adiestramiento militar— pueden marchar mejor y resistir más tiempo si se desprenden de su equipo y descansan diez minutos cada hora. Tal es la razón de que las fuerzas del Ejército hagan precisamente esto. El corazón suyo es tan galano como el Ejército de los Estados Unidos. Envía cada día a través de su cuerpo la sangre suficiente para llenar un vagón cisterna del ferrocarril. Desarrolla al cabo de veinticuatro horas la energía suficiente para llevar veinte toneladas de carbón a una plataforma situada a un metro de altura. Realiza esta increíble cantidad de trabajo durante cincuenta, setenta o tal vez noventa años. ¿Cómo puede soportarlo? El Dr. Walter B. Cannon, de la Escuela de Medicina de Harvard, explica. Dice así: "La mayoría de las gentes creen que el corazón trabaja todo el tiempo. En realidad, hay un definido período de descanso después de cada contracción. *Cuando late al moderado ritmo de setenta pulsaciones por minuto, el corazón trabaja en realidad únicamente nueve horas de cada veinticuatro. En conjunto, sus períodos de descanso representan quince horas diarias*".

Durante la segunda guerra mundial, Winston Churchill, muy cerca de los setenta años de edad, pudo trabajar dieciséis horas diarias, año tras año, dirigiendo los esfuerzos de guerra del Imperio Británico. Es una marca fenomenal. ¿Su secreto? Trabajaba en la cama cada mañana hasta las once, leyendo informes, dictando órdenes, llamando por teléfono y celebrando importantes conferencias. Después de almorzar volvía a la cama y echaba una siesta de una hora. Al anochecer volvía a la cama una vez más y dormía dos horas antes de cenar a las ocho. No se curaba de la fatiga. No tenía motivos para curarse. La prevenía. Como descansaba frecuentemente, podía trabajar diariamente muy fresco y en condiciones, hasta muy pasada la medianoche.

El primer John D. Rockefeller consiguió dos marcas extraordinarias. Acumuló la mayor fortuna que el mundo había conocido hasta entonces y vivió hasta los noventa y ocho años. ¿Cómo hizo esto? Desde luego, la principal razón estriba en que había recibido una herencia de longevidad. Otra razón consiste en que había adquirido la costumbre de echar una siesta de media hora en su despacho al mediodía. Se tendía en un canapé y ni el Presidente de los Estados Unidos conseguía que John D. Rockefeller se pusiera al teléfono durante esa media hora.

En su excelente libro *Why Be Tired (¿Para qué cansarnos?)*, Daniel W. Josselyn observa: "Descansar no consiste en no hacer absolutamente nada. *Descansar es reparar".* Hay tanto poder de reparación en un breve período de descanso que hasta un sueñecito de cinco minutos ayuda a impedir la fatiga. Connie Mack, el gran veterano del béisbol, me dijo que si no echaba una siesta de tarde antes de un partido, se sentía completamente fatigado para el quinto tiempo. Pero si dormía un poco, siquiera cinco minutos, resistía los partidos más duros sin cansancio alguno.

Cuando pregunté a Eleanor Roosevelt cómo pudo resistir tan recargado programa durante los doce años en que estuvo en la Casa Blanca, me dijo que antes de acudir a una reunión o pronunciar un discurso, se acomodaba frecuentemente en una butaca o un sofá, cerraba los ojos y descansaba durante veinte minutos.

Una vez entrevisté a Gene Autry en su camarín del Madison Square Garden, donde era la principal atracción del campeonato mundial de rodeo. Advertí que tenía allí un catre militar. Y Gene Autry me dijo: "Me tiendo ahí todas las tardes y echo una siesta de una hora entre dos representaciones. Cuando hago películas en Hollywood, descanso frecuentemente en una butaca y echo dos o tres sueñecitos de diez minutos cada día. Me animan extraordinariamente".

Edison atribuía su enorme energía y resistencia a su costumbre de dormir cada vez que sentía la necesidad de hacerlo.

Entrevisté a Henry Ford poco antes de que cumpliera los ochenta años de edad. Quedé sorprendido de verlo de tan buen aspecto. Le pregunté cuál era su secreto. Y me dijo: "Nunca estoy de pie cuando puedo estar sentado y nunca estoy sentado cuando puedo estar acostado".

Horace Mann, "el padre de la educación moderna", hacía lo mismo cuando llegó a cierta edad. Cuando era presidente del Antioch College, solía conversar con sus alumnos tendido en un canapé.

Persuadí a un director de películas de Hollywood para que probara una técnica análoga. Me confesó que obraba milagros. Me refiero a Jack Chertock, quien fue uno de los principales directores de la Metro-Goldwin-Mayer. Cuando me vino a ver hace unos cuantos años, era jefe del departamento de películas cortas de la M-G-M. Agotado, lo había probado todo: tónicos, medicinas, vitaminas. Nada le sirvió de gran cosa. Le propuse que tomara una vacación cada día. ¿Cómo? Acostándose en su despacho y descansando mientras conversaba con sus escritores.

Cuando lo vi dos años después, me dijo: "Ha sucedido un milagro. Tal es lo que dicen mis propios médicos. Solía estar sentado en mi silla, tenso y tieso, mientras discutía ideas acerca de nuestras películas cortas. Ahora me tiendo en mi despacho durante esas conferencias. Me siento mejor de lo que me he sentido en estos últimos veinte años. Trabajo dos horas más al día y es rara la vez que me canso".

¿Cómo puede aplicarse a usted todo esto? Si es usted un taquígrafo, no puede echar siestas en la oficina como lo hacían Edison y Sam Goldwin, y, si usted es un contable, no puede tenderse en un canapé mientras discute un informe financiero con su jefe. Pero, si usted vive en una pequeña localidad y vuelve a su casa para almorzar, puede muy bien echar un sueñecito de diez minutos después del almuerzo. Esto es lo que el general George C. Marshall solía hacer. Se sentía tan atareado dirigiendo el Ejército de los Estados Unidos durante la guerra, que *tenía* que descansar al mediodía. Si ha pasado de los cincuenta años y se cree demasiado atareado para hacer esto, compre inmediatamente todos los seguros de vida que pueda com-

prar. Los entierros cuestan mucho y sobrevienen bruscamente en estos tiempos y cabe que la mujercita quiera
cobrar el dinero del seguro y casarse con un hombre más
joven...

Si no puede usted echar una siesta a mediodía, trate
por lo menos de acostarse durante una hora antes de la
cena. Es más barato que un whisky y, a la larga, 5.467
veces más eficaz. Si puede dormir una hora a las cinco,
las seis o las siete de la tarde, podrá añadir una hora a su
vida activa. ¿Por qué? ¿Cómo? Porque una hora de siesta
antes de la cena más seis horas de sueño durante la noche —un total de siete horas— le hará mejor que ocho
horas de sueño ininterrumpido.

Un trabajador manual puede realizar más trabajo si
dedica más tiempo al descanso. Frederick Taylor lo demostró mientras trabajaba como técnico de administración científica en la empresa Bethlehem Steel Corporation.
Observó que los obreros estaban cargando aproximadamente unas doce toneladas y media de hierro en lingotes
por cabeza en los vagones y que llegaban agotados al
mediodía. Hizo un estudio científico de todos los factores
de cansancio involucrados y declaró que esos hombres
podían cargar, no doce toneladas y media por día, sino
cuarenta y siete toneladas. Calculó que podían realizar
cuatro veces más trabajo que el que realizaban y no quedar agotados. ¡Pero tenía que probarlo!

Taylor eligió a un señor Schmidt y le pidió que trabaja-
ra conforme a las indicaciones de un reloj. El hombre que
estaba con un reloj junto a Schmidt daba las instrucciones: "Tome ese lingote y camine... Ahora siéntese y descanse... Ahora camine... Ahora descanse...".

¿Qué sucedió? Schmidt cargó cuarenta y siete toneladas de lingotes de hierro por día mientras sus compañeros cargaron solamente doce toneladas y media. Y Schmidt
no abandonó prácticamente nunca ese ritmo durante los
tres años en que Frederick Taylor estuvo en la Bethlehem.
Pudo hacer esto porque descansaba antes de cansarse.
Cada hora trabajaba aproximadamente 24 minutos y descansaba 36. Descansaba *más* de lo que trabajaba y, sin

embargo, realizaba cuatro veces más trabajo que los demás... ¿Es eso un mero rumor? No, usted mismo puede leer la constancia del hecho en las páginas 41-62 de *Principles of Scientific Management (Principios de administración científica)* de Frederick Winslow Taylor.

Permítame que lo repita: haga lo que hace el Ejército y tómese frecuentes descansos. Haga lo que hace el corazón y descanse antes de cansarse. Añadirá así una hora diaria a su vida activa.

24
QUÉ ES LO QUE NOS CANSA Y QUÉ PODEMOS HACER AL RESPECTO

He aquí un hecho asombroso e importante: el trabajo mental no puede cansar por sí solo. Parece absurdo. Pero, hace unos cuantos años, los científicos trataron de averiguar hasta cuándo el cerebro humano puede trabajar sin llegar a "una disminución de la capacidad de trabajo", la definición científica de la fatiga. Para asombro de esos científicos, se vio que la sangre que pasa a través del cerebro no muestra fatiga alguna cuando está en actividad. Si se toma la sangre de las venas de un trabajador manual que está trabajando, se la encuentra llena de "toxinas de fatiga" y de otros productos del cansancio. Pero, si se toma una gota de sangre del cerebro de Albert Einstein, no se observará toxina de fatiga alguna al término de la jornada.

En lo que se refiere al cerebro, puede trabajar tan bien y tan ágilmente al cabo de ocho o diez horas de esfuerzo como al comienzo. El cerebro es incansable... Entonces ¿qué es lo que nos cansa?

Los psiquiatras declaran que la mayor parte de nuestra fatiga proviene de nuestras actitudes mentales y emocionales. Uno de los más distinguidos psiquiatras de Inglaterra, J. A. Hadfield, en su libro *The Psychology of Power (La psicología del poder)* dice que "la mayor parte de la fatiga que padecemos es de origen mental; en realidad, el agotamiento de origen puramente físico es raro".

Uno de los más distinguidos psiquiatras norteamericanos, el Dr. A. A. Brill, va más allá. Declara: "El ciento por ciento de la fatiga del trabajador sedentario en buena salud es debido a factores psicológicos, entendiendo por tales los factores emocionales".

¿Qué clase de factores emocionales cansan al trabajador sedentario, a quien trabaja sentado? ¿La alegría? ¿La satisfacción? ¡No, nunca! El aburrimiento, el resentimiento, la sensación de que no se aprecia el trabajo de uno, la sensación de inutilidad, la prisa, la ansiedad, la preocupación... Tales son los factores emocionales que agotan al trabajador sedentario, que lo exponen a resfríos, que reducen su producción y que lo devuelven a casa con jaqueca. Sí, nos cansamos porque nuestras emociones producen tensiones nerviosas en el cuerpo.

La Metropolitan Life Insurance Company señala esto en un folleto sobre la fatiga. Esta gran compañía de seguros de vida declara: "El trabajo duro rara vez causa por sí mismo una fatiga que no pueda ser curada con un buen sueño o descanso... La preocupación, las tensiones y las perturbaciones emocionales son tres de las principales causas de la fatiga. Es frecuente que sean las culpables en los casos en que la causa aparente es el trabajo físico o mental... Recordemos que un músculo tenso es un músculo que trabaja. ¡Es preciso serenarse! Ahorremos energía para los deberes de importancia".

Deténgase usted ahora, en este mismo instante, y hágase un examen. Mientras lee estas líneas, ¿tiene usted una expresión ceñuda? ¿Siente tensión entre los ojos? ¿Está usted cómodamente sentado en su asiento? ¿O tiene los hombros levantados? ¿Están tensos los músculos de su rostro? Si todo su cuerpo no se encuentra en el mismo abandono que una vieja muñeca de trapo, usted está produciendo en este instante tensiones nerviosas y tensiones musculares. Fíjese bien en esto: *¡Está usted produciendo tensiones nerviosas y fatiga nerviosa!* ¿Por qué producimos estas tensiones innecesarias al realizar un trabajo mental? Daniel W. Josselyn dice: "Encuentro que el principal obstáculo... es la casi universal creencia de que el trabajo duro requiere una sensación de esfuerzo para que sea bien hecho". Tal es la razón de que nos pongamos ceñudos cuando nos concentramos. De que levantemos los hombros. Pedimos a nuestros músculos que realicen los movimientos del esfuerzo, lo que en nada ayuda al trabajo del cerebro.

He aquí una asombrosa y trágica verdad: millones de personas que no pensarían jamás en malgastar un centavo andan malgastando y despilfarrando su energía con la inconsciencia de siete marineros borrachos en Singapur.

¿Cuál es la solución para esta fatiga nerviosa? ¡Descanso! ¡Descanso! ¡Descanso! *¡Aprendamos a descansar mientras realizamos nuestro trabajo!*

¿Fácil? No. Usted tendrá probablemente que cambiar las costumbres de toda una vida. Pero el esfuerzo vale la pena, porque puede revolucionar su existencia. En su ensayo sobre "El Evangelio del descanso", William James dice: "La hipertensión, las sacudidas, el jaleo y la intensidad y la angustia de la expresión de los norteamericanos... son *malos hábitos,* ni más ni menos". *La tensión es un hábito. Descansar es un hábito. Y cabe reformar los malos hábitos y formar los buenos.*

¿Cómo se descansa? ¿Se comienza con el espíritu o se comienza con los nervios? Ni con uno ni con otros. *Se comienza a descansar siempre con los músculos.*

Hagamos una prueba. Para que se vea cómo se hace, supongamos que comenzamos con los ojos. Lea este párrafo y, cuando haya llegado al final, eche la cabeza hacia atrás, cierre los ojos y *dígales silenciosamente:* "Basta. Basta ya. Basta de tensión, basta de ceño. Basta. Basta ya, aflójense". Repita esto una y otra vez, lentamente, durante un minuto...

¿No ha observado usted que, al cabo de unos segundos, los músculos de los ojos *comenzaron a obedecer?* ¿No sintió usted como si una mano hubiera barrido la tensión? Bien, por increíble que parezca, usted ha revelado en un solo minuto toda la clave del arte de descansar. Usted puede hacer lo mismo con la mandíbula, los músculos del rostro, el cuello, los hombros y todo el cuerpo. Pero el órgano más importante es el ojo. El Dr. Edmund Jacobson, de la Universidad de Chicago, ha llegado a decir que, si usted es capaz de procurar descanso completo a los músculos de los ojos, podrá también olvidarse de todas sus zozobras. La razón de que los ojos sean tan importantes para aliviar la tensión nerviosa es que queman una cuarta parte de todas las energías nerviosas consumidas por el cuerpo. Tal es también, por otra parte, el motivo de que muchas personas con una visión perfecta sufran de "cansancio en los ojos". Es que tienen sus ojos en tensión.

Vicki Baum, la famosa novelista, dice que, cuando era niña, conoció a un anciano que le enseñó una de las más importantes lecciones que aprendió en la vida. Vicki Baum se cayó; se hizo heridas en las rodillas y se lastimó una muñeca. El viejo la recogió; había sido un payaso de circo y, mientras limpiaba a la niña, dijo: "La razón de que te hayas hecho daño es que no sabes descansar. Tienes que parecerte a un calcetín; ser tan blanda y flexible como un calcetín viejo. Ven, te enseñaré cómo se hace".

Y aquel anciano enseñó a Vicki Baum y a los otros niños cómo se caía y cómo se daban saltos mortales. Y siempre insistía: "Pensad que sois un calcetín viejo. Y, para esto, hay que *descansar*".

Cabe descansar a ratos perdidos, cualquiera que sea el lugar donde uno se encuentre. Pero no hay que hacer esfuerzos para descansar. *El descanso es la ausencia de toda tensión y de todo esfuerzo.* Hay que pensar en descansar. Comencemos pensando en el descanso de los músculos de nuestros ojos y nuestra cara, diciendo una y otra vez: "Dejad esto... Dejadlo... Dejadlo y descansad". Hay que sentir cómo la energía huye de nuestros músculos faciales para refugiarse en el centro del cuerpo. Piense que está tan libre de tensiones como una criatura.

Esto es lo que solía hacer la Galli-Curci, la gran soprano. Helen Jepson me dijo que solía ver a la Galli-Curci antes de una representación sentada en una butaca, con todos los músculos relajados y con su mandíbula inferior tan caída que, en realidad, se hundía. Es una práctica excelente: esto impedía a la cantante ponerse nerviosa antes de entrar en escena; esto impedía el cansancio.

He aquí cinco indicaciones que le ayudarán a aprender cómo se descansa:

1. Descanse a ratos perdidos. Deje su cuerpo tan blando como un viejo calcetín. Yo tengo en mi mesa mientras trabajo un viejo calcetín de color castaño, como recuerdo de lo blando que debería estar. Si no tiene un calcetín, puede utilizar al gato. ¿Ha tomado usted en sus manos a un gatito que estuviera tomando el sol? Los dos extremos de su cuerpo se comban como un periódico mojado. Hasta los yoguis de la India dicen que, si se quiere ser maestro en el arte del descanso, hay que observar al gato. Yo nunca he visto un gato cansado, un gato con desarreglos nerviosos o un gato que sufra de insomnio, preocupación o úlceras de estómago.

2. Trabaje, en la medida de lo posible, en posiciones cómodas. Recuerde que las tensiones del cuerpo, producen dolores en hombros y espalda y fatiga nerviosa.

3. Obsérvese cuatro o cinco veces por día y dígase: "¿Estoy haciendo mi trabajo más duro de lo que realmente es? ¿Estoy utilizando músculos que nada tienen que ver con el trabajo que estoy haciendo?". Esto le ayudará a formarse el hábito del descanso y, como dice el Dr. David Harold Fink, "entre los que mejor conocen la psicología, los hábitos están en la proporción de dos a uno".

4. Examínese usted de nuevo al final de la jornada, preguntándose: "¿Hasta qué punto estoy cansado? Si estoy cansado no es a causa del trabajo mental que he realizado, sino a causa del modo en que lo he realizado". Daniel W. Josselyn dice: "Mido mis realizaciones, no por lo cansado que estoy al final de la jornada, sino por la medida en que no estoy cansado. Cuando me siento particularmente cansado al final de la jornada o con una irritabilidad que demuestra que mis nervios están cansados, sé de modo indubitable que ha sido un día ineficiente tanto en cantidad como en calidad". Si todos los ejecutivos aprendieran esta misma lección, nuestro promedio de fallecimientos por enfermedades de "hipertensión" descendería de la noche a la mañana. Y dejaríamos de llenar nuestros sanatorios y manicomios con personas deshechas por la fatiga y la preocupación.

25

CÓMO EVITAR LA FATIGA...
Y MANTENERSE JOVEN

Un día del otoño último mi ayudante voló a Boston para asistir a una sesión de una de las clases médicas más extraordinarias del mundo. ¿Médicas? Bien, sí. Esta clase se celebra una vez a la semana en el Dispensario de Boston y los pacientes que asisten a ella son sometidos a exámenes regulares y completos antes de ser admitidos. Pero, en realidad, esta clase es una clínica psicológica. Aunque su denominación oficial es Clase de Psicología Aplicada —anteriormente era Clase de Regulación del Pensamiento, nombre propuesto por el primer miembro—, la verdadera finalidad de la institución es tratar a las personas *enfermas de preocupación*. Y muchos de estos pacientes son amas de casa emocionalmente perturbadas.

¿Cómo se inició esta clase para enfermos de preocupación? Bien, en 1930, el Dr. Joseph H. Pratt —quien, por cierto, había sido discípulo de Sir William Osler— observó que muchos de los pacientes externos que acudían al Dispensario de Boston no tenían aparentemente ninguna afección física y, sin embargo, presentaban prácticamente todos los síntomas que la carne hereda. Las manos de una mujer estaban tan agarrotadas por la "artritis" que ya no servían para el menor trabajo. Otra mujer ofrecía todos los espantosos síntomas de un "cáncer de estómago". Otras más tenían dolores de espalda, jaquecas, cansancio crónico o vagas molestias y afecciones. Sentían realmente todas estas cosas. Pero los exámenes médicos más completos revelaban que estas mujeres estaban perfectamente en sentido físico. Muchos médicos a la antigua hubieran dicho que todo era imaginación, "fantasía".

Pero el Dr. Pratt comprendió que era inútil decir a las pacientes que "se fueran a casa y olvidaran todo aquello". Sabía que la mayoría de aquellas mujeres no querían estar enfermas; si les hubiera sido fácil olvidarse de sus afecciones, lo habrían hecho sin necesidad de nadie. Entonces ¿qué cabía hacer?

Abrió esta clase en medio de las dudas de los médicos que lo rodeaban. ¡Y la clase ha obrado maravillas! En los dieciocho años transcurridos desde su inauguración son miles los pacientes que han sido "curados" asistiendo a ella. Algunos de los pacientes han acudido durante años, con la misma religiosidad con que se va a la iglesia. Mi ayudante habló con una mujer que apenas había faltado a una sesión en nueve años. Esta mujer dijo que la primera vez que fue a la clínica estaba completamente convencida de que tenía un riñón flotante y alguna afección al corazón. Estaba tan preocupada y tensa que perdía a veces la vista y tenía accesos de ceguera. Sin embargo, hoy se muestra confiada, animosa y en excelente salud. Parecía no tener más de cuarenta años y tenía dormido en sus brazos a uno de sus nietos. Habló así: "Solía preocuparme mucho por las cuestiones familiares. En ocasiones deseaba morirme. Pero aprendí en esta clínica lo inútil que es preocuparse. Aprendí a acabar con eso. Y puedo decir honradamente que ahora mi vida es serena".

La Dra. Rose Hilferding, asesora médica de la clase, dijo que creía que el modo mejor de aliviar la preocupación era "hablar de nuestros problemas con alguien en quien tengamos confianza". Seguidamente manifestó: "Llamamos a esto catarsis. Cuando los pacientes llegan aquí, pueden exponer sus problemas con todo detalle, hasta que consiguen expulsarlos de sus espíritus. Rumiar las preocupaciones y guardarlas para sí es algo que causa una gran tensión nerviosa. Tenemos que compartir nuestras preocupaciones. Tenemos que dar participación en nuestros problemas. Es preciso tener la sensación de que hay alguien en el mundo que desea escuchar capaz de comprender".

Mi ayudante presenció el gran alivio que obtuvo una mujer exponiendo sus preocupaciones. Tenía preocupaciones domésticas y, cuando comenzó a hablar, parecía que iba a estallar. Después, gradualmente, a medida que hablaba, se fue calmando. Al final de la entrevista estaba sonriente. ¿Había sido resuelto su problema? No, no era tan fácil. Lo que causó el cambio fue *hablar a alguien,* obtener un consejo y un poco de simpatía humana. Lo que produjo el cambio es el tremendo valor curativo que existe en las *palabras.*

El psicoanálisis está basado, en cierta medida, en el poder curativo de las palabras. Desde los días de Freud los psicoanalistas han sabido que un paciente puede encontrar alivio de sus ansiedades internas si se lo pone en condiciones de hablar, simplemente hablar. ¿Por qué es así? Tal vez porque, al hablar, obtenemos una mejor percepción de nuestros problemas, una mejor perspectiva. Nadie conoce la respuesta completa. Pero todos sabemos que "desembuchándolo", "sacándolo de nuestro pecho", se obtiene un alivio casi inmediato.

Si es así, ¿por qué la próxima vez que tengamos un problema emocional no buscamos a alguien con quien hablar del asunto? No quiero decir, desde luego, que debemos convertirnos en una plaga acudiendo con lamentos y quejas al primero que tengamos a nuestro alcance. Decidamos qué persona merece nuestra confianza absoluta y pidámosle una entrevista. Puede ser un pariente, un médico, un abogado, un funcionario o un sacerdote. Después digamos a esta persona: "Quiero su consejo. Tengo un problema y quisiera que usted lo escuchara mientras lo expongo en palabras. Quizás usted pueda aconsejarme. Quizá posea usted puntos de vista que yo no pueda alcanzar. Pero aunque no sea así, usted me ayudará mucho con sólo sentarse y escucharme".

Exponer las cosas es, pues, una de las principales terapias utilizadas en la clase del Dispensario de Boston. Pero he aquí algunas otras ideas que recogí en la misma clase; son cosas que usted puede hacer en su hogar.

1. *Lleve un cuaderno de notas o recortes con lecturas que "inspiren".* En este cuaderno usted puede incluir todos los poemas, oraciones breves o citas que le atraigan personalmente y le den ánimo. Después, cuando una tarde lluviosa le cause una depresión profunda, tal vez encuentre en el cuaderno la receta para disipar la tristeza. Son muchos los pacientes del dispensario que han llevado cuadernos así durante años. Dicen que ha sido acicate espiritual para ellos.

2. *No se fije excesivamente en las deficiencias de otros.* Una mujer de la clase que se estaba convirtiendo en una esposa ceñuda, regañona y de rostro demacrado, debió responder a la pregunta: "¿Qué haría usted si su marido muriese?". Quedó tan escandalizada ante la idea, que inmediatamente se sentó y comenzó a exponer las buenas cualidades de su marido. La lista fue muy larga. ¿Por qué no hace usted lo mismo la próxima vez que sienta que se ha casado con un feroz tirano? Tal vez acabe convencida, después de enumerar tantas virtudes, de que su marido es hombre de mérito.

3. *Tome interés en los demás.* Desarrolle un interés cordial y sano por las personas que comparten su vida. A una paciente que se sentía tan "especial" que no tenía ningún amigo se le dijo que escribiera un relato acerca de la primera persona que encontrara. La buena señora comenzó, en el ómnibus, a preguntarse a qué clase de ambientes pertenecerían las personas que veía. Trató de imaginarse cómo era la vida de todas aquellas personas. Lo cierto es que se vio en seguida hablando con toda clase de gentes y que ahora es una mujer feliz, activa y abierta, curada de todos sus "dolores".

4. *Haga un plan para el trabajo de mañana antes de acostarse esta noche.* La clase encontró que muchas personas están agobiadas y aturdidas por los innumerables quehaceres y cosas que han de realizar. Nunca consiguen poner término a sus tareas. Se ven acosadas por el reloj. Para curar esta sensación de

prisa y preocupación se propuso que se trazara cada noche un plan para el día siguiente. ¿Qué sucedió? Más trabajo realizado, menos fatiga, una sensación de orgullo y realización y tiempo sobrante para descansar y divertirse.

5. *Finalmente, evite la tensión y la fatiga. ¡Descanse! ¡Descanse!* Nada aumentará tanto sus años como la tensión y la fatiga. Nada causará estragos en la frescura de su tez y en su aspecto. Mi ayudante permaneció una hora en la Clase de Regulación del Pensamiento, en Boston, mientras el director, el profesor Paul E. Johnson, exponía muchos de los principios que hemos estudiado en el capítulo anterior sobre las normas del descanso. Al cabo de diez minutos de ejercicios de reposo, mi ayudante, del mismo modo que los demás, estaba casi dormida, muy derecha en su silla. ¿Por qué se insiste tanto en el descanso físico? Porque la clínica sabe, como los demás médicos, que, para librar a una persona de sus preocupaciones, es preciso hacerle descansar.

¡Sí, usted debe descansar! Aunque parezca extraño, el duro piso es mejor para relajarse que un muelle colchón. Proporciona más resistencia. Es bueno para la columna vertebral.

Y bien: he aquí algunos ejercicios que puede hacer en su casa. Pruébelos durante una semana y vea el efecto de ellos en su aspecto y su estado de ánimo.

a. Tiéndase en el piso siempre que se sienta cansado. Estírese todo lo que pueda. Ruede sobre sí mismo si lo desea. Haga esto dos veces al día.

b. Cierre los ojos. Trate de decir, como el profesor Johnson recomienda, algo parecido a esto: "El sol brilla allí arriba. El cielo está azul y esplendoroso. La naturaleza está en calma e impera en el mundo, y yo, como hijo de la naturaleza, estoy a tono con el Universo". O todavía mejor, rece...

c. Si usted no puede tenderse, porque el asado está en el horno y no tiene tiempo, puede obtener casi los mismos efectos sentándose en una silla. Una silla dura y derecha es lo mejor para descansar. Siéntese muy tieso, como una estatua egipcia, y deje que las manos descansen, palmas abajo, en lo alto de sus muslos.

d. Ahora, lentamente, ponga tensos los dedos de los pies y seguidamente aflójelos. Ponga tensos los músculos de las piernas y seguidamente aflójelos. Haga esto lentamente hacia arriba con todos los músculos del cuerpo, hasta llegar al cuello. Después haga que la cabeza gire pesadamente, como si fuera una pelota de fútbol. Y diga en todo momento a sus músculos, como en el capítulo anterior: "Vamos, aflójense... aflójense...".

e. Calme sus nervios con una respiración lenta y profunda. Respire desde lo más hondo. Los yoguis de la India tenían razón: la respiración rítmica es uno de los mejores métodos que se hayan ideado para calmar los nervios.

f. Piense en las arrugas y pliegues de su cara y elimínelos. Afloje ese ceño de preocupación que siente entre las cejas y los pliegues de las comisuras de los labios. Haga esto dos veces al día y tal vez no necesite ir a un consultorio de belleza para que le den un masaje. Tal vez desaparezca todo eso de dentro afuera.

26

CUATRO BUENOS HÁBITOS DE TRABAJO QUE LE AYUDARÁN A EVITAR LA FATIGA Y LA PREOCUPACIÓN

Buen Hábito de Trabajo N° 1:
Despeje su mesa de todo papel que no se refiera al problema inmediato que tiene entre manos.

Roland L. Williams, presidente del Chicago and Northwestern Railway, dice: "Una persona con su mesa llena de papeles sobre diversos asuntos verá que su trabajo es mucho más fácil y preciso si despeja esa mesa de cuanto no se refiera al problema inmediato que tiene entre manos. Llamo a esto buena administración y es el primer paso hacia la eficacia".

Si usted visita la Biblioteca del Congreso en Washington, D. C., verá cinco palabras dibujadas en el techo; son cinco palabras escritas por el poeta Pope:

Order is Heaven's first law ("El orden es la primera ley del Cielo").

El orden debería ser también la primera ley de los negocios. Pero ¿lo es? No. La mesa de trabajo del ejecutivo está atestada de papeles que no se han mirado desde hace semanas. El editor de un diario de Nueva Orleans me dijo en una ocasión que su secretaria despejó una de sus mesas y encontró una máquina de escribir que faltaba desde hacía dos años.

El mero espectáculo de una mesa atestada de correspondencia no contestada, informes y escritos diversos es suficiente para provocar la confusión, la tensión y las preocupaciones. Y es algo mucho peor que esto. El constante recuerdo de "un millón de cosas que hay que hacer y de la falta de tiempo para hacerlas" puede provocar, no solamente tensión y fatiga, sino también alta presión sanguínea, desarreglos cardíacos y úlceras de estómago.

El Dr. John H. Stokes, profesor de la Escuela de Medicina para Graduados de la Universidad de Pennsylvania, leyó un informe ante la Convención Nacional de la Asociación Médica Norteamericana que se titulaba *Neurosis funcionales como complicaciones de una enfermedad orgánica.* En este informe, el Dr. Stokes enumeró once condiciones bajo el título: *Qué hay que buscar en el estado de ánimo del paciente.* He aquí la primera partida de la vista:

"La sensación de deber u obligación; la interminable sucesión de cosas que tienen necesariamente que hacerse."

Pero, ¿cómo algo tan elemental como despejar la mesa y tomar decisiones puede ayudar a evitar esta alta presión, esta sensación de *debo hacerlo,* esta sensación de una "interminable sucesión de cosas que tienen necesariamente que hacerse"? El Dr. William L. Sadler, el famoso psiquiatra, habla de un paciente que, utilizando este sencillo procedimiento, evitó un derrumbe nervioso. El hombre era directivo de una importante firma de Chicago. Cuando llegó a la consulta del Dr. Sadler, estaba tenso, nervioso, preocupado. Sabía que iba derechamente a la pérdida de la salud, pero no podía abandonar el trabajo. Necesitaba ayuda.

El Dr. Sadler dice: "Mientras este hombre me contaba su historia, sonó el teléfono. Era una llamada del hospital. Y, en lugar de posponer el asunto, me tomé el tiempo necesario para llegar a una decisión. Yo siempre arreglo las cuestiones, en la medida de lo posible, en el acto. Apenas lo colgué, el teléfono volvió a sonar. Era otra vez un asunto urgente y me tomé de nuevo el tiempo necesario para estudiarlo. La tercera interrupción se produjo cuando un colega mío vino a la consulta para pedirme consejo en relación con un paciente que estaba muy enfermo. Cuando acabé con mi colega, me volví hacia el visitante y comencé a excusarme por hacerle esperar así. Pero mi visitante se había animado mucho. Tenía en su rostro una expresión completamente distinta".

—¡No necesita excusarse, doctor! —dijo este hombre a Sadler—. En estos diez minutos últimos creo que he adivinado lo que anda mal en mi persona. Voy a volver a mi oficina y a revisar mis hábitos de trabajo... Pero, antes de que me marche, ¿me permite usted que eche un vistazo a su mesa?

El Dr. Sadler abrió los cajones de su mesa. Estaban todos vacíos, si se exceptúan algunos útiles.

—Dígame —dijo el paciente—, ¿dónde guarda sus asuntos no terminados?

—Están terminados —dijo Sadler.

—Y ¿dónde guarda su correspondencia pendiente de contestación?

—Está contestada —le manifestó Sadler—. Mi norma es no dejar una carta que tenga que ser contestada sin contestar. Dicto la respuesta a mi secretaria inmediatamente.

Seis semanas después el mismo hombre de negocios invitó al Dr. Sadler a ir a su oficina. El hombre había cambiado y otro tanto sucedía con su mesa. Abrió los cajones para que se viera que allí no había ningún asunto pendiente.

—Hace seis semanas —dijo a Sadler— tenía tres mesas diferentes en dos oficinas distintas y estaba abrumado de trabajo. Nunca acababa. Después de hablar con usted volví aquí y despejé una carretada de informes y viejos papeles. Ahora trabajo en una sola mesa, arreglo los asuntos en cuanto se me presentan y no tengo una montaña de trabajo pendiente agobiándome, poniéndome en tensión y preocupándome. Pero lo más asombroso es que me he restablecido por completo. ¡Ya no observo la menor falla en mi salud!

Charles Evans Hughes, antiguo presidente de la Suprema Corte de los Estados Unidos, dijo: "Los hombres no mueren de exceso de trabajo. Mueren de disipación y de preocupación". Sí, de derrochar sus energías y de preocuparse porque nunca consiguen ponerse al día con su trabajo.

Buen Hábito de Trabajo N° 2:
Hacer las cosas según el orden de su importancia.

Henry L. Doherty, fundador de la Cities Service Company, una empresa de amplitud nacional, dijo que, con independencia de los salarios que pagaba, había dos capacidades que le resultaban casi imposibles de encontrar.

Estas dos capacidades sin precio son: primeramente la capacidad de pensar. En segundo lugar, la capacidad de hacer las cosas por el orden de su importancia.

Charles Luckman, el muchacho que, comenzando desde abajo, subió en doce años hasta la presidencia de la empresa dentífrica Pepsodent Company, obtuvo un salario de cien mil dólares anuales y además ganó un millón de dólares, declaró que debe buena parte de sus triunfos a haber desarrollado las dos capacidades que Henry L. Doherty entiende que son tan difíciles de encontrar. Charles Luckman manifestó: "Que yo recuerde, nunca me he levantado después de las cinco de la madrugada, porque creo que a esa hora puedo pensar mejor que a cualquier otra. Puedo pensar mejor y establecer mi plan para el día, el plan de hacer las cosas según el orden de su importancia".

Frank Bettger, uno de los vendedores de seguros más afortunados de Norteamérica, no esperaba a las cinco de la madrugada para establecer su plan. Lo establecía la noche anterior; se fijaba una meta, la de vender determinada cantidad de seguros durante el día. Si fracasaba, agregaba la cantidad que correspondía a la tarea del día siguiente, y así sucesivamente.

Sé por larga experiencia que no siempre cabe pensar en las cosas por el orden de su importancia, pero sé también que un plan —de una u otra clase— para hacer primero las cosas principales vale infinitamente más que improvisar en el camino.

Si George Bernard Shaw no se hubiese establecido como rígida norma hacer en primer lugar las cosas principales, es probable que hubiera fracasado como escritor y continuado toda su vida como cajero de banco. Su plan consistía en escribir cinco páginas diarias. Este plan y su firme determinación de cumplirlo lo salvaron. Este plan lo inspiró para escribir esas cinco páginas diarias durante nueve angustiosos años en que sólo obtuvo treinta dólares, es decir, apenas un centavo por día.

Buen Hábito de Trabajo N° 3:
Cuando tenga un problema, resuélvalo inmediatamente.
Si tiene los datos necesarios para tomar una decisión,
no vaya posponiendo las decisiones.

Uno de mis antiguos alumnos, el extinto H. P. Howell, me dijo que, cuando era miembro de la junta directiva de la empresa de acero U. S. Steel, las reuniones de este organismo trataban frecuentemente de asuntos muy demorados; se discutían muchos problemas, pero se tomaban pocas decisiones. El resultado era que cada directivo tenía que llevarse a su casa un montón de informes para estudiar.

Al fin, el señor Howell persuadió a la junta directiva de que abordara los problemas uno a uno y tomara una decisión. Nada de dejar los asuntos sobre la mesa, nada de demoras. La decisión podía consistir en pedir más información; podía consistir en hacer algo o no hacer nada. Pero siempre se tomaba una decisión sobre el problema antes de pasar al siguiente. El señor Howell me manifestó que los resultados fueron muy notables; el orden del día quedó muy despejado. Ya no era necesario que cada miembro del organismo se llevara a casa un montón de informes. Ya no existía esa sensación fastidiosa que causan los problemas pendientes.

Es una buena norma, no solamente para los miembros

de la junta directiva de la U. S. Steel, sino también para usted y para mí.

Buen Hábito de Trabajo N° 4:
Aprender a organizar, delegar y supervisar.

Muchas personas de negocios van a una muerte prematura porque nunca han aprendido a delegar la responsabilidad en otros e insisten hacerlo todo por sí mismos. Resultado: los detalles y la confusión los avasallan. Se sienten impulsados por una sensación de prisa, preocupación, ansiedad y tensión. Es duro aprender a delegar responsabilidades. Lo sé. Fue duro para mí, terriblemente duro. También sé por experiencia los desastres que pueden ocurrir por delegar la autoridad en quien no reúne condiciones.

Pero, por difícil que sea delegar la autoridad, el jefe debe hacerlo para evitar la preocupación, la tensión y la fatiga.

La persona que crea una gran empresa y no aprende a organizar, delegar y supervisar acaba generalmente con desarreglos cardíacos a los cincuenta años de edad o no bien cumple los sesenta. Son desarreglos causados por la tensión y las preocupaciones. ¿Quieren un ejemplo concreto? Fíjense en las noticias necrológicas del diario local.

27

CÓMO ELIMINAR EL ABURRIMIENTO QUE
CAUSA FATIGA, PREOCUPACIÓN
Y RESENTIMIENTO

Una de las principales causas de la fatiga es el aburrimiento. Como ejemplo, pongamos el caso de Alicia, una mecanógrafa. Alicia llegó a casa una noche completamente agotada. *Parecía* cansada. *Estaba* cansada. Tenía jaqueca. Le dolía la espalda. Estaba tan agotada que quería irse a la cama sin cenar. Su madre le suplicó... Se sentó a la mesa. En esto sonó el teléfono. ¡El amigo preferido! ¡Una invitación para un baile! Los ojos brillaron y el ánimo se levantó. La muchacha corrió arriba, se puso el vestido azul y bailó hasta las tres de la madrugada. Y, cuando llegó a casa, no sentía el menor cansancio. En realidad, estaba tan excitada que no podía dormirse.

¿Estaba Alicia verdaderamente cansada ocho horas antes, cuando parecía tan agotada? Cierto que sí. Estaba agotada porque estaba aburrida de su trabajo, tal vez aburrida de la vida. Hay millones de Alicias. Y usted puede ser una de ellas.

Es un hecho bien sabido que la actitud emocional tiene por lo general más que ver con la fatiga que el ejercicio físico. Hace unos cuantos años, Joseph E. Barmack, doctor en Filosofía, publicó en los *Archivos de Psicología (Archives of Psychology)* un informe sobre algunos de sus experimentos tendientes a demostrar cómo el aburrimiento produce cansancio. El Dr. Barmack sometió a un grupo de alumnos a una serie de pruebas en las que, según se había calculado, revelarían escaso interés. ¿Resultado? Los alumnos se sintieron cansados y amodorrados, se quejaron de jaqueca y tensión en los ojos y mostraron su irritación. ¿Era todo "imaginación"? No. Estos alumnos fueron sometidos después a pruebas de metabolismo. Estas pruebas mostraron que la presión sanguínea y el consumo de oxígeno disminuyen cuando una persona está aburrida y que todo el metabolismo se acelera en cuanto la misma persona revela interés y placer por su trabajo.

Raramente nos cansamos cuando estamos haciendo algo interesante y excitante. Por ejemplo, recientemente tomé unas vacaciones en los montes canadienses que rodean el lago Louise. Pasé varios días pescando truchas en el arroyo Corral, abriéndome paso entre matas más altas que mi cabeza, tropezando con troncos caídos... Sin embargo, ocho horas diarias de esta tarea no me cansaban. ¿Por qué? Porque estaba exaltado, encantado. Tenía la sensación de haber realizado una gran hazaña: había pescado seis magníficas truchas. Pero supongamos que la pesca me hubiera aburrido: ¿cómo me hubiera sentido entonces? Aquel durísimo trabajo a más de dos mil metros de altitud me hubiera agotado por completo.

Aun en actividades tan intensas como el montañismo, el tedio puede cansarnos mucho más que el duro trabajo que hay que realizar. Por ejemplo, el señor S. H. Kingman, presidente de una institución bancaria de Minneapolis, me contó un incidente que es una perfecta ilustración de este aserto. En julio de 1943 el gobierno canadiense pidió al Club Alpino del Canadá que proporcionara guías para adiestrar a los Cazadores del Príncipe de Gales en el escalamiento de montañas. El señor Kingman fue uno de los guías elegidos para adiestrar a estos soldados. Me contó cómo él y otros guías —hombres entre los cuarenta y dos y cincuenta y nueve años de edad— condujeron a los jóvenes combatientes por los glaciares y campos de nieve y a lo alto de un farallón de quince metros de altura, donde había que trepar con cuerdas y sin otros apoyos que insignificantes resaltos y agarraderos. Subieron al Pico Michael, al Pico Vicepresidente y a otras innominadas cumbres del Valle de Little Yoho, en las Montañas Rocosas canadienses. Después de quince horas de montañismo, estos jóvenes, que estaban en excelentes condiciones —acababan de terminar un curso de seis semanas en un duro adiestramiento de "comando"—, revelaban el más completo agotamiento.

¿Es que esta fatiga era causada por la utilización de músculos que no habían sido endurecidos en el adiestramiento de "comando"? Quien haya presenciado alguna vez este adiestramiento considerará ridícula la pregunta. No, estaban tan agotados porque les aburría aquel montañismo. El cansancio era tan grande que algunos se echaban a dormir sin esperar a comer. Pero los guías —hombres que duplicaban y triplicaban a los soldados en edad— ¿estaban cansados? Sí, pero no agotados. Los guías comían y continuaban levantados durante horas, en amena charla acerca de las experiencias del día. No estaban agotados porque estaban interesados.

Cuando el doctor Edward Thorndike, de Columbia, realizaba experimentos sobre la fatiga, hacía que varios jóvenes se mantuvieran despiertos durante casi una semana, manteniéndolos siempre interesados. Se dice que al cabo de una intensa investigación, Thorndike afirmó: "El aburrimiento es la única causa real de la disminución del trabajo".

Si es usted un trabajador mental, rara vez le cansará la cantidad de trabajo que realice. Puede cansarse por la cantidad de trabajo que *no* realice. Por ejemplo, recuerde el día de la última semana en que fue usted constantemente interrumpido. Las cartas quedaron sin contestar. Hubo que anular tales o cuales entrevistas. Surgieron dificultades en varios sitios. Todo anduvo mal. Usted no realizó nada y llegó a casa agotado y con la cabeza que parecía estallar.

Al día siguiente, todo marchó sobre ruedas en la oficina. Usted realizó cuarenta veces más cosas que el día anterior. Usted volvió a su casa tan fresco como una blanca gardenia. Usted ha tenido esta experiencia. Y yo también.

¿Qué lección se puede aprender aquí? Ésta: nuestra fatiga tiene frecuentemente por causa, no nuestro trabajo, sino la preocupación, la frustración y el resentimiento.

Mientras escribía este capítulo fui a ver una reposición de *Show Boat,* la deliciosa comedia musical de Jerome Kern. El capitán Andy, el comandante del *Cotton Blossom,* dice en uno de sus incisos filosóficos: "Personas con suerte son las que tienen que hacer las cosas que les gusta hacer". Estas personas tienen suerte porque tienen más energía, más alegría, menos preocupación y menos fatiga. Donde esté tu interés, allí estará también tu energía. Caminar diez cuadras con una esposa regañosa puede ser más cansador que caminar veinte kilómetros con una novia adorable.

Y ¿qué? ¿Qué cabe hacer con esto? Bien, he aquí lo que hizo con esto una mecanógrafa que trabajaba en una compañía petrolífera de Tulsa, Oklahoma. Tenía que realizar varios días por mes una de las tareas más aburridas que es posible imaginar: llenar formularios de arriendo, con inclusión de cifras y estadísticas. Era una tarea tan aburrida que la joven decidió, en propia defensa, hacerla interesante. ¿Cómo? Estableció una competencia diaria consigo misma. Contaba el número de formularios que había llenado por la mañana y trataba de superar la marca por la tarde. Contaba el total de cada día y trataba de superarlo al día siguiente. ¿Resultado? Pronto estuvo en condiciones de llenar más formularios que todas las demás mecanógrafas de la sección. Y ¿adónde la llevó esto? ¿A las alabanzas? No... ¿Al agradecimiento? No... ¿Al ascenso? No... ¿Al aumento de sueldo? No... Pero la ayudó a impedir la fatiga que provoca el aburrimiento. Le procuró un estimulante mental. Como había hecho todo lo posible para convertir en interesante una tarea aburrida, tenía más energía, más celo, y disfrutaba mucho más de sus horas de ocio. Sé que este relato es verídico, porque resulta que me casé con esta joven.

He aquí la historia de otra mecanógrafa que encontró que valía la pena actuar *como* si su trabajo fuera interesante. Solía luchar con su trabajo. Pero ya no lo hace. Se llama Vallie G. Golden y es de Elmhurst, Illinois. He aquí su relato, según me lo escribió:

"Hay cuatro mecanógrafas en mi oficina y cada una de

nosotras tiene que tomar las cartas de varios hombres. De cuando en cuando nos armamos un lío en esta tarea y, en una ocasión, cuando un subjefe de sección insistió en que debía rehacer una carta, me sublevé. Traté de convencerlo de que la carta podía ser corregida sin ser rehecha, pero él me replicó que, si no rehacía la carta, ya encontraría quien lo hiciera. Yo estaba fuera de mí. Pero, al comenzar a rehacer la carta, me dije que serían muchas las personas que disfrutarían con la oportunidad de hacer el trabajo que yo estaba haciendo. Me dije también que me pagaban un sueldo para hacer precisamente lo que estaba haciendo. Empecé a sentirme mejor. De pronto decidí hacer el trabajo como si verdaderamente disfrutara con él, a pesar de que lo despreciara. E hice así este importante descubrimiento: hacer el trabajo como si verdaderamente se disfrutara con él, permite cierto disfrute. También he averiguado que puedo trabajar más de prisa si disfruto con mi trabajo. Tal es la razón de que muy rara vez tenga ahora que trabajar fuera de las horas ordinarias. Esta nueva actitud mía me conquistó la reputación de buena trabajadora. Y, cuando uno de los jefes de sección necesitó una secretaria particular, me eligió a mí para el puesto, porque, según dijo, yo siempre estaba dispuesta a hacer sin gruñir cualquier trabajo extraordinario. Este asunto del poder de una nueva actitud mental ha sido para mí un gran descubrimiento. ¡Ha obrado maravillas!"

Vallie Golden utilizó la milagrosa filosofía "como si" del profesor Hans Vaihinger.

Actúe "como si" su trabajo le interesara y esta actuación tenderá a crearle un interés real. También tenderá a disminuir su fatiga, sus tensiones y sus preocupaciones.

Hace unos cuantos años Harlan A. Howard tomó una decisión que cambió su vida por completo. Decidió hacer interesante una tarea tediosa. Y su tarea era verdaderamente tediosa: lavar platos, fregar mostradores y eliminar todo rastro de los helados en la cantina de la escuela de segunda enseñanza, mientras los demás chicos jugaban al fútbol o bromeaban con las chicas. Harlan Howard desdeñaba su trabajo, pero, como tenía que hacerlo, decidió estudiar el helado: cómo se hacía, qué ingredientes se utilizaban, por qué unos helados eran mejores que otros. Estudió la química del helado y se convirtió en la lumbrera de la clase de química de la escuela. Se interesó tanto en la química de la alimentación que ingresó en el Colegio del Estado de Massachusetts y se destacó en el campo de la "tecnología alimentaria". Cuando la Bolsa de Cacao de Nueva York ofreció un premio de cien dólares para el mejor estudio sobre los usos del cacao y el chocolate —un premio al que podían aspirar todos los estudiantes universitarios—, ¿saben ustedes quien lo ganó? Han acertado. Fue Harlan Howard.

Cuando se vio en dificultades para encontrar trabajo, Harlan Howard abrió un laboratorio privado, en el sótano de su casa, en Amherst, Massachusetts. Poco después se aprobó una ley. Era obligatorio contar el número de bacterias de la leche. Harlan A. Howard estaba muy pronto contando las bacterias para catorce compañías lecheras de Amherst y tuvo que contratar a dos ayudantes.

¿Dónde estará dentro de veinticinco años Harlan A. Howard? Bien, los hombres que ahora dirigen el negocio de la química de la alimentación se habrán retirado o habrán fallecido para entonces y sus puestos serán ocupados por los jóvenes que ahora irradien iniciativa y entusiasmo. Dentro de veinticinco años Harlan A. Howard será probablemente una de las principales figuras de su profesión, mientras que algunos de sus compañeros de clase, a los que solía servir helados, estarán amargados, sin empleo, echando la culpa al gobierno y lamentándose de no haber tenido nunca una oportunidad. Cabe que Harlan A. Howard no hubiera tenido tampoco nunca una oportunidad, si no hubiese tomado la de hacer interesante una tarea aburrida.

Hace años hubo otro joven que se aburría con su trabajo de permanecer junto a un torno, produciendo pernos en una fábrica. Se llamaba Sam. Quería dejar su colocación, pero temía no encontrar otra. Como tenía que hacer este tedioso trabajo, Sam decidió hacerlo interesante. Disputó una carrera con el mecánico que operaba una máquina a su lado. Uno de ellos tenía que alisar superficies en su máquina y el otro tenía que dar a los pernos su diámetro exacto. Cambiaban de máquinas de cuando en cuando y verificaban quién conseguía fabricar más pernos. El capataz, impresionado por la rapidez y la precisión de Sam, pronto dio a éste un puesto mejor. Fue el comienzo de toda una serie de ascensos. Treinta años después, Sam —Samuel Vauclain— era presidente de la fábrica de locomotoras Baldwin. Pero pudo no haber pasado de mecánico en toda su vida, si no hubiese decidido hacer interesante su aburrido trabajo.

H. V. Kaltenborn —el famoso analista de noticias de radio— me explicó en una ocasión cómo hizo interesante una tarea tediosa. Cuando tenía veintidós años cruzó el Atlántico en un barco para ganado, como mozo al cuidado de los animales. Después de recorrer Inglaterra en bicicleta, llegó a París, hambriento y sin un centavo. Empeñó su máquina fotográfica por cinco dólares y, mediante un aviso que puso en la edición de París del diario *The New York Herald,* obtuvo un puesto de vendedor de aparatos estereoscópicos. Si usted ha cumplido ya los cuarenta años, recordará aquellos antiguos estereoscopios que poníamos ante nuestros ojos para contemplar dos imágenes exactamente iguales. Al mirar, sucedía un milagro. Las dos lentes del estereoscopio transformaban las dos imágenes en una sola con el efecto de una tercera dimensión. Veíamos la distancia. Obteníamos una asombrosa sensación de perspectiva.

Bien, como iba diciendo, Kaltenborn comenzó a vender estos aparatos de puerta en puerta en París. Y no sabía francés. Pero ganó quinientos dólares de comisiones aquel año y se convirtió en uno de los vendedores de Francia mejor pagados. H. V. Kaltenborn me dijo que esta experiencia desarrolló en él las cualidades que conducen al triunfo más que cualquier año de estudios en Harvard. ¿Confianza? Me afirmó que, después de aquella experiencia, se consideró capaz de vender las *Actas del Congreso Norteamericano* a las amas de casa francesas.

Esta experiencia le procuró también un íntimo conocimiento de la vida francesa, lo que sirvió después de mucho para interpretar ante el micrófono los acontecimientos europeos.

¿Cómo se las arregló para convertirse en un buen vendedor ignorando el francés? Bien, pidió a su patrón que le escribiera lo que tenía que decir en perfecto francés y se lo aprendió de memoria. Llamaba a una puerta y salía el ama de casa. Kaltenborn comenzaba a recitar de memoria con un acento tan espantoso que resultaba cómico. Mostraba al ama de casa las imágenes y, cuando se le hacía alguna pregunta, se limitaba a encogerse de hombros y a decir: "Un yanqui... Un yanqui...". Se quitaba el sombrero y enseñaba la copia en perfecto francés de lo que tenía que decir pegada en el forro. El ama de casa se echaba a reír, él también, y había así ocasión para enseñar más imágenes. Cuando H. V. Kaltenborn me contó todo esto, confesó que su trabajo había sido cualquier cosa menos fácil. Me dijo que sólo una cualidad le permitió seguir adelante: su determinación de hacer interesante el trabajo. Todas las mañanas, antes de salir de casa, se miraba al espejo y se decía unas cuantas palabras de ánimo: *"Kaltenborn, tienes que hacer esto si quieres comer. Y como tienes que hacerlo, ¿por qué no lo pasas bien mientras lo haces? ¿Por qué no te imaginas que cada vez que llamas a una puerta eres un actor ante las candilejas y hay un público que te está mirando? Al fin y al cabo, lo que estás haciendo es tan divertido como cualquier cosa de la escena. ¿Por qué no pones celo y entusiasmo en el asunto?"*

El señor Kaltenborn me dijo que estas charlas diarias ante el espejo lo ayudaron a transformar una tarea que había odiado y temido en una aventura que le agradaba y le resultaba muy provechosa.

Cuando pregunté al señor Kaltenborn si tenía algún consejo que dar a los jóvenes norteamericanos con deseos de triunfar, dijo: "Sí, lucha contigo mismo cada mañana. Hablamos mucho acerca de la importancia del ejercicio físico para despertarnos del medio sueño en que tantos nos desenvolvemos. Pero necesitamos todavía más algún ejercicio mental y espiritual que nos impulse cada mañana a la acción. Háblate a ti mismo con palabras de ánimo todos los días".

¿Es que hablarnos así es tonto, superficial, infantil? No; es, por el contrario, la misma esencia de una sólida psicología. "Nuestra vida es la obra de nuestros pensamientos." Estas palabras son tan ciertas hoy como hace dieciocho siglos, cuando fueron escritas por primera vez por Marco Aurelio en sus *Meditaciones:* "Nuestra vida es la obra de nuestros pensamientos".

Hablándose a sí mismo a todas horas, usted puede orientarse a tener pensamientos de coraje y felicidad, pensamientos de vigor y paz. Hablándose a sí mismo de las cosas que debe agradecer, puede usted llenar su espíritu de pensamientos que encumbran y cantan.

Al tener los pensamientos acertados, usted puede hacer cualquier tarea menos desagradable. Su patrón quiere que usted se interese en un trabajo porque quiere hacer más dinero. Pero olvidémonos de lo que el patrón quiere. Pensemos únicamente en lo que puede beneficiarnos el interés en nuestro trabajo. Recordemos que podemos duplicar la felicidad de nuestra vida, pues empleamos en el trabajo la mitad de nuestras horas de vigilia y, si no hallamos la felicidad en el trabajo, es posible que no la encontremos nunca en ninguna parte. Recordemos que, interesándonos en nuestra tarea, eliminaremos nuestras preocupaciones y, a la larga, obtendremos probables ascensos y aumentos de sueldo. Y, aunque esto no suceda, reduciremos nuestro cansancio a un mínimo y disfrutaremos más de nuestras horas de ocio.

28
CÓMO NO PREOCUPARSE POR EL INSOMNIO

¿Se preocupa usted cuando no puede dormir? Entonces tal vez le interese saber que Samuel Untermyer —el famoso abogado internacional— no disfrutó de una buena noche de sueño en toda su vida.

Cuando Sam Untermyer fue a la Universidad estaba preocupado por dos afecciones: el asma y el insomnio. No podía al parecer curarse de ninguna de ellas, por lo que decidió hacer lo más acertado en su situación: sacar ventajas de su permanente vigilia. En lugar de agitarse, dar vueltas y preocuparse hasta enloquecer, se levantaba y estudiaba. ¿Resultado? Comenzó a obtener honores en todas las clases y se convirtió en uno de los prodigios de la Universidad de la Ciudad de Nueva York.

Después de iniciar su práctica del derecho, los insomnios continuaron. Pero Untermyer no se preocupaba. Decía: "La naturaleza se hará cargo de mi persona". Y la naturaleza lo hizo. A pesar de lo poco que dormía, su salud se mantuvo en buen estado y pudo trabajar tanto como cualquiera de los jóvenes abogados neoyorquinos. Es decir: consiguió trabajar más, en realidad, pues trabajaba mientras los demás dormían.

A los veintiún años Sam Untermyer ganaba setenta y cinco mil dólares anuales. Había muchos jóvenes abogados que acudían a las salas de los tribunales para estudiar los métodos de este jurista insomne. En 1931 Sam Untermyer se hallaba en la mitad de su jornada de mayores honorarios que probablemente se hayan pagado jamás a abogado alguno: un millón de dólares en dinero contante y sonante.

Sin embargo, este hombre seguía con sus insomnios; leía hasta la medianoche y se levantaba a las cinco de la madrugada, hora en que empezaba a dictar cartas. Para cuando la mayoría de las gentes iniciaba sus tareas, Sam Untermyer se hallaba en la mitad de su jornada de trabajo. Este hombre que apenas tuvo una noche de sueño vivió hasta los ochenta y un años. Pero probablemente hubiera destrozado su vida si se hubiese preocupado por sus insomnios.

Pasamos durmiendo la tercera parte de nuestra vida y, sin embargo, nadie sabe en qué consiste verdaderamente el sueño. Sabemos que es un hábito y un estado de reposo durante el cual la naturaleza repara la deshilachada manga de nuestros cuidados, pero no sabemos cuántas horas de sueño reclama cada individuo. No sabemos siquiera si *necesitamos verdaderamente* dormir.

¿Fantástico? Bien, durante la Primera Guerra Mundial, Paul Kern, un soldado húngaro, recibió un tiro a través del lóbulo frontal de su cerebro. Sanó de la herida, pero ya no pudo dormir. Fue inútil cuanto hicieron los médicos —probaron toda clase de calmantes y narcóticos e incluso el hipnotismo—; Paul Kern no podía dormir ni siquiera amodorrarse.

Los médicos dijeron que no viviría mucho. Pero les dio un mentís. Consiguió una ocupación y vivió durante años con una salud excelente. Se acostaba, cerraba los ojos y descansaba, pero no dormía ni un minuto. Su caso fue un misterio médico que echó por tierra muchas de nuestras creencias sobre el sueño.

Algunas personas necesitan más sueño que otras. Toscanini sólo necesitaba cinco horas diarias, pero Calvin Coolidge necesitaba más del doble. Coolidge dormía once horas al día. En otros términos, Toscanini durmió aproximadamente la quinta parte de su vida, mientras que Calvin Coolidge durmió casi la mitad de la suya. Preocuparse por el insomnio le hará mucho más daño que el insomnio mismo. Por ejemplo, uno de mis alumnos, Ira Sandner, de Ridgefield Park, Nueva Jersey, llegó al límite del suicidio a causa del insomnio crónico.

Ira Sandner me dijo: "Llegué a creer que me volvía loco. En un principio, el fastidio era que resultaba *demasiado dormilón*. El despertador no me despertaba y llegaba tarde a mi trabajo. Me empecé a preocupar y, en realidad, mi patrón me previno que tendría que llegar a la hora. Sabía que, si continuaba llegando tarde, perdería mi puesto.

"Hablé del asunto con mis amigos y uno de ellos me dijo que concentrara mi atención en el despertador en el momento de acostarme. Fue esto lo que provocó el insomnio. El tic-tac de ese maldito despertador se convirtió en una obsesión. Me tenía despierto y agitado toda la noche. Cuando llegaba la mañana, casi estaba enfermo. Enfermo de cansancio y preocupación. Esto continuó durante ocho semanas. No puedo describir las torturas que sufrí. Estaba convencido de que me volvía loco. A veces paseaba por la habitación horas enteras y llegué a pensar en tirarme por la ventana y acabar con todo.

"Finalmente, visité a un médico a quien conocía de toda la vida. Y este médico me dijo: 'Ira, no puedo ayudarlo. Nadie puede ayudarlo, porque es usted quien ha creado eso en su interior. Váyase a la cama esta noche y, si no puede dormir, olvídese de todo eso. Dígase: "Me importa un comino que *no pueda* dormir. Nada me ha de pasar si permanezco despierto hasta mañana". Cierre los ojos y añada: "Mientras esté así tendido, sin moverme, sin preocuparme, descansaré, de todos modos"'.

"Hice esto y, en unas dos semanas, comencé a dormir. En menos de un mes llegué a dormir ocho horas y mis nervios volvieron a un estado normal."

No era el insomnio lo que estaba matando a Ira Sandner; era su preocupación por el insomnio.

El Dr. Nathaniel Kleitman, profesor de la Universidad de Chicago, ha efectuado más trabajos de investigación sobre el sueño que cualquier otro hombre viviente. Es el experto del mundo en materia de sueño. Declara que nunca ha visto a nadie morir de insomnio. Cierto que una persona puede preocuparse por su insomnio hasta el punto de disminuir su vitalidad y ser barrido por los gérmenes. Pero será la preocupación lo que haga daño, no el insomnio mismo.

El Dr. Kleitman dice también que las personas que se preocupan por el insomnio duermen por lo general mucho más de lo que creen. El hombre que jura que "no pudo cerrar los ojos en toda la noche" puede haber dormido horas sin darse cuenta. Por ejemplo, uno de los más grandes pensadores del siglo XIX, Herbert Spencer, era un solterón que vivía en una casa de huéspedes y aburría a todo el mundo hablando de su insomnio. Hasta se puso "tapones" en sus oídos para escapar al ruido y calmar sus nervios. En ocasiones pedía consejo para dormir. Una noche, él y el profesor Sayce, de Oxford, compartieron la misma habitación de hotel. A la mañana siguiente Spencer dijo que no había pegado los ojos en toda la noche. Pero, en realidad, era el profesor Sayce quien no había podido hacerlo. Había sido mantenido despierto durante toda la noche por ¡los retumbantes ronquidos de Spencer!

El primer requisito para pasar una buena noche de sueño es la sensación de seguridad. Necesitamos tener la impresión de que un poder superior cuidará de nosotros hasta la mañana. El Dr. Thomas Hyslop, del Great West Riding Asylum, recalcó este extremo en un discurso pronunciado ante la Asociación Médica Británica. Dijo: "Uno de los mejores agentes del sueño que mis años de práctica me han revelado es *la oración*. Digo esto puramente como médico. El ejercicio de la oración, en los que habitualmente lo practican, debe ser considerado como el más adecuado y normal de todos los pacificadores del espíritu y calmantes de los nervios.

"Dejadlo... Dejadlo en manos de Dios."

Jeannette Mac Donald me dijo que, cuando estaba deprimida y preocupada y no podía dormir, obtenía siempre una sensación de seguridad repitiendo el Salmo XXIII: "El Señor es mi pastor; no me veré en la privación. Me llevará a los verdes prados; me conducirá junto a las tranquilas aguas...".

Pero, si usted no es religioso y tiene que hacer las cosas por el camino áspero, aprenda a descansar por medio de

282

medidas físicas. El Dr. David Harold Fink en su *Liberación de una tensión nerviosa (Release from Nervous Tension)* dice que el mejor modo de hacer esto es *hablar* a nuestro cuerpo. Según el Dr. Fink, las palabras son la clave de toda clase de hipnotismo, y cuando no se puede dormir es que uno se ha creado su insomnio *hablándose* a sí mismo. El modo de deshacer esto es deshipnotizarse y cabe lograrlo diciendo a los músculos del cuerpo: "Vamos, vamos... Aflojaos y descansad". Sabemos ya que el espíritu y los nervios no pueden descansar mientras los músculos estén tensos; por tanto, si queremos dormir, tenemos que comenzar con los músculos. El Dr. Fink recomienda —y es algo que tiene resultado en la práctica— colocar una almohada bajo las rodillas, a fin de aflojar los músculos de las piernas, y otras dos pequeñas almohadas bajo los brazos por razón análoga. Después, diciendo a la mandíbula, los ojos, los brazos y las piernas que descansen, nos quedamos finalmente dormidos antes de darnos cuenta de nada. Lo he probado; es cosa que sé.

Una de las mejores curas de insomnio es la de cansarse físicamente trabajando en el jardín, nadando, jugando al tenis o fútbol o desarrollando simplemente un trabajo físico agotador. Esto es lo que hacía Theodore Dreiser. Cuando era un joven autor que trataba de abrirse camino, se preocupaba por el insomnio y buscó una ocupación de obrero manual en el Ferrocarril Central de Nueva York. Después de un día de trabajo de pico y pala, estaba tan agotado que apenas podía despertarse para comer.

Si nos cansamos lo suficiente, la naturaleza nos obligará a dormir aunque estemos caminando. Como ejemplo diré que, cuando yo tenía trece años de edad, mi padre envió una carretada de cerdos cebados a Saint Joe, Missouri. Como obtuvo dos pases para el tren, me llevó consigo. Hasta entonces nunca había estado en una localidad de más de cuatro mil almas. Cuando bajamos en Saint Joe —una ciudad de sesenta mil habitantes—, estaba excitadísimo. Vi rascacielos de seis pisos y —maravilla de maravillas— un tranvía. Puedo todavía cerrar los ojos y ver y oír a este vehículo. Después del día más emocionante de mi vida, mi padre y yo tomamos el tren de retorno a Ravenwood, Missouri. Llegamos al pueblo a las dos de la madrugada y tuvimos que andar seis kilómetros para llegar a nuestra granja. Y aquí está lo importante del relato: estaba tan agotado que dormía y soñaba mientras andábamos. He dormido frecuentemente montado a caballo. Y vivo para contarlo...

Cuando los hombres están completamente agotados duermen profundamente en medio del fragor, el horror y el peligro de la guerra. El Dr. Foster Kennedy, el famoso neurólogo, me dijo que, durante la retirada del Quinto Ejército británico en 1918, vio a soldados tan agotados que caían al suelo y se quedaban dormidos como si estuvieran en coma. No se despertaban ni cuando se les levantaban los párpados con los dedos. Y advirtió el Dr. Foster Kennedy que, invariablemente, las pupilas de los dormidos habían girado hacia arriba. Este neurólogo declara: "Después de esto, cuando duermo mal, practico este levantamiento de las pupilas y veo que, al cabo de unos cuantos segundos, comienzo a bostezar y a sentir sueño. Se trata de un reflejo automático sobre el que no tengo dominio".

Nadie se ha suicidado negándose a dormir y nadie lo hará nunca. La naturaleza obligará a la gente a dormir a pesar de todos los esfuerzos de la voluntad. La naturaleza nos dejará continuar sin alimento o sin agua mucho más tiempo que sin sueño.

El hablar de suicidios me recuerda el caso que describe el Dr. Henry C. Link en su libro *El reencuentro del hombre (The Rediscovery of Man)*. El Dr. Link es vicepresidente de The Psychological Corporation y trata con muchas personas preocupadas y deprimidas. En su estudio *Sobre el modo de vencer los miedos y preocupaciones* se refiere a un paciente que quería suicidarse. El Dr. Link, sabiendo que discutir empeoraría las cosas, dijo a este hombre: "Si va usted a suicidarse de cualquier manera, hágalo por lo menos al modo heroico. Corra alrededor de una manzana hasta caer muerto".

El hombre lo intentó, no una, sino varias veces. Y cada

vez se sintió algo mejor, si no de espíritu, por lo menos de músculos. A la tercera noche había logrado lo que el doctor Link buscaba en primer lugar: que estuviera tan físicamente cansado —y tan físicamente aliviado—, que durmiera como un leño. Posteriormente se incorporó a un club atlético y comenzó a participar en concursos deportivos. Pronto se sintió tan bien que quería vivir eternamente.

Por tanto, para no preocuparnos por el insomnio, he aquí cinco reglas:

1. *Si no puede usted dormir, haga lo que hizo Samuel Untermyer. Levántese y trabaje o lea hasta que sienta sueño.*

2. *Recuerde que nadie se ha muerto por falta de sueño. Preocuparse por el insomnio causa generalmente mucho más daño que el insomnio mismo.*

3. *Intente rezar o repita el Salmo XXIII, como hacía Jeannette Mac Donald.*

4. *Haga descansar su cuerpo.*

5. *Ejercicio. Cánsese físicamente hasta el punto de no poder permanecer despierto.*

En síntesis

Regla 1: Descanse antes de cansarse.

Regla 2: Aprenda a descansar en su trabajo.

Regla 3: Aprenda a descansar en el hogar.

Regla 4: Aplique estos cuatro buenos hábitos de trabajo:
a. Despeje su mesa de trabajo de todo papel que no se refiera al problema inmediato que tenga entre manos.
b. Haga las cosas por el orden de su importancia.
c. Cuando tenga un problema, resuélvalo en el acto, si posee los hechos necesarios para tomar una decisión.
d. Aprenda a organizar, delegar y supervisar.

Regla 5: Para impedir la fatiga y la preocupación, ponga entusiasmo en su trabajo.

Regla 6: Recuerde que nadie se murió por falta de sueño. Es la preocupación por el insomnio lo que hace el daño, no el insomnio.

OCTAVA PARTE

Cómo vencí
a la preocupación.
31 relatos verdaderos

TUVE A LA VEZ SEIS GRANDES
PREOCUPACIONES

por C. I. BLACKWOOD

Durante el verano de 1943 tuve la sensación de que la mitad de las preocupaciones del mundo descansaban sobre mis hombros. Mi vida había estado libre de cuidados durante más de cuarenta años, sin más preocupaciones que las normales de un marido, un padre y un hombre de negocios. Podía hacer frente a estas preocupaciones con facilidad, pero, en esto... ¡Bam! ¡Bam! ¡Bam! ¡BAM! ¡BAM! ¡BAM! Eran seis los grandes problemas que se me plantearon a la vez. Me agitaba y revolvía en la cama durante toda la noche, con temor de que llegara la luz del día, porque enfrentaba estas seis grandes preocupaciones:

1. Mi escuela comercial estaba al borde del desastre financiero porque todos los muchachos se iban a la guerra y casi todas las jóvenes —sin ningún adiestramiento— ganaban en las fábricas militares más dinero que el que hubieran podido obtener mis graduados con buen adiestramiento en oficinas de comercio.

2. Mi hijo había sido llamado a filas y me atormentaba la preocupación característica de todos los padres cuyos hijos estaban librando la guerra.

3. En la ciudad de Oklahoma habían empezado los trámites para expropiar una gran zona para construir un aeropuerto, y mi casa —que antes había sido de mi padre— estaba en el centro de esa zona. Sabía que sólo me pagarían un décimo de su valor y, lo cual era aun peor, que perdería mi hogar. A causa de la escasez de viviendas, me preocupaba la dificultad de encontrar otra casa para al-

bergar a los seis miembros de mi familia. Temía que acabáramos viviendo en una carpa. Y hasta me preocupaba pensando si podríamos comprar una carpa.

4. El pozo de agua de mi propiedad se había secado porque habían abierto un canal de drenaje cerca de mi casa. Cavar un nuevo pozo habría significado arrojar por la ventana quinientos dólares, ya que la tierra estaba condenada. Durante dos meses tuve que acarrear agua en baldes para mi ganado y temía que debía hacer lo mismo durante el resto de la guerra.

5. Vivía a más de cinco kilómetros de mi escuela comercial y tenía una tarjeta de racionamiento de combustible "clase B": eso significaba que no podría comprar nuevos neumáticos. Por eso me preocupaba pensando cómo ir a trabajar cuando los neumáticos extenuados de mi viejo Ford exhalaran el último suspiro.

6. Mi hija mayor había terminado sus estudios en la escuela secundaria un año antes de lo previsto. Soñaba con ingresar en la universidad y yo no tenía el dinero necesario para costear sus estudios. Sabía que eso le destrozaría el corazón.

Una tarde, sentado en mi despacho, entregado a mis preocupaciones, decidí escribir mis problemas, porque me parecía que nadie tenía más preocupaciones que yo. No me importaba luchar con los problemas que me daban la oportunidad de luchar, pero mis seis preocupaciones parecían estar más allá de mis fuerzas. No podía hacer nada para solucionarlas. De manera que archivé esa lista de mis problemas escrita a máquina y a medida que pasaron los meses me fui olvidando de que había escrito todo aquello. Un año y medio después, mientras revisaba mi archivo, encontré por casualidad la lista de los seis grandes problemas que habían amenazado mi salud. La leí con muchísimo interés y gran provecho.

Comprobé que no se había producido nada de lo que había temido.

He aquí lo que sucedió con todos los problemas:

1. Vi que todas mis preocupaciones acerca del posible cierre de mi escuela comercial habían sido inútiles, por-

que el Gobierno había subvencionado esas escuelas para que adiestraran a los veteranos. Y mi escuela pronto estuvo totalmente llena.

2. Vi que todas mis preocupaciones acerca de la situación de mi hijo llamado a filas habían sido inútiles, porque volvió de la guerra sin un rasguño.

3. Vi que todas mis preocupaciones acerca de una posible expropiación de mi finca para su transformación en aeropuerto habían sido inútiles, porque se había descubierto petróleo en las cercanías y el costo de establecer allí un aeropuerto resultaba prohibitivo.

4. Vi que todas mis preocupaciones acerca de la insuficiencia de agua para mi ganado, como resultado de determinadas obras de avenamiento, habían sido inútiles, porque, tan pronto como supe que mis tierras no serían expropiadas, gasté el dinero necesario para abrir un profundo pozo y encontré agua en abundancia.

5. Vi que todas mis preocupaciones acerca de la imposibilidad de obtener neumáticos para mi indispensable automóvil habían sido inútiles, porque, mediante parches y una conducción prudente, conseguí que los viejos neumáticos sobrevivieran.

6. Vi que todas mis preocupaciones acerca de la insuficiencia de mis ingresos para costear los estudios universitarios de mi hija habían sido inútiles, porque, sesenta días antes de inaugurarse el curso, se me ofreció, casi por milagro, un puesto de interventor de cuentas que podía desempeñar fuera de las horas de clase y esto me permitió enviar a mi hija a la Universidad en tiempo oportuno.

Frecuentemente había oído decir que el noventa y nueve por ciento de las cosas que nos preocupan y amargan la existencia no suceden nunca, pero esa verdad tan categóricamente expresada no ofreció ninguna significación para mí hasta que descubrí la relación que había escrito en aquella sombría tarde de hacía un año y medio.

Me alegra mucho ahora haber tenido que luchar en vano con aquellas seis terribles preocupaciones. Esta experiencia me ha enseñado una lección que jamás olvidaré. Me ha enseñado qué estúpido e insensato es preocuparse por acontecimientos que no han sucedido, por acontecimientos que están fuera de nuestro dominio y que tal vez no sucedan nunca.

Recuerde que hoy es el mañana que le preocupó ayer. Pregúntese: ¿Cómo puedo saber que esto que me preocupa ha de suceder necesariamente?

PUEDO CONVERTIRME EN UN MAGNÍFICO OPTIMISTA EN MENOS DE UNA HORA

por ROGER W. BABSON
Famoso economista

Cuando me veo deprimido a causa de mi situación actual, me es posible, en menos de una hora, librarme de la preocupación y convertirme en un magnífico optimista.

He aquí cómo lo consigo. Entro en mi biblioteca, cierro los ojos y me dirijo a ciertos estantes que sólo contienen libros de historia. Con mis ojos todavía cerrados tomo un libro, sin saber si se trata de la *Conquista de México* de Prescott o las *Vidas de los Doce Césares* de Suetonio. Sin abrir todavía los ojos abro el libro al azar. Después abro los ojos y leo durante una hora; cuanto más leo mejor comprendo que el mundo ha estado en una agonía permanente y que la civilización no ha dejado nunca de tambalearse. Las páginas de la historia están llenas de trágicos relatos de guerras, hambres, miserias, pestes y crueldades del hombre con el hombre. Después de leer historia durante una hora, me doy cuenta de que, si las condiciones son hoy malas, son, de todos modos, infinitamente mejores de lo que solían ser. Esto me permite contemplar y encarar mis problemas actuales en su justa perspectiva y comprender que el mundo, como conjunto, se hace cada vez mejor.

He aquí un método que merece todo un capítulo. ¡Lea historia! Trate de obtener un punto de vista de diez mil años y vea qué insignificantes son sus problemas en función de la eternidad.

CÓMO ME LIBRÉ DE UN COMPLEJO
DE INFERIORIDAD

por ELMER THOMAS
Ex senador norteamericano por Oklahoma

Cuando tenía quince años de edad me atormentaban constantemente las preocupaciones, los miedos y la falta de naturalidad. Era demasiado alto para mis años y delgado como un fideo. Medía un metro y ochenta y siete centímetros y pesaba únicamente cincuenta y cuatro kilos. A pesar de mi estatura, era débil y no podía nunca competir con los otros chicos en el béisbol y las carreras. Se burlaban de mí y me llamaban el "carilargo". Estaba tan preocupado y tenía tal conciencia de mi persona que temía encontrarme con la gente y rara vez lo hacía, porque mi granja estaba lejos del camino público y rodeada de árboles. Vivíamos a un kilómetro de la carretera y muchas veces transcurría una semana sin ver a nadie más que a mi padre, mi madre y mis hermanos.

Hubiera sido un fracaso en la vida, si me hubiese dejado vencer por mis preocupaciones y miedos. A todas horas rumiaba acerca de mi cuerpo desgarbado y débil. Apenas podía pensar en otra cosa. Resultaba casi imposible describir mi turbación y mi miedo. Mi madre se daba cuenta de mi estado de ánimo. Había sido maestra y, en una ocasión, me dijo: "Hijo mío, es necesario que te instruyas, porque tendrás que ganarte la vida con tu inteligencia y no con ese cuerpo que será para ti siempre una desventaja".

Como mis padres no podían enviarme a la Universidad, comprendí que tendría que abrirme camino por mi cuenta. Me dediqué un invierno a la caza de zarigüeyas, mofetas, visones y coatíes; vendí las pieles por cuatro dólares al llegar la primavera y compré seguidamente dos lechones. Cebé a los dos animales con desperdicios y maíz y los vendí al llegar el otoño por cuarenta dólares. Con el producto de la venta de los dos cerdos me fui al Colegio Normal Central, situado en Danville, Indiana. Pagaba un dólar y cuarenta centavos semanales por la comida y otros cincuenta centavos por la habitación. Llevaba una camisa de color castaño oscuro que me había hecho mi madre. (Evidentemente, mi madre optó por este color por ser muy sufrido.) Mi traje había pertenecido antes a mi padre. Las prendas de mi padre no me venían bien y otro tanto sucedía con los viejos botines que llevaba; eran esos botines con bandas elásticas a los lados que se estiraban cuando se tiraba de ellos. Pero la elasticidad se había agotado hacía tiempo y las botas me sobraban de tal modo que casi se me escapaban al caminar. Me turbaba relacionarme con los demás estudiantes, por lo que me quedaba en mi habitación y trabajaba. El mayor deseo de mi vida era comprarme ropas de confección que me sentaran bien, unas ropas de las que no tuviera que avergonzarme.

Poco después de esto ocurrieron cuatro cosas que me ayudaron a librarme de mis preocupaciones y de mi sensación de inferioridad. Uno de estos acontecimientos me dio valor, esperanza y confianza y cambió completamente el resto de mi vida. Describiré estos acontecimientos brevemente.

Primero: Después de asistir al colegio normal sólo ocho semanas pasé los exámenes y recibí un certificado de tercer grado para enseñar en las escuelas rurales. Este certificado sólo tenía validez por seis meses, pero era la prueba manifiesta de que se tenía confianza en mí; era la primera prueba de esta clase que me daba alguien, si se exceptúa a mi madre.

Segundo: Una junta escolar rural de una localidad llamada Feliz Vacío (Happy Hollow) me contrató para la enseñanza con el salario de dos dólares por día o cuarenta mensuales. Era una nueva prueba de que se tenía confianza en mí.

Tercero: Tan pronto como recibí mi primer cheque me compré unas ropas de confección, unas ropas que no me avergonzarían. Si alguien me diera ahora un millón de dólares, no me emocionaría tanto como este primer traje de confección que me costó una cantidad de dólares insignificante.

Cuarto: La verdadera crisis de mi vida, la primera gran victoria en mi lucha contra la turbación y la inferioridad, se produjo en la Feria del Condado de Putnam, que se celebraba anualmente en Bainbridge, Indiana. Mi madre me instó a que participara en un concurso de oratoria que iba a desarrollarse en la feria. Para mí, la sola idea resultaba fantástica. No tenía valor para hablar ante una sola persona y menos ante una multitud. Pero mi madre revelaba una fe casi patética. Tenía grandes sueños en relación con mi futuro. Estaba viviendo su propia vida en la de su hijo. Su fe me alentó y participé en el concurso. Elegí un tema que era el menos apropiado para mí: "Las bellas artes en Norteamérica". Francamente, cuando comencé a preparar mi discurso, no sabía en qué consistían las bellas artes, pero no importaba, porque mi auditorio tampoco lo sabía. Aprendí de memoria mi florido discurso y lo ensayé ante los árboles y las vacas un centenar de veces. Tenía tanto afán de quedar bien para satisfacción de mi madre que debí hablar con emoción. En todo caso, me concedieron el primer premio. Estaba asombrado de lo sucedido. La multitud me aplaudió. Los mismos muchachos que antes me habían ridiculizado y llamado carilargo me daban palmadas en la espalda y me decían: "Ya sabía que eres capaz de esto, Elmer". Mi madre me abrazó y lloró. Cuando vuelvo mi mirada hacia el pasado, comprendo que este triunfo cambió mi vida por completo. Los diarios locales publicaron artículos sobre mí en las primeras páginas y me anunciaron grandes triunfos. Ganar ese concurso me proyectó a la fama local, me dio prestigio y, lo que es mucho más importante, centuplicó la confianza en mí mismo. Ahora sé que si no hubiera ganado ese concurso, quizá nunca habría llegado a ser miembro del Senado de los Estados Unidos porque me hizo levantar la puntería, amplió mi horizonte y me hizo comprender que tenía una capacidad latente que nunca había discernido en mí mismo. Pero lo más importante de todo es que el primer premio de ese concurso de oratoria era una beca de un año para asistir al Central Normal College.

Ahora ansiaba instruirme más. Durante los años que siguieron, desde 1896 hasta 1900, distribuí mi tiempo entre la enseñanza y el estudio. Para pagar mis gastos en la Universidad De Pauw, fui mozo de restaurante, trabajé en hornos, corté el césped de jardines, llevé libros, trabajé en campos de trigo y maíz durante el verano, transporté grava para la construcción de una carretera pública.

En 1896, cuando tenía apenas diecinueve años, pronuncié veintiocho discursos instando a los ciudadanos a que votaran a William Jennings Bryan para la presidencia. El entusiasmo de hablar en favor de Bryan despertó en mí el deseo de intervenir yo mismo en política. Por eso, cuando ingresé a la Universidad De Pauw estudié derecho y oratoria. En 1899 representé a la universidad en un debate con el Colegio Butler que se realizó en Indianápolis sobre el tema: "Decisión en cuanto a que los senadores norteamericanos sean elegidos por voto popular". Gané otros concursos y llegué a ser jefe de redacción de la promoción 1900 del Anuario de la universidad, *El espejismo, y* del periódico universitario *El Palladium*.

Después de graduarme en De Pauw, seguí el consejo de Horace Greeley... pero no fui al oeste. Fui al sudeste. Fui a una nueva tierra: Oklahoma. Cuando se abrió una reservación para los indios kiowas, comanches y apaches, elevé un pedido de radicación y abrí un despacho de abogado en Lawton, Oklahoma. Presté servicios en el Senado de Oklahoma durante trece años, en la Cámara de Diputados durante cuatro años y a los cincuenta años de edad logré la ambición de toda mi vida: fui elegido para el Senado de Oklahoma. En ese carácter me he desempeñado desde el 4 de marzo de 1927. Y desde que Oklahoma y los Territorios Indios se convirtieron en el Estado de

Oklahoma, el 16 de noviembre de 1907, he sido honrado continuamente por los demócratas de mi estado de adopción con varios nombramientos: en primer término, para el Senado del Estado, después para el Congreso, y por último para el Senado de los Estados Unidos.

No he contado esta historia para jactarme de mis realizaciones, que no pueden interesar a nadie. La he contado con la esperanza de renovar el valor y la confianza de algún pobre muchacho que esté sufriendo ahora las preocupaciones, la timidez y la sensación de inferioridad que amargaron mi vida cuando llevaba las ropas desechadas por mi padre y los botines que casi se me escapaban de los pies cuando caminaba.

(Nota del editor: Es interesante saber que Elmer Thomas, que así se avergonzaba en su juventud de sus ropas, fue declarado después el hombre mejor vestido del Senado de los Estados Unidos.)

VIVÍ EN EL JARDÍN DE ALÁ

por R. V. C. BODLEY
Descendiente de Sir Thomas Bodley, fundador
de la Biblioteca Bodley de Oxford.
Autor de *Wind in the Sahara, The Messenger*
(Vientos en el Sahara, El mensajero)
y otros catorce volúmenes.

En 1918 volví la espalda al mundo que había conocido, me fui al noroeste de África y viví con los árabes en el Sahara, el Jardín de Alá. Viví allí siete años. Aprendí el idioma de los nómadas. Usaba sus ropas, comía sus alimentos y adopté su modo de vida, que ha cambiado muy poco en estos últimos veinte siglos. Me convertí en un dueño de ovejas y dormí en el suelo de las tiendas árabes. También hice un detenido estudio de la religión del país.

En realidad, escribí después un libro sobre Mahoma titulado *The Messenger (El mensajero)*.

Los siete años que pasé con los pastores nómadas fueron los más pacíficos y felices de mi vida.

Había tenido ya una experiencia rica y variada; había nacido de padres ingleses en París y había vivido en Francia durante nueve años. Después fui educado en Eton y el Real Colegio Militar de Sandhurst. Más tarde pasé seis años en la India como oficial del ejército británico; jugué al polo, cacé y exploré el Himalaya e hice también un poco de guerra. Combatí en la primera guerra mundial y, cuando cesó la lucha, fui enviado a la Conferencia de la Paz de París como agregado militar adjunto. Quedé escandalizado y decepcionado ante lo que vi allí. Durante los cuatro años de matanzas del frente occidental habíamos creído que estábamos luchando para salvar la civilización. Pero vi en la Conferencia de la Paz de París cómo los políticos egoístas establecían los cimientos de la segunda conflagración; cada país se apoderaba de lo que podía, se creaban antagonismos nacionales y se hacían revivir las intrigas de la diplomacia secreta.

Estaba asqueado de la guerra, asqueado del ejército y asqueado de la sociedad. Por primera vez en mi carrera pasaba las noches sin dormir, preocupándome por lo que iba a ser de mi vida. Lloyd George me invitó a entrar en la política. Estaba meditando si debía seguir el consejo cuando sucedió algo extraño, algo que decidió mi vida para los siete años siguientes. Todo vino de una conversación que duró menos de doscientos segundos, una conversación con "Ted" Lawrence, "Lawrence de Arabia", la figura más pintoresca y romántica que haya producido la Primera Guerra Mundial. Había vivido en el desierto con los árabes y me aconsejó que hiciera lo mismo. En un principio todo parecía fantástico.

Sin embargo, estaba decidido a dejar el ejército y tenía que hacer algo. Los elementos civiles no querían contratar a hombres como yo —ex oficiales de un ejército regular—, especialmente cuando el mercado de trabajo estaba atestado por millones de desocupados. Entonces, hice lo que Lawrence me indicó: me fui a vivir con los árabes. Me alegro de haberlo hecho. Me enseñaron cómo cabe librarse de la preocupación. Como todos los fieles mahometanos, son fatalistas. Creen que cada palabra escrita por Mahoma en el Corán es la divina revelación de Alá. Así, cuando el Corán dice: "Dios te creó y creó todos tus actos", lo aceptan literalmente. Tal es la razón de que tomen la vida con tanta calma y nunca se apresuren ni se malhumoren innecesariamente cuando las cosas se tuercen. Saben que lo ordenado ordenado está y que sólo Dios puede cambiar las cosas. Sin embargo, esto no significa que, ante una calamidad, se sienten y no hagan nada. Para ilustrarlo, les hablaré de una rugiente y ardorosa tempestad de siroco que soporté durante mi permanencia en el Sahara. Aquel gemir desesperado del viento duró tres días y tres noches. Era un viento tan fuerte que llevó arena del Sahara a cientos de kilómetros de distancia, a través de todo el Mediterráneo, hasta el valle del Ródano, en Francia. Era un viento tan cálido que me hacía el efecto de que me estuvieran abrasando el cabello. Tenía la boca y los pulmones resecos. Mis ojos ardían. Mis dientes estaban llenos de arena. Tenía la impresión de estar frente a un horno en una fábrica de vidrio. Estuve tan cerca de la locura como puede estarlo un hombre que consigue conservar el juicio. Pero los árabes no se quejaban. Se encogían de hombros y decían: *¡Mektoub!* ("Está escrito").

Pero, en cuanto pasó la tempestad, se lanzaron a la acción. Dieron muerte a todas las crías, porque sabían que, de todos modos, los animales no sobrevivirían. Sacrificando a los corderos sin pérdida de tiempo, esperaban salvar a las ovejas madres. Una vez hecho esto condujeron sus rebaños hacia el sur, en busca de agua. Todo se hizo con calma, sin preocupaciones, quejas o lamentos por las pérdidas sufridas. El jefe de la tribu dijo: "No está tan mal. Pudimos haberlo perdido todo. Pero alabado sea Dios porque nos ha dejado el cuarenta por ciento de nuestras ovejas, con lo que podemos empezar de nuevo".

Recuerdo otra ocasión en que andábamos por el desierto y estalló un neumático de nuestro vehículo. El conductor se había olvidado de reparar la cubierta en la rueda de auxilio. Perdí la calma, pregunté enfurecido a los árabes qué podíamos hacer. Los árabes me recordaron que agitarme no resolvería nada: sólo empeoraría las cosas. El neumático, reventado, dijeron, era la voluntad de Alá y no había nada que hacer. Reanudamos la marcha, a los tumbos, con una rueda sin cubierta. De pronto el vehículo jadeó y se detuvo. ¡Nos habíamos quedado sin combustible! El jefe se limitó a observar: ¡*Mektoub!* Y una vez más, en lugar de increpar al conductor porque no había cargado bastante combustible, todos permanecieron calmos y seguimos a pie hacia nuestro destino, cantando.

Los siete años que pasé con los árabes me convencieron de que los neuróticos, los dementes y los borrachos de América y Europa son el producto de vidas apresuradas y acosadas en nuestra llamada civilización.

Mientras viví en el Sahara no tuve preocupaciones. Pude ver allí, en el Jardín de Alá, la serena alegría y el bienestar físico que tantos de nosotros buscamos angustiados y con desesperación.

Muchas personas se burlan del fatalismo. Tal vez tengan razón. ¿Quién sabe? Pero todos nosotros debemos estar en condiciones de ver cómo nuestros destinos quedan determinados muchas veces por cosas ajenas a nosotros. Por ejemplo, si no hubiese hablado con Lawrence de Arabia tres minutos después del mediodía de un caluroso día de agosto de 1919, todos los años transcurridos desde entonces hubieran sido para mí completamente distintos. Cuando miro hacia el pasado, puedo ver cómo ha sido moldeado una y otra vez por hechos que escapaban a mi dominio. Los árabes llaman a esto *mektoub, kismet,* la voluntad de Alá. Llámenlo ustedes como quieran. Sólo sé que hoy —diecisiete años después de haber dejado el Sahara— todavía mantengo esa feliz resignación ante lo inevitable que aprendí de los árabes. Esta filosofía ha hecho para calmar mis nervios más de lo que hubieran podido hacer mil medicinas.

Cuando los vientos rugidores soplen sobre nuestras vidas —cosa que no podemos impedir—, sepamos también aceptar lo inevitable (véase Tercera Parte, capítulo 9). Y, en seguida, hinquémonos a la acción y recojamos los pedazos.

LOS CINCO MÉTODOS QUE YO EMPLEO PARA LIBRARSE DE LA PREOCUPACIÓN

por el profesor WILLIAM LYON PHELPS
(Tuve el privilegio de pasar una tarde con Billy Phelps, de Yale, poco antes de su muerte. Aquí están los cinco métodos que empleaba para librarse de la preocupación, según las notas que tomé durante la entrevista. *Dale Carnegie*.)

I. A los veinticuatro años, de pronto empecé a tener problemas con los ojos. Después de leer durante tres o cuatro minutos, sentía los ojos como llenos de agujas. Y aun cuando no leía, tenía los ojos tan sensibles que no podía mirar hacia una ventana. Consulté a los mejores oculistas de New Haven y Nueva York. Nada parecía ayudarme. Después de las cuatro de la tarde, me quedaba sentado en el rincón más oscuro del cuarto, esperando la hora de irme a la cama. Estaba aterrorizado. Temía que debía renunciar a mi carrera de profesor, irme al Oeste y conseguir trabajo como leñador. Entonces ocurrió algo extraño que revela los efectos milagrosos de la mente sobre los males físicos. En ese desdichado invierno, cuando tenía los ojos peor que nunca, acepté una invitación para hablar frente a un grupo de jóvenes recién ingresados en la universidad. La sala estaba iluminada por enormes lámparas de gas colgadas del techo. Las luces me hacían sufrir tanto que debía mantener los ojos inclinados hacia el suelo del estrado en que estaba instalado. Pero a lo largo de los treinta minutos de mi disertación, fui dejando de sentir el dolor y al fin pude mirar directamente hacia las luces sin siquiera pestañear. Después, cuando la reunión se disolvió, empecé de nuevo a sentir el dolor en los ojos.

Entonces pensé que si podía mantener la mente intensamente concentrada en algo, no ya durante treinta minutos, sino durante una semana, quizá me curaría. Pues sin duda era un caso de poder mental triunfante de una enfermedad corporal.

Después, cruzando el océano, tuve una experiencia similar. Padecía un ataque de lumbago tan fuerte que no podía caminar. No bien intentaba ponerme de pie el dolor era insoportable. En esa condición estaba cuando me invitaron a dar una conferencia a bordo. En cuanto empecé a hablar, desapareció de mi cuerpo el menor rastro de dolor y rigidez. Permanecí erguido, me moví con perfecta soltura y hablé durante una hora. Terminada la conferencia, caminé sin dificultad hacia mi camarote. Durante un momento pensé que estaba curado. Pero sólo era una cura temporaria. El lumbago reanudó su ataque.

Esas experiencias me demostraron la vital importancia de la actitud mental. Me enseñaron lo importante que es disfrutar de la vida mientras podamos. Por eso, ahora vivo cada día como si fuera el primero que he visto y el último que he de ver. Me entusiasma la diaria aventura de vivir, y nadie que esté entusiasmado se dejará asaltar por preocupaciones. Disfruto de mi tarea cotidiana como profesor. He escrito un libro titulado *The Excitement of Teaching (El estímulo de la enseñanza)*. Enseñar ha sido siempre para mí algo más que un arte o una ocupación. Es una pasión. Me encanta enseñar así como a un pintor le encanta pintar y a un cantante le encanta cantar. Antes de levantarme por la mañana, pienso con intenso placer en mi primer grupo de estudiantes. Siempre he pensado que el entusiasmo es uno de los principales motivos del triunfo en la vida.

II. He descubierto que puedo expulsar la preocupación de mi mente leyendo un libro absorbente. A los cincuenta y nueve años tuve una prolongada depresión nerviosa. Por entonces empecé a leer la monumental *Vida de Carlyle,* de David Alec Wilson. Influyó mucho sobre mi convalecencia porque la lectura me absorbió a tal punto que olvidé mi abatimiento.

III. En otra ocasión en que me sentía terriblemente deprimido, me obligué a estar físicamente activo casi en cada momento del día. Todas las mañanas jugaba seis o siete violentas partidas de tenis, después me daba un baño, almorzaba y jugaba dieciocho hoyos de golf todas las tardes. Los viernes por la noche bailaba hasta la una de la mañana. Tengo una fe absoluta en la actividad física. He descubierto que el sudor elimina la depresión y las preocupaciones del organismo.

IV. Hace mucho aprendí a evitar la insensatez de la prisa, el ajetreo, la tensión durante el trabajo. Siempre he procurado aplicar la filosofía de Wilbur Cross. Cuando era gobernador de Connecticut, Cross me dijo: "A veces, cuando tengo demasiadas cosas que hacer a la vez, me siento, me distiendo y fumo mi pipa durante una hora sin hacer otra cosa".

V. También he aprendido que la paciencia y el tiempo acaban resolviendo nuestros problemas. Cuando algo me preocupa, procuro ver en la perspectiva adecuada. Me digo: "Dentro de dos meses no me preocuparé por esto; ¿por qué preocuparme ahora? ¿Por qué no asumir ahora la misma actitud que dentro de dos meses?".

Para sintetizar, he aquí los cinco métodos empleados por el profesor Phelps para librarse de la preocupación:

I. Vivir con afán y entusiasmo: *"He vivido cada día como si fuera el primero que veía y el último que iba a ver".*

II. Leer un libro interesante: *"Cuando tenía una prolongada depresión nerviosa... comenzaba a leer un libro interesante... la Vida de Carlyle... y me absorbía tanto en la lectura que olvidaba mi mal humor".*

III. Practicar juegos: *"Cuando estaba muy deprimido, me forzaba a mantenerme físicamente activo todo el día".*

IV. Descansar durante el trabajo: *"Hace tiempo que aprendí a evitar la locura de las prisas y del trabajo bajo tensión".*

V. Tratar de ver los problemas en su verdadera perspectiva:

"Trato de analizar mis problemas a su propia luz. Me digo: Pasados dos meses, no me estaré preocupando por este feo asunto y, si es así, ¿por qué preocuparme ahora? ¿Por qué no adoptar ahora la misma actitud que tendré transcurridos dos meses?".

RESISTÍ AYER Y PUEDO RESISTIR HOY

por DOROTHY DIX

He estado en los abismos de la pobreza y la enfermedad. Cuando se me pregunta cómo soporto las pruebas que todos tenemos que pasar, contesto siempre: "Resistí ayer y puedo resistir hoy. Y no me consiento pensar en lo que *puede* suceder mañana".

He conocido la penuria, la lucha, la ansiedad, la desesperación. Siempre he tenido que trabajar más allá del límite de mis fuerzas. Cuando paso revista a mi vida, compruebo que es un campo de batalla cubierto por los despojos de mis sueños no realizados, de mis esperanzas frustradas, de mis ilusiones perdidas: una batalla que siempre he librado con desigualdad tremenda y que me ha dejado herida y prematuramente envejecida.

Pero no me tengo lástima: no derramo lágrimas por las penas pasadas ni siento envidia por las mujeres que no han conocido nada de lo que debí sobrellevar. Porque yo he vivido. Y ellas apenas existieron. He bebido la copa de la vida hasta las heces. Y las otras mujeres sólo han bebido las burbujas de la superficie. Sé cosas que ellas nunca sabrán. Veo cosas para las cuales ellas están ciegas. Únicamente las mujeres con ojos lavados por las lágrimas adquieren una amplia visión que las convierte en las hermanitas del mundo entero.

He aprendido en la gran Universidad del Sufrimiento una filosofía que ninguna mujer que haya tenido una vida fácil puede adquirir. He aprendido a vivir cada día según venga y a no añadir conflictos con el temor del mañana.

Es la sombría amenaza de esa imagen lo que nos hace cobardes. Expulso ese temor de mí, porque la experiencia me ha enseñado que cuando llegue el momento que tanto temo se me darán la fuerza y el buen juicio necesarios para hacerle frente. Los contratiempos ya no pueden afectarme. Cuando hemos visto que todo el edificio de la felicidad se desploma en ruinas en torno a nosotros, ya no nos importa que una sirvienta se olvide de poner las servilletas en la mesa o que el cocinero derrame la sopa.

He aprendido a no esperar demasiado de los demás y así puedo disfrutar con el amigo que no me es del todo fiel o con el simple conocido que murmura a mis espaldas. Y sobre todo he adquirido el sentido del humor, porque eran demasiadas las cosas ante las cuales no podía sino reír o llorar. Y cuando una mujer puede tomar a broma sus problemas en lugar de ponerse histérica, ya no hay nada que pueda hacerle mucho daño. No lamento las penurias que he sufrido, porque a través de ellas he vivido plenamente cada momento de mi vida. Y valía la pena el precio que he pagado.

Dorothy Dix superó las preocupaciones viviendo en "compartimientos estancos".

NO ESPERABA VIVIR HASTA EL AMANECER

por J. C. PENNEY

(El 14 de abril de 1902, un joven con quinientos dólares en el bolsillo y un millón de dólares en determinación abrió un almacén en Kemmerer, Wyoming, una aldea minera de mil habitantes en la senda de carromatos trazada por la Expedición Lewis y Clark. Este joven y su esposa vivían en el desván del almacén, utilizando una gran caja vacía como mesa y cajas menores como asientos. La esposa envolvía a su criatura en una manta y la hacía dormir bajo el mostrador; podía así ayudar a su marido en la atención de los clientes. Hoy, una de las mayores cadenas de almacenes generales de todo el mundo lleva el nombre de este hombre: los almacenes J. C. Penney. Hay más de mil seiscientos de ellos distribuidos por todos los Estados de la Unión. Recientemente cené con el señor Penney, quien me habló del momento más dramático de su vida.)

Hace años pasé por mi más dura experiencia. Estaba preocupado y desesperado. Mis preocupaciones no tenían relación alguna con la J. C. Penney Company. Este negocio era sólido y activísimo, pero yo, personalmente, había contraído algunas obligaciones poco juiciosas con anterioridad a la depresión de 1929. Como otros muchos, fui acusado de condiciones en las que no tenía responsabilidad. Estaba tan acosado por las preocupaciones que me era imposible dormir y contraje una enfermedad muy dolorosa llamada herpes zooster, que es una erupción cutánea. Consulte a un médico, un hombre que había sido mi condiscípulo en la escuela secundaria de Hamilton, Missouri: el doctor Elmer Eggleston, miembro del Kellog Sanitarium de Battle Creek, Michigan. El doctor Eggleston me ordenó guardar cama y me advirtió que estaba muy enfermo. Me prescribió un tratamiento muy severo. Pero no me sirvió de nada. Cada día me sentía más débil. Tenía los nervios y el cuerpo entero destruidos. Lleno de desesperación, no podía ver siquiera un rayo de esperanza. Ya no tenía nada por qué vivir. Me decía a mí mismo que no me quedaba un solo amigo en el mundo y que hasta mi familia se había puesto en contra de mí. Una noche el doctor Eggleston me dio un sedante pero el efecto duró muy poco y me desperté con la abrumadora sensación de que ésa era la última noche de mi vida. Me levanté y escribí cartas de despedida a mi esposa y a mi hijo diciéndoles que no esperaba vivir hasta el amanecer.

Cuando desperté a la mañana siguiente me sorprendí de encontrarme vivo. Al bajar por las escaleras oí que cantaban en una capillita donde todas las mañanas hacían ejercicios de devoción. Todavía recuerdo el himno que se cantaba: *Dios cuidará de ti.* Fui a la capilla y escuché con ánimo sombrío el canto, un comentario sobre las Escrituras y las oraciones. De pronto sucedió algo. No puedo explicarlo. Sólo puedo llamarlo un milagro. Sentí como si me sacaran bruscamente de las tinieblas de una prisión a la cálida y brillante luz del sol. Sentí como si me transportaran del infierno al paraíso. Sentí el poder de Dios como nunca lo había sentido antes. Comprendí entonces que sólo yo era responsable de mis zozobras. Comprendí que Dios estaba allí para ayudarme. Desde aquel día mi vida ha estado libre de preocupaciones. Tengo setenta y un años, y los veinte minutos más dramáticos y gloriosos de mi existencia fueron los que pasé aquella mañana en la capilla: "Dios cuidará de ti".

J. C. Penney aprendió a librarse de la preocupación de modo casi instantáneo, porque descubrió el remedio perfecto.

VOY AL GIMNASIO O DOY UN PASEO AL AIRE LIBRE

por el coronel EDDIE EAGAN
Magistrado de Nueva York, Rhodes Scholar, ex presidente de la Comisión de Atletas del estado de Nueva York, ex campeón mundial olímpico de pesos semipesados.

Cuando me encuentro preocupado y dando vueltas interminables a un asunto, como el camello que mueve la noria en Egipto, un buen ejercicio físico me ayuda a eliminar la depresión. Puede consistir este ejercicio en un largo paseo por el campo o media hora de boxeo con la bolsa en el gimnasio. En todo caso, el ejercicio físico me despeja el espíritu. Durante un fin de semana desarrollo mucha actividad física: corro en torno de la cancha de golf, o juego una partida de "pelota paleta", o hago ski en los Adirondacks. Cansarme físicamente me alivia de los problemas legales, de modo que cuando vuelvo a ellos siento fuerzas e ímpetus renovados.

Con mucha frecuencia encuentro oportunidad de pasar una hora en el gimnasio del Club Yale de Nueva York, donde trabajo. Nadie puede preocuparse mientras esté jugando al squash o esquiando. Son cosas que absorben demasiado como para preocuparse. Las inmensas cumbres mentales se convierten en montículos insignificantes que la acción y los nuevos pensamientos allanan rápidamente.

Creo que el mejor antídoto para la preocupación es el ejercicio. Use más sus músculos y menos su cerebro cuando esté preocupado y se asombrará de los resultados. En mí, el sistema funciona a las mil maravillas: la preocupación se va cuando el ejercicio comienza.

ERA "LA TRISTE FIGURA DEL COLEGIO TÉCNICO DE VIRGINIA"

por JIM BIRDSALL

Hace diecisiete años, cuando estaba en el colegio militar de Blacksburg, Virginia, se me llamaba "la triste figura de Virginia Tech". Estaba siempre tan preocupado que frecuentemente caía enfermo. Tenía siempre una cama reservada para mí en la enfermería del colegio. Cuando la enfermera me veía llegar, corría a ponerme una inyección. Me preocupaba por todo. A veces hasta me olvidaba de qué era lo que me preocupaba. Temía que me despidieran del colegio por mi insuficiencia. Había fracasado en mis exámenes de física y otras materias. Me preocupaba por mi salud, por mis ataques de indigestión aguda, por mis insomnios. Me preocupaba por cuestiones financieras. Me preocupaba por la imposibilidad de comprar a mi novia bombones o de llevarla al cine tantas veces como yo deseaba hacerlo. Temía que ella acabara casándose con otro de los cadetes. Estaba día y noche hundido en un mar de intangibles problemas.

Desesperado expuse mis angustias al profesor Duke Baird. Los quince minutos que pasé con el profesor Baird hicieron más por mi salud y mi felicidad que el resto de los cuatro años que pasé en el colegio. El profesor Baird me dijo: "Jim, serénese y encare los hechos. Si dedicara a resolver sus problemas la mitad del tiempo y la energía que dedica a preocuparse por ellos, no tendría preocupaciones. La preocupación no es más que un mal hábito que usted ha adquirido".

Me dio tres reglas para acabar con este mal hábito:

Regla 1. Determinar con precisión el problema que preocupa.
Regla 2. Averiguar la causa del problema.
Regla 3. Hacer inmediatamente algo constructivo para resolver el problema.

Después de esta entrevista hice algunos proyectos constructivos. En lugar de preocuparme por haber fracasado en física, me pregunté por qué había fracasado. Sabía que no era por torpeza, porque era redactor jefe del diario universitario *The Virginia Tech Engineer.*

Supuse que había fracasado en física porque el tema no me interesaba. No me había aplicado porque no veía en qué podía ayudarme aquello en relación con mi trabajo de ingeniero industrial. Pero, ahora, cambié de actitud. Me dije a mí mismo: "Si las autoridades del colegio exigen que apruebe el examen de física antes de darme un título, ¿quién soy yo para discutir lo que saben?".

Volví a matricularme en física. Y esta vez aprobé, porque, en lugar de perder mi tiempo en lamentarme y preocuparme por la dureza de la materia, estudié con diligencia.

Resolví mis problemas financieros haciéndome cargo de nuevas tareas, como la de vender refrescos en los bailes del colegio, y obteniendo un préstamo de mi padre, al que devolví el dinero poco después de graduarme.

Resolví mis preocupaciones amorosas pidiendo a la joven, que temía que se casara con otro cadete, que se casara conmigo. Esta joven es ahora la señora de Jim Birdsall.

Al recordar ahora todo aquello, comprendo que mi problema era la confusión, una tendencia a rehuir la averiguación de las causas de mi preocupación y de enfrentarlas después con un sentido realista.

Jim Birdsall aprendió a librarse de la preocupación porque ANALIZÓ sus problemas. En realidad, utilizó los mismos principios que se describen en el capítulo "Cómo analizar y resolver los problemas de preocupación".

HE VIVIDO DE ACUERDO CON UN VERSÍCULO

por el Dr. JOSEPH R. SIZOO
Presidente del Seminario Teológico de Nueva Brunswick,
New Jersey, el más antiguo de los Estados Unidos,
fundado en 1784.

Hace años, en un día de incertidumbre y desilusión, cuando toda mi vida parecía arrasada por fuerzas más allá de mi dominio, abrí casualmente por la mañana mi Nuevo Testamento y di con este versículo: "Quién me ha enviado está conmigo; el Padre no me abandonará". Mi vida ya no fue la misma desde entonces. Todo cambió definitivamente. Creo que no hay día en que no haya repetido esas palabras. A todos los que han acudido a mí en busca de consejo durante estos años, los he despedido con esta frase reconfortadora. Desde entonces he vivido de acuerdo con este versículo. He caminado con él y en él he encontrado paz y vigor. Para mí, es la esencia de la religión. Se encuentra en el fondo de roca de todas las cosas que hacen de la vida algo que vale la pena. Es el Texto Áureo de mi existencia.

TOQUÉ FONDO Y SOBREVIVÍ

por TED ERICKSEN

Hubo una época en que me devoraban las preocupaciones. Eso se acabó. Durante el verano de 1942 tuve una experiencia que borró las preocupaciones de mi vida... y espero que para siempre. Esa experiencia me hizo ver que, en comparación, cualquier otro problema era insignificante.

Hacía años que deseaba pasar un verano en un barco pesquero comercial en Alaska. Así fue como en 1942 me alisté en un pequeño barco destinado a la pesca de salmones que zarpaba de Kodiak, Alaska. En barcos de ese tamaño hay una tripulación de tres hombres: el capitán que hace las veces de supervisor, su asistente y un trabajador general que por lo común es escandinavo. Yo soy escandinavo.

Puesto que la pesca con salmoneras se hace de acuerdo con las mareas, yo solía trabajar durante veinte horas corridas. Llevé ese ritmo durante semanas. Hacía lo que ningún otro quería hacer. Lavaba el barco. Me ocupaba del aparejo. Cocinaba en un brasero a leña y en una cabina muy pequeña donde el calor y los gases del motor me enfermaban. Lavaba los platos. Reparaba el barco. Transportaba los salmones a una lancha que los llevaba a una fábrica de conservas. Tenía siempre los pies mojados en las botas de goma, llenas de agua: no tenía tiempo de vaciarlas. Pero todo eso era un juego comparado con el trabajo principal, que consistía en tirar de lo que se llama la "línea de corcho". Esta operación significa afirmar los pies en la popa del barco y tirar de las líneas para subir la red. Al menos eso es lo que se supone que debe hacer uno. Pero la red era tan pesada que por más que tirara de ella no se movía. Lo que en verdad ocurría era que al tratar de subir la red, empujaba el barco hacia ella. Lo empujaba con mis propias fuerzas, puesto que la red no se movía. Lo hice durante semanas inacabables. Y a decir verdad, eso casi acabó conmigo. Me dolía el cuerpo entero. Siguió doliéndome durante meses.

Cuando por fin tenía un momento para descansar, dormía echado en un jergón húmedo sobre el cajón de las provisiones. Ponía una de las protuberancias del jergón bajo la parte de mi espalda que más me dolía... y dormía como si me hubieran drogado. Estaba drogado por el agotamiento total.

Ahora me alegro de haber soportado tanto dolor y tanto agotamiento porque me ayudó a suprimir las preocupaciones. Cada vez que debo enfrentar un problema, en vez de preocuparme me digo a mí mismo: "Ericksen, ¿acaso esto es tan malo como tirar de la red?". Y Ericksen responde invariablemente: "¡No, nada podría ser tan malo!". Entonces me animo y encaro el problema con coraje. Creo que de cuando en cuando es útil sobrellevar una experiencia muy penosa. Es bueno saber que hemos tocado fondo y hemos sobrevivido. En comparación, vuelve muy simples nuestros problemas cotidianos.

EN UNA ÉPOCA HE SIDO EL MÁS TONTO DE LOS TONTOS

por PERCY H. WHITING
Autor de *The Five Great Rules of Selling*
(Las cinco grandes reglas para la venta)

He muerto más veces y de las enfermedades más diversas que cualquier hombre vivo, muerto o medio muerto.

No era un hipocondríaco común. Mi padre era dueño de una farmacia y yo prácticamente me crié en ella. Todos los días hablaba con médicos y enfermeras, de manera que llegué a conocer los nombres y síntomas de las peores enfermedades, desconocidas por la generalidad de los hombres. No era un hipocondríaco común... ¡Tenía síntomas! Durante una o dos horas pensaba en una enfermedad y al fin tenía casi todos los síntomas característicos. Recuerdo que una vez, en Great Barrington, Massachusetts (la ciudad donde vivía), se inició una epidemia de difteria bastante grave. En la farmacia de mi padre me lo pasaba vendiendo remedios a personas que acudían de casas con enfermos. De pronto el mal que tanto temía cayó sobre mí: contraje la difteria. Estaba seguro. Me metí en la cama y repasé todos los síntomas. Hice que llamaran a un médico. Me revisó y me dijo: "Sí, Percy, tienes difteria". Eso me alivió. Nunca me asustaba una enfermedad cuando la tenía, de manera que me volví de lado en la cama y me dormí. A la mañana siguiente estaba perfectamente sano.

Durante años me distinguí y atraje mucha atención —y no poca conmiseración— porque era un especialista en enfermedades insólitas y fantásticas: morí varias veces de tétano y de hidrofobia. Después empecé a padecer las enfermedades más frecuentes, haciendo hincapié en el cáncer y la tuberculosis.

Ahora me río de todo eso, pero era trágico en aquella época. Durante años creí con absoluta certeza que caminaba al borde de la tumba. Si me compraba un traje en la primavera, me preguntaba: "¿Vale la pena que gaste el dinero, si sé que lo más probable es que no llegue a usarlo?".

Pero me alegra registrar un progreso: durante los últimos diez años no he muerto una sola vez.

¿Cómo dejé de morir? Burlándome de mis absurdos fantaseos. Cada vez que aparecían los terribles síntomas, me reía de mí mismo y decía: "Vamos, Whiting, te has muerto de una enfermedad fatal tras otra durante veinte años, y sin embargo hoy gozas de perfecta salud. La compañía de seguros te ha renovado la póliza. ¿No ha llegado el momento, Whiting, de que te rías al pensar en lo tonto que eres?".

Y pronto descubrí que no podía preocuparme por mí mismo y reírme al mismo tiempo. De modo que a partir de entonces me he reído de mí mismo.

Lo importante es esto: no se tome demasiado en serio. Trate de reírse de alguna de sus preocupaciones más absurdas, y compruebe si reírse no acaba con ellas.

SIEMPRE HE PROCURADO MANTENER ABIERTA LA VÍA DE ABASTECIMIENTO

por GENE AUTRY
El cowboy cantante más famoso y querido en todo el mundo.

Supongo que la mayor parte de las preocupaciones se relacionan con la familia y el dinero. Yo tuve la fortuna de casarme con una muchacha de un pueblo de Oklahoma; nos unían muchas afinidades. Ambos procurábamos seguir la regla áurea, de modo que redujimos al mínimo los problemas familiares.

He logrado casi suprimir las preocupaciones financieras siguiendo una doble estrategia. En primer término, siempre he seguido una norma de integridad absoluta. Cuando pedía un préstamo, devolvía hasta el último centavo. Pocas cosas causan más preocupaciones que la deshonestidad.

En segundo término, cuando iniciaba un nuevo proyecto, siempre me aseguraba de contar con reservas. Los expertos militares dicen que el primer principio al librar una batalla es mantener abierta la vía de abastecimiento. Pienso que ese principio se aplica tanto a las batallas personales como a las militares. Por ejemplo, durante mi juventud en Texas y Oklahoma vi mucha pobreza cuando la zona estaba devastada por la sequía. Había períodos en que era muy duro ganarse la vida. Éramos tan pobres que mi padre solía atravesar el Oeste en un carromato con una recua de caballos y hacer intercambio de caballos para obtener algún dinero. Yo quería encontrar un trabajo menos azaroso. Encontré empleo en una estación de ferrocarril y aprendí telegrafía en mis ratos libres. Después trabajé como telegrafista suplente para Frisco Railway. Me enviaban aquí y allá para suplir a jefes de estación enfermos o de vacaciones, o que tenían exceso de trabajo. Así ganaba 150 dólares por mes. Después, cuando decidí ampliar mis perspectivas, siempre tuve presente que ese trabajo significaba la seguridad económica. Por eso siempre mantuve abierta la posibilidad de volver a esa ocupación. Era mi vía de abastecimiento y nunca la descarté hasta establecerme en una nueva y mejor posición.

Por ejemplo, en 1928, cuando trabajaba como telegrafista suplente para Frisco Railway en Chelsea, Oklahoma, llegó un desconocido que deseaba enviar un telegrama. Me oyó cantar y tocar la guitarra, y me dijo que era bueno... Me dijo que debía irme a Nueva York y probar fortuna en la radio o el teatro. Desde luego, me sentí halagado y cuando vi su firma en el telegrama quedé sin aliento: *Will Rogers.*

En vez de largarme de inmediato a Nueva York, pensé cuidadosamente en el asunto durante nueve meses. Por fin llegué a la conclusión de que si me iba a Nueva York y probaba fortuna en la vieja ciudad no tenía nada que perder y sí mucho que ganar. Tenía un pase de ferrocarril: podía viajar gratis. Podía dormir instalado en mi asiento, y llevarme frutas y sandwiches para las comidas.

Me fui, pues. Una vez llegado a Nueva York, dormí en un cuarto amueblado por cinco dólares semanales, fui al Automat para mis comidas y anduve por las calles durante diez semanas... sin llegar a ninguna parte. Me habría desesperado si no hubiese tenido un empleo al que podía volver. Ya hacía cinco años que trabajaba para el ferrocarril. Eso significaba que tenía ciertos derechos, pero para protegerlos no podía permanecer ausente más de noventa días. Hacía sesenta días que estaba en Nueva York, de manera que volví a Oklahoma utilizando mi pase y retomé mi trabajo para mantener abierta la vía de abastecimiento. Trabajé unos cuantos meses, ahorré dinero y volví a Nueva York para hacer otro intento. Esa vez se me dio una coyuntura feliz. Un día, mientras esperaba el momento de una entrevista en la oficina de un estudio de grabaciones, toqué la guitarra y canté una canción, *Jeannine, I Dream of Lilac Time,* para la recepcionista. Mientras cantaba entró en la oficina Nat Schildkraut, el autor de la canción. Desde luego, le agradó oír a alguien cantar su canción. Me escribió unas líneas de presentación y me envió a la Victor Recording Company. Grabé un disco. No era bueno: demasiado afectado, sin soltura. Entonces seguí el consejo del hombre de Victor Recording: volví a Tulsa. Trabajaba para el ferrocarril durante el día y por las noches cantaba canciones de cowboys para una emisora radial. Ese arreglo me venía bien. Me permitía mantener abierta la vía de abastecimiento, de modo que no tenía por qué preocuparme.

Canté durante nueve meses en la emisora radial KVOO, de Tulsa. Durante ese tiempo Jimmy Long y yo escribimos una canción titulada *That Silver-Haired Daddy of Mine*. Fue un acierto. Arthur Sattherly, que estaba al frente de la American Recording Company, me pidió que grabara un disco. Grabé otra serie de discos por cincuenta dólares cada uno y al fin obtuve un puesto como cantante de melodías de cowboys en la emisora WLS de Chicago. Sueldo: cuarenta dólares semanales. Al cabo de cuatro años me aumentaron el salario a noventa dólares semanales y ganaba otros trescientos dólares haciendo apariciones en vivo todas las noches en teatros.

Entonces, en 1934, se me dio una oportunidad que me abrió enormes posibilidades. Se formó una Liga de la Decencia para sanear las películas. Los productores de Hollywood resolvieron relanzar películas de cowboys. Pero querían una nueva imagen del cowboy: un cowboy que supiera cantar. El hombre que estaba al frente de la American Recording Company también era dueño de una parte de Republic Pictures. "Si quieren un cowboy cantante —dijo a sus socios—, sé de uno que graba discos para nosotros." Así fue como me inicié en el cinematógrafo. Empecé filmando películas como cowboy cantante por cien dólares semanales. Tenía serias dudas en cuanto a mi éxito en el cinematógrafo, pero no me preocupaba. Sabía que podía volver a mi antiguo empleo.

Mi éxito en el cine superó todas mis expectativas. Ahora gano cien mil dólares por año, más la mitad del producto de mis películas. Sin embargo, sé que esto no durará para siempre. Pero no me preocupo. Sé que en cualquier eventualidad, aun si pierdo hasta el último dólar que poseo, puedo volver a Oklahoma y encontrar empleo en Frisco Railway. He protegido mi vía de abastecimiento.

OÍ UNA VOZ EN LA INDIA

por E. STANLEY JONES
Uno de los oradores más dinámicos de Norteamérica y el
misionero más famoso de su generación.

He consagrado cuarenta años de mi vida a mi labor de
misionero en la India. Al principio me resultó difícil soportar el terrible calor y la tensión nerviosa de esa gran tarea
que se extendía frente a mí. Al cabo de ocho años, era
víctima de tal agotamiento nervioso que tuve varios colapsos. Me dieron una licencia de un año para pasarla en
Norteamérica. En el barco de regreso tuve otro colapso
mientras hablaba durante un servicio dominical a bordo.
El médico me obligó a guardar cama durante el resto del
viaje.

Tras un año de descanso en Norteamérica, inicié el regreso a la India, pero me detuve en el camino para organizar reuniones evangelistas entre los estudiantes universitarios de Manila. El esfuerzo de esas reuniones me oca-
sionó nuevos colapsos. Los médicos me advirtieron que si
regresaba a la India moriría. A pesar de esas adverten-
cias, continué el viaje, pero con una nube amenazadora
sobre mi cabeza. Cuando llegué a Bombay, estaba tan
agotado que me fui a las colinas y descansé durante varios meses. Después volví al llano para seguir mi labor.
Otro colapso me obligó a volver a las colinas para otro
largo descanso. Bajé nuevamente, sólo para sufrir una
recaída que me indicó que era incapaz de seguir con el
esfuerzo. Estaba mentalmente agotado, y mis nervios y mi
físico entero estaban deshechos. Ya no me quedaban fuerzas. Temía que sería una ruina física por el resto de mis
días.

Si no lograba alguna ayuda, debía renunciar a mi empresa de misionero, volver a Norteamérica y trabajar en
una granja para recuperar la salud. Aquéllos fueron mis
momentos más tristes. Por entonces organizaba una serie
de reuniones en Lucknow. Una noche, mientras rezaba,

ocurrió algo que transformó por completo mi vida. Cuando rezaba —en momentos en que no pensaba en mí mismo— una voz pareció decirme: "¿Estás dispuesto a emprender la tarea para la que te he llamado?".

"No, Señor —contesté—. Estoy agotado. Ya no me quedan fuerzas."

La voz me dijo: "Si acudes a Mí y dejas de preocuparte, solucionaré tu problema".

"Señor —respondí de inmediato—, cierro trato ahora mismo."

Una gran paz inundó mi corazón y mi ser íntegro. ¡Sabía que había ocurrido el milagro! La vida, una vida exuberante, había tomado posesión de mí. Me sentía tan aligerado que apenas pisaba el camino esa noche mientras caminaba de regreso, serenamente, hacia mi casa. Cada partícula del suelo era terreno sagrado. Después, durante días, apenas tuve conciencia de estar encarnado en un cuerpo. Trabajaba hasta muy avanzada la noche y me acostaba preguntándome por qué debía meterme en la cama, porque no sentía el menor rastro de cansancio. Me sentía poseído por la vida, la paz, el descanso... y el Propio Cristo.

Entonces me pregunté si debía contar todo eso. No deseaba hacerlo, pero me dije que debía, y lo hice. Después enfrenté la alternativa de hundirme o nadar ante los demás. Desde entonces, han pasado más de los veinte años más laboriosos de mi vida, sin que nunca reaparecieran mis viejos problemas. Jamás he gozado de mejor salud. Pero aquello fue algo más que una transformación física. Fue iniciar una nueva a vida de mi cuerpo, mi mente, mi espíritu. Después de aquella experiencia, la vida transcurrió para mí en un nivel mucho más elevado. Y no he hecho otra cosa que disfrutar de ello.

Durante los muchos años que han pasado desde entonces, he viajado por el mundo entero, muchas veces dando tres conferencias por día, y he encontrado el tiempo y la fuerza para escribir *The Christ of the Indian Road (El Cristo del camino indio)* y otros once libros. Y en medio de ese tráfago nunca falté a una sola cita. Las preocupaciones que alguna vez me abrumaron se han esfumado y ahora, a los sesenta y tres años, desbordo de vitalidad y me inunda la alegría de servir a los demás y vivir para ellos.

Supongo que la transformación mental y física que he experimentado puede analizarse y explicarse psicológicamente. Poco importa. La vida es mayor que los procesos y los supera.

Sólo una cosa sé: mi vida se transformó por completo aquella noche en Lucknow, hace treinta y un años, cuando en lo más hondo de mi debilidad y mi depresión, una voz me dijo: "Si acudes a Mí y dejas de preocuparte, solucionaré tu problema". Y contesté: "Señor, cierro trato ahora mismo".

CUANDO EL EJECUTOR LLAMÓ A MI PUERTA

por HOMER CROY

El momento más amargo de mi vida ocurrió un día de 1933, cuando el ejecutor entró en mi casa por la puerta principal y yo salí por la puerta trasera. Había perdido mi hogar en 10 Standish Road, Forest Hills, Long Island, donde habían nacido mis hijos y yo había vivido con mi familia durante dieciocho años. Jamás había pensado que podía sucederme una cosa así. Doce años antes, me creía en la cumbre del mundo. Había vendido los derechos de adaptación cinematográfica de mi novela *West of the Water Tower* por uno de los precios más altos de Hollywood. Había vivido dos años en el extranjero con mi familia. Veraneábamos en Suiza y pasábamos el invierno en la Riviera francesa, como los ricos.

Durante seis meses que permanecí en París escribí una novela titulada *They Had to See Paris*. Will Rogers apareció en la versión cinematográfica. Era su primera película hablada. Me hicieron tentadoras ofertas para que me quedara en Hollywood y escribiera guiones para Will Rogers. Pero las rechacé. Volví a Nueva York. ¡Entonces empezaron mis problemas!

Poco a poco me fui convenciendo a mí mismo de que tenía capacidades latentes que nunca había desarrollado. Empecé a fantasear que era un sagaz hombre de negocios. Alguien me dijo que John Jacob Astor había ganado millones invirtiendo en bienes raíces en Nueva York. ¿Quién era Astor? Apenas un inmigrante que hablaba inglés con acento. Si él lo había logrado, ¿por qué no yo?... ¡Me haría rico! Empecé a leer revistas deportivas sobre yates.

Me impulsaba el coraje de la ignorancia. No sabía más sobre compra y venta de inmuebles que un esquimal sobre hornos de petróleo. ¿De dónde iba a sacar el dinero necesario para lanzarme a mi espectacular carrera financiera? Muy simple: hipotequé mi casa y compré algunos de los mejores terrenos en Forest Hills. Retendría esos terrenos hasta que alcanzaran un valor fabuloso, después los vendería para llevar una vida lujosa... yo, que nunca había vendido siquiera un terreno del tamaño de un pañuelo. Sentía lástima de los desdichados que trabajaban como esclavos en oficinas por un magro sueldo. Me decía que Dios había resuelto no conceder a todos el fuego divino del genio financiero.

De pronto la gran crisis se precipitó sobre mí como un ciclón de Kansas y arrasó conmigo como un tornado que desmantela un gallinero.

Debía destinar 220 dólares mensuales a esos terrenos de fauces devoradoras. ¡Oh, con qué rapidez se sucedían los meses! Para colmo, tenía que cumplir los pagos de la hipoteca de mi casa. Estaba preocupado. Procuraba escribir textos humorísticos para las revistas. ¡Mis conatos humorísticos sonaban como las lamentaciones de Jeremías! Las novelas que escribía eran un fracaso. Ya no tenía dinero. No me quedaba nada que empeñar, salvo mi máquina de escribir y las empastaduras de oro de mis muelas. La lechería dejó de enviarme leche. La compañía de gas me cortó el suministro. Tuvimos que comprar una cocinilla para campamento de esas que se ven en los anuncios... tienen un cilindro de querosén, hay que bombearlo y sale una llama que sisea como un ganso furioso.

Nos quedamos sin carbón. La compañía nos hizo pleito. Nuestra única fuente de calor era el hogar. Por la noche salíamos y recogíamos tablones y desechos de las nuevas casas que los ricos estaban construyéndose... Yo, que había resuelto ser uno de esos ricos.

Estaba tan preocupado que no podía dormir. A veces me levantaba en mitad de la noche y caminaba durante horas para quedar agotado y dormirme.

No sólo perdí los terrenos que había comprado, sino también la sangre y las ilusiones que había vertido en ellos.

El banco ejecutó la hipoteca de mi casa y nos puso a mí y a mi familia en la calle.

De algún modo nos las arreglamos para reunir unos pocos dólares y alquilar un exiguo departamento. Nos mudamos el último día de 1933. Me senté en un cajón de embalaje y miré a mi alrededor. Acudió a mi mente un viejo refrán que repetía mi madre: "No hay que llorar por la leche derramada".

Pero no era leche... ¡era la sangre de mi corazón!

Después de permanecer allí sentado un rato, me dije: "Y bien. He tocado fondo y he sobrevivido. Ahora no me queda otro remedio que ir hacia arriba".

Me puse a pensar en las cosas de valor que la hipoteca no me había arrebatado. Conservaba la salud y a mis amigos. Empezaría de nuevo. No me lamentaría por el pasado. Me repetiría todos los días las palabras que mi madre solía decir sobre la leche derramada.

Puse en mi tarea la energía que había puesto en mis preocupaciones. Poco a poco mi situación empezó a mejorar. Ahora casi agradezco el hecho de haber pasado por todas esas penurias: me dio fuerza, ánimo, fe en mí mismo. Ahora sé qué es tocar fondo. Sé que se puede sobrevivir. Sé que podemos soportar muchas más dificultades de las que creemos. Cuando preocupaciones sin importancia y temores y ansiedades procuran alterarme, los desecho recordando la ocasión en que permanecí sentado sobre el cajón de embalaje. Y me digo: "He tocado fondo y he sobrevivido. Ahora no me queda más remedio que ir hacia arriba".

¿Qué enseñanza se desprende de esto? ¡No aserremos aserrín! ¡Aceptemos lo inevitable! Si no podemos caer más abajo, tratemos de subir.

EL MÁS DURO ADVERSARIO QUE TUVE FUE LA PREOCUPACIÓN

por JACK DEMPSEY

Durante mi carrera de boxeador encontré que la preocupación era un adversario casi más duro que los pesos pesados que me enfrentaban. Comprendí que tenía que aprender a no preocuparme, porque, de otro modo, la preocupación minaría mi vitalidad y comprometería mis triunfos. Y, poco a poco, me elaboré un sistema. He aquí algunas de las cosas que hice:

1. Para conservar mi coraje en la liza, me dedicaba palabras de ánimo en plena lucha. Por ejemplo, mientras luchaba con Firpo, me decía una y otra vez: "Nada me detendrá. No sentiré sus golpes. No puede dañarme. Continuaré atacando, suceda lo que suceda". Estos asertos, estos pensamientos positivos, me ayudaron mucho. Ocupaban de tal modo mi espíritu que llegué a no sentir los golpes. Durante mi carrera me han partido los labios, me han cortado los ojos y me han roto las costillas. Y Firpo me arrojó por encima de las cuerdas, en forma que caí sobre la máquina de escribir de un periodista y la destrocé. Pero nunca sentí ni uno siquiera de los golpes de Firpo. Sólo ha habido un golpe que verdaderamente haya sentido. Fue aquella noche en que Lester Johnson me rompió tres costillas. El golpe afectó mi respiración. Puedo decir honradamente que nunca he sentido otro golpe en ninguno de mis combates.

2. Otra cosa que hacía era recordarme constantemente la inutilidad de la preocupación. La mayoría de mis preocupaciones surgían antes de los grandes combates, mientras me preparaba, pasaba horas sin poder conciliar el sueño, agitándome y preocupándome. Me preocupaba por el temor de que me rompiera una mano, me dislocara el tobillo o sufriera un grave corte en el ojo durante la primera vuelta, en forma que ya no pudiera coordinar mis golpes. Cuando me veía con los nervios en tal estado, dejaba la cama, me miraba en el espejo y me hablaba a mí mismo. Me decía: "Qué estúpido eres al preocuparte por algo que no ha sucedido y que tal vez no suceda nunca. La vida es breve. Sólo tengo para vivir unos cuantos años y, por tanto, debo disfrutar de la vida". Y me repetía una y otra vez: "Lo único que importa es mi salud. Lo único que importa es mi salud". Me recordaba que perder el sueño y preocuparme destruiría mi salud. Y vi que, repitiéndome estas cosas constantemente, noche tras noche, año tras año, acababan entrando en mi ser, de modo que podía eliminar mis preocupaciones como si fueran aire.

3. La tercera cosa —y la mejor— era la oración. Mientras me preparaba para un combate, siempre rezaba varias veces al día. Cuando estaba en la liza, siempre rezaba inmediatamente antes de que sonara el gong anunciando cada una de las vueltas. Esto me ayudaba a luchar con valor y confianza. Nunca en mi vida me he ido a la cama sin rezar las oraciones y nunca tampoco me he sentado a la mesa sin agradecer a Dios el alimento... ¿Han sido contestadas mis oraciones? ¡Miles de veces!

PEDÍ A DIOS QUE ME LIBRARA DEL ASILO DE HUÉRFANOS

por KATHLEEN HALTER

Cuando era niña mi vida estaba llena de terrores. Mi madre tenía una afección al corazón. Había presenciado muchas veces cómo se desmayaba y caía al suelo. Todos temíamos que se muriera y yo creía que todas las niñas cuyas madres morían eran enviadas al orfanato situado en la pequeña localidad de Warrenton, Missouri, donde vivíamos. Temía ir allí y, cuando tenía seis años, rezaba constantemente: "Dios mío, conserva a mi madre hasta que tenga la edad necesaria para no ir al orfanato".

Veinte años después mi hermano Meiner sufrió un accidente terrible y soportó dolores intensísimos hasta morir al cabo de dos años. No podía alimentarse ni volverse en la cama. Para amortiguar su sufrimiento tenía que darle inyecciones hipodérmicas de morfina cada tres horas, día y noche. Hice esto durante los dos años. En aquel tiempo enseñaba música en el Colegio Central Wesleyano de Warrenton, Missouri. Cuando los vecinos oían los lamentos de mi hermano me telefoneaban al colegio y yo dejaba mi clase y corría a casa para dar al desgraciado la inyección de morfina. Todas las noches, cuando me acostaba, preparaba el despertador, con objeto de poder levantarme a las tres horas y atender a mi hermano. Recuerdo que, durante las noches de invierno, ponía una botella de leche fuera de la ventana; allí la leche se helaba y se convertía en una especie de helado que me agradaba tomar. Cuando sonaba el despertador, este helado era un incentivo adicional para levantarme.

En medio de todas estas angustias hacía dos cosas que impedían que me compadeciera, me preocupara y amargara mi vida con resentimientos. En primer lugar, enseñaba música durante doce o catorce horas diarias, con lo que me quedaba muy poco tiempo para pensar en mis desdichas. Después, cuando me sentía inclinada a lamentarme, me decía una y otra vez: "Escucha: mientras puedas caminar, alimentarte y verte libre de todo dolor intenso, debes sentirte la persona más feliz del mundo. Suceda lo que suceda, no olvides esto mientras vivas. ¡Nunca! ¡Nunca!".

Estaba decidida a hacer todo lo posible para crearme una actitud inconsciente y continua de agradecimiento por mis muchas cosas buenas. Todas las mañanas, al despertarme, daba las gracias a Dios de mi decisión de ser, a pesar de todas mis calamidades, la persona más feliz de Warrenton, Missouri. Tal vez no alcancé esta meta, pero conseguí hacer de mí misma la joven más cordial de mi pueblo. Probablemente pocos de mis colegas y amigos se preocupaban menos que yo.

Esta maestra de música de Missouri aplicaba dos de los principios descritos en este libro: se ocupaba demasiado para preocuparse y contaba sus bienandanzas. La misma técnica puede ser útil para usted.

EL ESTÓMAGO ME DABA VUELTAS COMO UN TORNADO DE KANSAS

por CAMERON SHIPP

Había estado trabajando muy a gusto durante varios años en la sección de publicidad del estudio Warner Brothers, en California. Escribía relatos para diarios y revistas acerca de las estrellas de Warner Brothers.

De pronto fui ascendido. Se me hizo subdirector de publicidad. En realidad, hubo un cambio en el cuadro administrativo y se me dio un título impresionante: Administrador Adjunto.

Esto me proporcionó un imponente despacho con refrigeración privada y dos secretarias y la jefatura sobre setenta y cinco escritores, propagandistas y locutores de radio. Estaba muy impresionado. Traté de hablar con dignidad. Establecí sistemas de administración, tomaba decisiones con mucha autoridad y almorzaba a toda prisa. Estaba convencido de que todas las relaciones con el público de Warner Brothers recaían sobre mi persona. Me dije que las vidas, privadas y públicas, de personajes tan nombrados como Bette Davis, Olivia de Havilland, James Cagney, Edward G. Robinson, Errol Flynn, Humphrey

Bogart, Ann Sheridan, Alexis Smith y Alan Hale estaban completamente en mis manos.

En menos de un mes me di cuenta de que tenía úlceras de estómago. Probablemente, cáncer.

Mi principal actividad durante la guerra era en aquel tiempo la de presidente del Comité de Actividades de Guerra del Gremio de Publicistas de la Pantalla. Me gustaba este trabajo y me gustaba verme con los amigos en las reuniones del gremio. Pero estas reuniones acabaron por aterrarme. Después de cada una de ellas me sentía enfermo. Frecuentemente tenía que detener el coche cuando regresaba a casa y tratar de recobrarme para poder seguir al volante. Tenía siempre la impresión de que había mil cosas que hacer y muy poco tiempo para hacerlas. Todo era vital. Y yo me sentía totalmente impotente.

Soy perfectamente sincero: era la enfermedad más dolorosa de mi vida. Siempre sentía una terrible opresión en el pecho y el vientre. Perdí peso. No podía dormir. El dolor era constante. Entonces, fui a ver a un famoso especialista en enfermedades internas. Me lo había recomendado un agente de publicidad. Me dijo que este médico tenía muchos clientes pertenecientes al gremio.

Era un médico que hablaba poco, lo necesario únicamente para que yo le dijera qué me dolía y cómo me ganaba la vida. Pareció más interesado en mi trabajo que en mis achaques, pero pronto me tranquilizó: durante dos semanas me sometió a todas las pruebas conocidas. Fui analizado, explorado y radiografiado. Finalmente se me dijo que fuera de nuevo a ver al médico y escuchara su veredicto.

—Señor Shipp —me dijo el doctor, echándose hacia atrás—, lo hemos sometido a todas las pruebas imaginables. Era absolutamente necesario, aunque yo sabía, *desde luego,* desde el primer examen, que usted *no tenía* úlceras de estómago. Pero sabía también, porque es usted como es y trabaja como trabaja, que no me creería si no se lo demostraba. Déjeme, pues, que se lo enseñe.

Me mostró las radiografías y los cuadros y me los explicó. Así el médico me demostró que no tenía úlceras.

—Ahora bien —continuó el doctor—, esto va a costarle mucho dinero, pero vale la pena. He aquí mi prescripción: *no se preocupe*... Bien —me hizo callar con un ademán cuando traté de interrumpirlo—, comprendo que usted no puede seguir esta prescripción inmediatamente y voy a procurarle una ayuda. Aquí tiene unas píldoras. Contienen belladona. Tome las que quiera. Cuando se le acaben, vuelva y le daré más. No le harán daño. Y siempre le aliviarán... Pero recuerde: no las necesita. Todo lo que tiene que hacer es dejar de preocuparse. Si comienza de nuevo a preocuparse, usted tendrá que volver aquí y yo le cobraré otra vez muy subidos honorarios. ¿Qué le parece?

Me agradaría poder decir que la lección surtió efecto aquel mismo día y que dejé en seguida de preocuparme. Pero no fue así. Tomé píldoras durante varias semanas, siempre que sentía llegar la depresión. Daban resultado. Me sentía mejor *en seguida*.

Pero tenía la impresión de que hacía el tonto tomando aquellas píldoras. Soy físicamente vigoroso. Soy casi tan alto como Abe Lincoln y peso más de noventa kilos. Sin embargo, andaba tomando pildoritas blancas para descansar. Estaba actuando como una mujer histérica. Cuando mis amigos me preguntaban por qué tomaba píldoras, me avergonzaba decir la verdad. Gradualmente comencé a reírme de mí mismo. Me decía: "Vamos a ver, Cameron Shipp, estás procediendo como un perfecto estúpido. Estás dando demasiada importancia a tu persona y tus actividades. Bette Davis, James Cagney y Edward G. Robinson eran mundialmente famosos antes de que tú comenzaras a administrar su publicidad. Si murieras repentinamente esta noche, Warner Brothers y sus estrellas se arreglarían para continuar su trabajo sin ti. Mira a Eisenhower, Marshall, Mac Arthur, Jimmy Doolittle y el almirante King; están dirigiendo la guerra sin tomar píldoras. Y, sin embargo, tú no puedes actuar de presidente del Comité de Actividades de Guerra del Gremio de Publicistas de la Pantalla sin tomar unas píldoras que libren a tu estómago de retorcerse como un torbellino de Kansas".

Comencé a tomar a pecho el prescindir de las píldoras. Poco después tiré las píldoras a la basura y tomé la costumbre de llegar a casa poco antes de cenar, a fin de echar un sueñecito. Gradualmente mi vida volvió a la normalidad. Desde entonces no he vuelto a ver a ese médico.

Pero le debo mucho, mucho más de lo que me parecieron a la sazón unos subidos honorarios. Me enseñó a reírme de mí mismo. Pero creo que su mayor habilidad consistió en *no reírse de mí* y decirme que yo no tenía ningún motivo de preocupación. Me tomó en serio. No quiso que yo hiciera el ridículo. Me dio una salida con aquella cajita de píldoras. Pero sabía entonces, tan bien como yo lo sé ahora, que mi cura no estaba en aquellas pildoritas, sino en el cambio de mi actitud mental.

La moraleja de este relato es que muchos hombres que ahora están tomando píldoras harían mejor en leer la Séptima Parte y ¡tranquilizarse!

APRENDÍ A LIBRARME DE LA PREOCUPACIÓN VIENDO A MI MUJER FREGAR LOS PLATOS

por el reverendo WILLIAM WOOD

Hace unos cuantos años sufría intensos dolores de estómago. Me despertaba dos o tres veces todas las noches, en la imposibilidad de dormir a causa de tales dolores.

Había visto morir a mi padre de un cáncer en el estómago y temía tener lo mismo o, por lo menos, úlceras. Fui a una clínica para que me examinaran. Un célebre especialista en estómago me examinó con el fluoroscopio y me sacó una radiografía. Me dio un sedante para que pudiera dormir y me aseguró que no tenía ni úlceras ni cáncer. Me dijo que mis dolores se debían a las tensiones emocionales. Como soy ministro, me preguntó: "¿Acaso tiene problemas en su iglesia?".

Me dijo lo que yo me decía a mí mismo: trataba de abarcar demasiado. Además de mis sermones dominicales, me ocupaba de muchas otras cosas, y era presidente de la Cruz Roja, presidente de los Kiwanis... Además estaba presente en dos o tres funerales por semana y desarrollaba otra serie de actividades.

Trabajaba constantemente bajo presión. No descansaba nunca. Siempre estaba tenso, con prisa. Llegué al punto en que me preocupaba por todo. Vivía en perpetua agitación. Sufría tanto que acepté con gusto el consejo del médico. Me señalé el lunes como día de asueto y empecé a eliminar varias responsabilidades y actividades.

Un día, mientras ponía orden en mi escritorio, se me ocurrió una idea que resultó muy eficaz. Revisaba un montón de viejas notas para sermones y otros apuntes sobre cuestiones que ya no tenían importancia. Hice un bollo con cada uno de ellos y los fui arrojando al cesto. De pronto me detuve y me dije: "Bill, ¿por qué no haces con tus preocupaciones lo mismo que haces con estos papeles? ¿Por qué no haces un bollo con tus preocupaciones de ayer y las arrojas al cesto?". Esta sola idea me dio una inspiración súbita y la sensación de que me libraba de un peso sobre mis hombros. A partir de ese día y hasta hoy, me he impuesto la norma de arrojar al cesto todos los problemas que ya no puedo resolver.

En esto, un día, mientras secaba los platos que mi esposa fregaba, tuve una idea. Mi mujer estaba cantando mientras fregaba y yo me dije: "Mira, Bill, qué feliz es tu mujer. Llevamos dieciocho años de casados y siempre ha fregado la vajilla. Supongamos que en el momento de casarse hubiera calculado todos los platos que tendría que fregar en estos dieciocho años. El montón de platos sucios sería mayor que un granero. Esta sola idea hubiera abrumado a cualquier mujer". Seguidamente, razoné: "El motivo de que a mi mujer no le importe lavar los platos es que lava cada vez los platos de un día". En seguida comprendí la causa de mis trastornos. Estaba tratando de fregar a la vez los platos de hoy, los de ayer y los que no se habían ensuciado todavía.

Vi lo estúpidamente que estaba procediendo. Sin embargo, yo, que vivía tensa, apresurada y angustiosamente, subía todos los domingos al púlpito para decir a los demás cómo se debía vivir. Me avergoncé de mí mismo.

Las preocupaciones ya no me abruman. No me duele el estómago. No padezco de insomnio. Hago un bollo con mis ansiedades de ayer y las arrojo al cesto, y jamás trato de lavar hoy los platos que se ensuciarán mañana.

¿Recuerda una declaración formulada anteriormente en este libro? "Llevar hoy la carga de mañana unida a la de ayer, hace vacilar al más vigoroso..." ¿Para qué intentarlo siquiera?

ENCONTRÉ LA RESPUESTA

por DEL HUGHES

En 1943 fui a parar a un hospital de veteranos de Albuquerque, Nuevo México, con tres costillas rotas y un pulmón afectado. Esto me había sucedido durante un ensayo de desembarco de fuerzas anfibias frente a las islas Hawai. Iba a saltar de la barcaza a la playa. En esto vino una ola poderosa, levantó la embarcación, perdí el equilibrio y caí a la arena. Caí con tanta fuerza que una de mis costillas rotas se clavó en el pulmón.

Después de pasar tres meses en el hospital experimenté la más violenta conmoción de mi vida. Los médicos dijeron que no observaban en mí ninguna mejoría. Tras mucho meditar me dije que era la preocupación lo que me impedía curarme. Estaba acostumbrado a una vida muy activa y, durante aquellos tres meses, había permanecido tumbado boca arriba las veinticuatro horas del día sin otro quehacer que pensar. Y cuanto más pensaba, más me preocupaba: me preocupaba el problema de saber si volvería a ocupar mi puesto en la sociedad. Me preocupaba preguntándome si quedaría tullido por el resto de mi vida y si podría casarme y llevar una vida normal.

Pedí al médico que me trasladara a la sala inmediata, llamada el "Country Club", porque se permitía a los pacientes instalados en ella hacer casi todo lo que les daba la gana.

En ese "Country Club" me interesé en el bridge. Pasé seis semanas aprendiendo el juego, jugando al bridge con los otros internados y leyendo los libros de Culbertson sobre bridge. Al cabo de seis semanas jugué todas las noches durante el resto de mi internación en el hospital. También me interesé en la pintura al óleo y estudié pintura con un profesor todas las tardes, de tres a cinco. ¡Algunos de mis cuadros eran tan buenos que el que los veía casi podía decir qué representaban! También hice intentos en la talla de madera y de jabón y leí varios libros sobre el tema, que me parecieron fascinantes. Me mantuve tan ocupado que no tuve tiempo para preocuparme por mi condición física. Hasta encontré tiempo para leer libros de psicología que me prestó la Cruz Roja. Al cabo de tres meses, todo el cuerpo médico fue a verme y me felicitó por "mi sorprendente mejoría". Fueron las palabras más hermosas que oí desde el día de mi nacimiento. Estuve a punto de gritar de alegría.

Lo que quiero señalar es esto: cuando no tenía nada que hacer me echaba de espaldas y me preocupaba por mi futuro, sin registrar la menor mejoría. Me envenenaba el cuerpo con preocupaciones. Hasta las costillas rotas se negaban a sanar. Pero en cuanto me distraje jugando al bridge, pintando cuadros al óleo y tallando madera, los doctores se asombraron ante "mi sorprendente mejoría".

Ahora llevo una vida normal y sana y mis pulmones son tan buenos como los de ustedes.

¿Recuerdan lo que dijo Bernard Shaw? "El secreto de ser desdichado radica en tener tiempo libre para pensar si se es feliz o no." Mantengámonos activos, mantengámonos ocupados.

EL TIEMPO RESUELVE MUCHAS COSAS

por LOUIS T. MONTANT, Jr.

La preocupación me hizo perder diez años de mi vida. Esos diez años debieron ser los más plenos y fructíferos en la vida de un joven: los transcurridos entre los dieciocho y los veintiocho años de edad.

Ahora comprendo que yo fui el único culpable de haber perdido esos años.

Me preocupaba por todo: por mi trabajo, por mi salud, por mi familia, por mi sensación de inferioridad. Estaba tan asustado que muchas veces cruzaba la calle para evitar un encuentro con alguien a quien conocía. Cuando divisaba a un amigo en la calle, solía fingir que no había reparado en él porque temía que me tratara con desdén.

Me atemorizaba a tal punto hablar con extraños o siquiera estar ante ellos que en el lapso de dos semanas perdí la oportunidad de encontrar tres empleos, simplemente porque no tenía el valor de explicar a esos posibles empleadores todo lo que yo era capaz de hacer.

De pronto un día, hace ocho años, dominé la preocupación en una tarde... y desde entonces muy pocas veces me he preocupado. Esa tarde estaba en la oficina de un hombre cuyos problemas eran mucho mayores que los míos y sin embargo era una de las personas más animosas que he conocido. En 1929 había reunido una fortuna y había perdido hasta el último centavo. En 1933 había rehecho su fortuna, para volver a perderla; en 1939 perdió una vez más una tercera fortuna. En plena bancarrota, lo acosaban enemigos y acreedores. Preocupaciones que habrían abrumado a algunos hombres y los habrían llevado al suicidio, resbalaban sobre él como el agua sobre las plumas de un pato.

Sentado en su oficina aquella tarde, hace ocho años, lo envidiaba y hubiera dado lo imposible por ser como él.

Mientras conversábamos, me tendió una carta que había recibido esa mañana y me dijo:

—Lea esto.

Era una carta enfurecida que hacía las preguntas más desagradables. De haber recibido yo mismo esa carta, me habría hundido en un pozo.

—Bill —dije—, ¿cómo responderá a esa carta?

—Le diré un secreto —respondió Bill—. La próxima vez que algo lo preocupe, tome un lápiz y una hoja de papel, siéntese y escriba con detalle cuál es la causa de la preocupación. Después ponga ese papel en el último cajón a la derecha de su escritorio. Espere un par de semanas antes de volver a tomarlo. Si al releerlo sigue preocupándole el motivo que escribió, ponga de nuevo el papel en el último cajón a la derecha de su escritorio. Déjelo allí otras dos semanas. Allí estará seguro. Nada podrá pasarle. Pero en el ínterin muchas cosas podrán pasarle al problema que le preocupa a usted. He descubierto que si soy capaz de tener paciencia, la preocupación que me desespera se desinflará como un globo pinchado.

El consejo me causó honda impresión. Lo he seguido durante años con el resultado de que ahora casi nada me preocupa.

El tiempo resuelve muchas cosas. El tiempo también puede resolver lo que hoy le preocupa.

SE ME DIJO QUE NO INTENTARA HABLAR NI SIQUIERA MOVER UN DEDO

por JOSEPH L. RYAN

Hace varios años fui testigo en un asunto judicial y esto me causó mucha tensión y graves preocupaciones. Terminado el juicio volvía a casa por tren y tuve un brusco y violento colapso. Un ataque al corazón. Apenas podía respirar.

Cuando llegué a casa el médico me dio una inyección.

No estaba en la cama; no había podido ir más allá del banco de la sala. Cuando recobré el sentido vi que el cura de la parroquia me estaba dando ya la absolución...

Vi el aturdimiento y la pena en los rostros de los míos. Comprendí que se consideraba llegada mi última hora. Después me enteré de que el médico había preparado a mi esposa para el caso, estimado probable, de que yo no durara más de treinta minutos. Mi corazón estaba tan débil que se me advirtió que no debía hablar ni siquiera mover un dedo.

Nunca he sido un santo, pero he aprendido una cosa: no discutir con Dios. Cerré mis ojos y dije: "Hágase Tu voluntad... Si ha de ser ahora, hágase Tu voluntad".

Tan pronto como acepté esta idea, sentí un gran alivio. Mi terror desapareció y me pregunté qué era lo peor que podía sucederme. Bien, lo peor parecía ser el posible retorno de las convulsiones, con los terribles dolores que las acompañaban... Después todo habría acabado. Iría a reunirme con mi Hacedor y pronto descansaría en paz.

Yacía tendido en aquel banco y esperé una hora, pero los dolores no volvieron. Finalmente comencé a preguntarme qué haría con mi vida si *no me muriera*. Decidí que no regatearía esfuerzo para recobrar mi salud. Dejaría de agobiarme con tensiones y preocupaciones y recuperaría mis fuerzas.

Esto sucedió hace cuatro años. He recuperado mis fuerzas hasta el punto de que el mismo médico está asombrado de la mejoría que revelan mis cardiogramas. Ya no me preocupo por nada. Tengo un nuevo interés en la vida. Pero puedo decir honradamente que, si no hubiese encarado lo peor —mi muerte inminente—, y tratado después de mejorar las cosas, no estaría hoy aquí probablemente. Si no hubiese aceptado lo peor, creo que hubiera muerto víctima de mi propio pánico.

El señor Ryan vive hoy porque utilizó el principio descrito en la Fórmula Mágica: encarar lo peor que puede suceder.

SOY UN GRAN DESPREOCUPADO

por ORDWAY TEAD

La preocupación es un hábito, un hábito del que me deshice hace tiempo. Creo que mi hábito de no preocuparme es debido en gran parte a tres cosas.

Primera: Estoy demasiado ocupado para incurrir en ansiedades autodestructoras. Tengo tres actividades principales, cada una de las cuales basta para ocupar todo mi tiempo. Doy conferencias a grandes grupos en la Universidad de Columbia. Soy presidente de la Junta de Educación Superior de la Ciudad de Nueva York. Tengo también a mi cargo la Sección Económica y Social de la casa editora Harper and Brothers. Las insistentes demandas de estas tres ocupaciones no me dejan tiempo para preocuparme.

Segunda: Soy un gran despreocupado. Cuando paso de una tarea a otra, expulso todas las ideas referentes a los problemas que anteriormente me han ocupado. Encuentro que pasar de una actividad a otra estimula y descansa. Despeja la cabeza.

Tercera: He tenido que disciplinarme para expulsar de mi espíritu todos los problemas cuando cierro mi mesa de trabajo. Siempre son problemas continuos. Cada uno supone una serie de cuestiones no resueltas que reclaman mi atención. Si me llevara todas estas cuestiones a casa cada noche y me preocupara por ellas, destruiría mi salud y destruiría mi capacidad para solventarlas.

Ordway Tead es un maestro de los Cuatro Buenos Hábitos de Trabajo. ¿Recuerdan ustedes cuáles son? (Véase Séptima Parte.)

SI NO HUBIESE DEJADO DE PREOCUPARME ESTARÍA HACE TIEMPO BAJO TIERRA

por CONNIE MACK
el gran hombre del béisbol

He actuado en el béisbol profesional durante más de sesenta y tres años. Cuando comencé no percibía remuneración alguna. Jugábamos en baldíos, tropezando con latas y colleras desechadas. Cuando terminaba el partido, pasábamos el sombrero. Lo que recogíamos era muy poca cosa para mí, especialmente porque era el principal sostén de mi madre viuda y de mis hermanos menores. A veces el equipo tenía que improvisarse la comida para ir tirando.

Tenía muchos motivos para preocuparme. Soy el único preparador de béisbol que haya terminado en último lugar durante siete años consecutivos. Soy el único preparador que haya perdido ochocientos partidos en ocho años. Después de una serie de derrotas solía preocuparme hasta el punto de no poder comer ni dormir apenas. Pero dejé de preocuparme hace veinticinco años y creo honradamente que, si no hubiese dejado de preocuparme entonces, estaría bajo tierra hace mucho tiempo.

Cuando vuelvo la vista hacia mi larga vida —nací cuando Lincoln era Presidente—, deduzco que me libré de la preocupación haciendo estas cosas:

1. Vi lo inútil que era preocuparse. Vi que esto no me llevaba a parte alguna y amenazaba con destruir mi carrera.

2. Vi que iba a perder mi salud.

3. Me dediqué con tanto afán a proyectar y preparar el triunfo en los partidos futuros que no tenía tiempo para preocuparme por los partidos que ya se habían perdido.

4. Finalmente adopté la norma de no llamar nunca la atención a un jugador por sus faltas hasta transcurridas veinticuatro horas de la terminación del partido. Como no tenía la seguridad de dominarme y de dominar mi len-

gua inmediatamente después de una derrota, nunca me veía con los jugadores sin dejar pasar el tiempo necesario para serenarme. No discutía con los jugadores hasta el día siguiente del desgraciado encuentro. Para entonces me había serenado, los errores no parecían tan grandes y podía hablar con calma, lo que impedía que mis muchachos se enfadaran y trataran de defenderse.

5. Traté de alentar a los jugadores con alabanzas en lugar de desanimarlos con reprimendas. Procuré siempre tener una palabra amable para todos.

6. Vi que me preocupaba más cuando estaba cansado. Por lo tanto, estaba diez horas en la cama todas las noches y echaba una siestecita todas las tardes. Hasta una siestecita de cinco minutos ayuda mucho.

7. Creo que me he librado de las preocupaciones y prolongado mi vida manteniéndome en actividad. Tengo ochenta y cinco años, pero no me retiraré hasta que comience a repetir las mismas cosas una y otra vez. Cuando pase esto, comprenderé que me estoy poniendo viejo.

Connie Mach nunca ha leído un libro sobre "Cómo suprimir la preocupación", pero se ha fabricado sus propias normas. ¿Por qué no relaciona usted las reglas que le han sido útiles en el pasado, consignándolas aquí por escrito?

Procedimientos que me han sido útiles en la lucha contra la preocupación:

1 ....
....
2 ....
....
3 ....
....
4 ....
....

ME LIBRÉ DE ÚLCERAS ESTOMACALES Y DE PREOCUPACIONES CAMBIANDO DE TRABAJO Y DE ACTITUD MENTAL

por ARDEN W. SHARPE
Green Bay, Wisconsin

Hace cinco años estaba preocupado, deprimido y enfermo. Los médicos decían que tenía úlceras estomacales. Me ordenaron un régimen. Bebí leche y comí huevos hasta que el sólo verlos me repugnó. Pero no mejoré. Un día leí un artículo sobre el cáncer. Imaginé que tenía todos los síntomas. Entonces no estaba preocupado. Estaba *aterrorizado*. Desde luego, esto hizo que mis úlceras se convirtieran en una hoguera. El golpe de gracia llegó cuando el ejército me rechazó por considerarme físicamente incapaz, ¡a los veinticuatro años! Todo indicaba que era una ruina física cuando debía estar en plena posesión de mis facultades físicas.

Ya no tenía salida. No veía un solo rayo de esperanza. Desesperado, traté de analizar cómo había llegado a tan terrible condición. Poco a poco, la verdad empezó a surgir en mí. Dos años antes, había trabajado, feliz y lleno de energía, como viajante de comercio; pero la escasez durante la guerra me había obligado a renunciar a ese trabajo y me había empleado en una fábrica. Despreciaba ese nuevo trabajo y, para empeorar las cosas, estaba relacionado con un grupo de hombres que eran los pensadores más negativos que haya tenido la desdicha de conocer nunca. Absolutamente amargados. Nada les parecía bien. Se lo pasaban maldiciendo el trabajo, el salario, las horas y al patrón. Comprendí que de manera inconsciente yo había absorbido su resentimiento.

Lentamente empecé a advertir que mis úlceras quizá provinieran de mis propios pensamientos negativos y de mi amargura. Entonces resolví volver al mundo que me gustaba, el de la venta, y a reunirme con personas capaces de pensamientos y actitudes constructivas. Esta decisión probablemente me salvó la vida. Con todo entusiasmo busqué amigos y compañeros de tareas que fueran pensadores progresistas, hombres felices, optimistas, libres de preocupaciones... y de úlceras. No bien cambié de actitud, cambié de estómago... No tardé en descubrir que podemos recibir buena salud, felicidad y éxito de los demás, así como podemos recibir preocupaciones, amargura y fracaso. Ésta es la lección más importante que he aprendido. Debí aprenderla hace años. Había oído hablar de ella y había leído muchas veces consejos en esta línea. Pero tenía que aprender por cuenta propia. Ahora comprendo qué quiso decir Jesús cuando afirmó: "El hombre es tal como piensa en su corazón".

AHORA BUSCO LA LUZ VERDE

por JOSEPH M. COTTER

Desde mi niñez, y a lo largo de mi juventud y mi vida de adulto, he sido un profesional de la preocupación. Mis preocupaciones eran muchas y variadas. Algunas eran reales; la mayoría eran imaginarias. En raras ocasiones me encontraba sin nada de que preocuparme... entonces me preocupaba el temor de haber olvidado algo importante.

Al fin, hace dos años, inicié un nuevo modo de vida. Implicaba un autoanálisis de mis defectos —y mis pocas virtudes—, un inventario moral exhaustivo y valiente de mí mismo. El resultado fue que puse en claro lo que motivaba mi preocupación.

El hecho era que no podía vivir el presente. Me angustiaban los errores de ayer y me atemorizaba el futuro.

Me repetían una y otra vez que "hoy es el mañana por el cual me preocupé ayer". Pero eso no surtía efecto en mí. Me aconsejaban que viviera de acuerdo con un programa de veinticuatro horas. Me decían que hoy era el único día sobre el cual podía ejercer algún control y que debía aprovechar al máximo mis oportunidades día a día. Me decían que si lo hacía, estaría tan ocupado que no me quedaría tiempo para preocuparme por cualquier otro día... pasado o futuro. Ese consejo era lógico, pero me era muy difícil poner en práctica esas ideas. De pronto una luz surgió de la oscuridad, encontré la respuesta y... ¿dónde creen ustedes que la encontré? En el andén de una estación de tren, a las siete de la tarde del 31 de marzo de 1945. Fue una hora muy importante para mí. Por eso la recuerdo con tanta claridad.

Despedíamos a unos amigos que viajarían en *The City of Los Angeles,* un tren expreso, de regreso de sus vacaciones. La guerra aún continuaba. Ese año había multitudes por doquier. En vez de subir al tren con mi esposa, fui caminando hacia la locomotora. Me quedé mirando un minuto esa gran máquina brillante. Después miré hacia las vías y vi un inmenso semáforo. Brillaba una luz amarilla. De pronto la luz cambió a un verde brillante. En ese instante el maquinista empezó a hacer sonar una campana; oí el habitual "¡Pasajeros al tren!" y en pocos segundos la inmensa locomotora empezó a salir de la estación iniciando su viaje de 2.300 millas.

Mi mente empezó a trabajar. Algo procuraba adquirir sentido en mí. Estaba experimentando un milagro. Y al fin lo vi todo claro. El maquinista me había dado la respuesta que buscaba. Iniciaba el largo viaje sin más guía que esa luz verde. De haber estado en su lugar, yo habría querido ver todas las luces verdes del viaje entero. Imposible, desde luego; pero eso era exactamente lo que trataba de hacer con mi propia vida... permanecer inmóvil en la estación, sin ir a ninguna parte, porque me angustiaba por saber lo que me aguardaba en el camino.

Mis pensamientos seguían fluyendo. Ese maquinista no tenía por qué preocuparse por los problemas que pudieran surgir millas adelante. Quizás hubiera algunas paradas, algunas demoras, pero ¿no estaban para eso los sistemas de señales? Luces amarillas: reducir la velocidad y no impacientarse. Luces rojas: serio peligro, *detenerse.* Eso es lo que daba seguridad a los viajes en tren. Un buen sistema de señales.

Me pregunté por qué no disponía de un buen sistema de señales para mi vida. ¿Dónde encontrarlo? Y bien, si Dios había creado la luz verde, ¿por qué no pedírselo a Él mismo?

Así fue como, rezando todas las mañanas, obtuve mi luz verde para cada día. De cuando en cuando me llegaron luces amarillas que disminuyeron mi marcha. Y a veces, luces rojas que me detuvieron antes del desastre.

No más preocupaciones para mí desde aquel día, hace dos años, cuando hice el descubrimiento. Durante estos dos años, más de setecientas luces verdes han brillado para mí. Y el viaje por la vida es tanto más fácil cuando no existe la preocupación en cuanto a la luz que brillará después de la verde... Sea cual fuere el color, yo sabré qué hacer.

CÓMO ROCKEFELLER VIVIÓ CON TIEMPO PRESTADO DURANTE CUARENTA Y CINCO AÑOS

El viejo John D. Rockefeller acumuló su primer millón a la edad de treinta y tres años. A la edad de cuarenta y tres años había edificado el mayor monopolio que el mundo ha conocido: la gran Standard Oil Company. Pero ¿dónde estaba a los cincuenta y tres años? La preocupación lo había vencido. La preocupación y la vida tensa habían quebrantado ya su salud. A los cincuenta y tres años "parecía una momia", según dice John K. Winkler, uno de sus biógrafos.

A los cincuenta y tres años Rockefeller fue atacado por desconcertantes enfermedades del aparato digestivo que lo dejaron sin cabello, sin pestañas y sin más pelos que un leve indicio de cejas. "Tan grave era su estado que hubo un tiempo en que su único alimento era leche humana", dice Winkler. Según los médicos padecía alopecia, una forma de calvicie que tiene frecuentemente un origen puramente nervioso. El aspecto de Rockefeller era tan impresionante con aquel desnudo cráneo, que el hombre tenía que utilizar permanentemente un gorro. Posteriormente se hizo fabricar unas pelucas —a $ 500 la pieza— y las utilizó durante el resto de su vida.

Rockefeller tuvo en un principio una constitución de hierro. Criado en el campo, era de anchos hombros, de porte erecto y de andar brioso y ágil.

Sin embargo, a los cincuenta y tres años —cuando la mayoría de los hombres están en lo mejor de la vida—, sus hombros se habían hundido y arrastraba los pies al caminar. Era ahora el hombre más rico del mundo, pero tenía que someterse a un régimen alimentario que un mendigo hubiera desdeñado. Sus ingresos eran de un millón de dólares semanales, pero bastaban probablemente dos dólares semanales para pagar todo lo que podía comer. Leche acidulada y unas cuantas galletas eran todo lo que los médicos le permitían. Su piel perdió el color; parecía viejo pergamino estirado sobre sus huesos. Y sólo el cuidado médico, el mejor que el dinero podía comprar, impedía que se muriera a los cincuenta y tres años.

¿Qué había sucedido? La preocupación. Las emociones. La presión alta y la vida tensa. El hombre se "llevó" literalmente al borde de la sepultura. Incluso a los veintitrés años de edad, Rockefeller iba ya hacia su meta con tan sombría determinación que, según los que lo conocían, "nada lo ponía alegre, salvo la noticia de que había hecho un buen negocio". Cuando obtenía grandes beneficios, efectuaba una especie de danza guerrera: tiraba el sombrero al suelo e iniciaba una serie de contorsiones. Pero, si perdía dinero, ¡se ponía enfermo! En una ocasión envió 40.000 dólares de grano por vía de los Grandes Lagos. Sin seguro. Costaba demasiado: 150 dólares. Aquella noche hubo una violenta tempestad en el lago Erie. Rockefeller se preocupó tanto por la posible pérdida del cargamento que, cuando su socio, George Gardner, llegó a la oficina por la mañana, lo encontró allí, paseándose.

—¡Corre! —gritó Rockefeller—. Trata de contratar el seguro ahora, antes de que sea demasiado tarde... —Gardner corrió a la compañía y obtuvo el seguro, pero, cuando volvió a la oficina, encontró a John D. en un estado de nervios todavía peor que el de antes. Había llegado entretanto un telegrama: el cargamento había sido desembarcado sin que la tempestad lo afectara. Y Rockefeller estaba más enfermo que antes, porque había "perdido" 150 dólares... Estaba tan enfermo que tuvo que irse a casa y meterse en la cama. ¡Piensen ustedes! En aquella época, su firma hacía medio millón de dólares por año... ¡pero perder 150 dólares lo afectaba a tal punto que debía meterse en cama!

No tenía tiempo para distraerse, para divertirse, para nada que no fuera hacer dinero y enseñar en la escuela dominical. Cuando su socio, George Gardner, compró por 2000 dólares un yate de segunda mano con tres amigos suyos, John D. se horrorizó y se negó a subir a él. Un sábado por la tarde Gardner lo encontró trabajando en la oficina y le dijo:

—¡Vamos, John, vente a dar un paseo en el yate! Te hará bien. Olvídate de los negocios. Diviértete un poco.

John D. lo miró enfurecido.

—George Gardner —le dijo—, eres el hombre más dispendioso que he conocido. Estás dañando tu imagen y tu crédito ante los bancos... y también mi imagen. En un abrir y cerrar de ojos nos arruinarás a los dos. No, no subiré a tu yate. ¡Ni siquiera quiero verlo!

Y se quedó trabajando en la oficina toda la tarde del sábado.

La misma falta de sentido del humor, la misma ausencia de sentido de la perspectiva caracterizaron toda la carrera de John D. como hombre de negocios. Años después dijo: "Nunca me he acostado sin recordarme a mí mismo que mi éxito podía ser sólo transitorio".

Con millones a su disposición jamás se acostaba sin el miedo de perder su fortuna. No es extraño que la preocupación quebrantara su salud. No tenía tiempo para el recreo; nunca iba al teatro, ni jugaba a las cartas, ni iba a una fiesta. Hacía sus cuentas todas las noches y no podía dormir hasta saber cuánto dinero había amasado durante el día. Como dijo Mark Hanna, era un hombre loco por el dinero. "Cuerdo en los otros aspectos, era loco por el dinero."

Rockefeller confesó una vez a un vecino de Cleveland, Ohio, que "deseaba ser estimado"; sin embargo, era tan frío y receloso que pocas personas lo querían. En una ocasión Morgan se negó a entrar en relaciones de negocios con él. "No me gusta ese hombre; no quiero tener con él trato alguno", dijo. El propio hermano odiaba tanto a Rockefeller que hizo retirar los cuerpos de sus hijos de la sepultura familiar. "No quiero que nadie de mi sangre descanse jamás en tierra que sea de John D.", declaró. Los empleados y socios de Rockefeller vivían en santo temor de él. Y aquí está la parte irónica: Rockefeller *les tenía miedo;* temía que hablaran fuera de la oficina y "descubrieran los secretos". Tenía tan poca fe en la naturaleza humana que, en una ocasión, cuando firmó un contrato de diez años con un refinador independiente, hizo prometer a este hombre que no diría nada del asunto a nadie, ni a la propia esposa. "Cállese y administre su negocio." Tal era su lema.

Después, en el pináculo de la prosperidad, con el oro entrando en sus cofres como dorada lava del Vesubio, su mundo privado se derrumbó. Libros y periódicos denunciaban la guerra de barones ladrones de la Standard Oil Company. Denunciaban las maniobras secretas con los ferrocarriles, el implacable aplastamiento de todos los rivales.

En los campos petrolíferos de Pennsylvania, John D. Rockefeller era el hombre más odiado de la tierra. Fue ahorcado en efigie por los hombres que había aplastado. Muchos de ellos soñaban con ponerle una soga alrededor del marchito cuello y colgarlo de una rama. Llegaban a su oficina cartas que vomitaban fuego y lo amenazaban de muerte. Tuvo que contratar a una guardia personal que lo protegiera de sus enemigos. Trató de pasar por alto este ciclón de odio. "Pueden golpearme e injuriarme, siempre que me dejen despejado el camino", declaró cínicamente. Pero descubrió que era humano, a fin de cuentas. No pudo soportar el odio y la preocupación. Su salud comenzó a ceder. Estaba aturdido y desconcertado ante este nuevo enemigo —la enfermedad—, que lo atacaba desde adentro. En un principio "ocultó sus indisposiciones" e intentó rechazar la idea de que estaba enfermo. Pero el insomnio, la indigestión y la pérdida del cabello —síntomas físicos de la preocupación y el derrumbe— no podían ser negados. Finalmente los médicos le dijeron la terrible verdad. Tenía que optar: su dinero y sus preocupaciones o su vida. Le previnieron que tenía que retirarse o morir. Se retiró. Pero, antes de que se retirara, la preocupación, la codicia y el miedo habían causado estragos en su salud. Cuando Ida Tarbell, la más famosa escritora norteamericana de biografías, lo vio, quedó aterrada. Y escribió: "Hay en su rostro una edad espantosa. Es el hombre más viejo que haya visto jamás". ¿Viejo? Rockefeller era entonces varios años más joven que el general Mac Arthur cuando reconquistó las Filipinas. Pero era tal ruina física que Ida Tarbell lo compadeció. La escritora trabajaba entonces en un poderoso libro que condenaba a la Standard Oil y a cuanto la Standard Oil representaba y, desde luego, no tenía motivo alguno para estimar al hombre que había creado aquel "pulpo". Sin embargo, declaró que, cuando vio a John D. Rockefeller enseñar en la catequesis del domingo, buscando ansiosamente una expresión cordial en los rostros que lo rodeaban, "tuve una sensación inesperada y que se intensificó con el tiempo. *Me dio pena.* Sé que no hay compañía tan terrible como la del miedo".

Cuando los médicos se lanzaron a la tarea de salvar la vida de Rockefeller, le fijaron tres normas. Son tres normas que él observó al pie de la letra durante el resto de su vida. Son las siguientes:

1. *Evite las preocupaciones. Nunca se preocupe por nada, cualesquiera que sean las circunstancias.*

2. *Descanse y haga muchos ejercicios moderados al aire libre.*

3. *Vigile su régimen de alimentación. Deje siempre de comer cuando todavía sienta cierto apetito.*

John D. Rockefeller se atuvo a estas normas y es probable que salvara así su vida. Se retiró. Aprendió a jugar al golf. Trabajaba en el jardín. Hablaba con los vecinos. Jugaba a diversos juegos. Cantaba.

Pero hizo algo más también. Dice Winkler: "Durante los días de tortura y las noches de insomnio, tuvo tiempo para reflexionar". Comenzó a pensar en los demás. Dejó finalmente de pensar en cuánto dinero podía *conseguir* y comenzó a preguntarse cuánta felicidad humana podría comprarse con ese dinero.

En pocas palabras, Rockefeller comenzó ahora a *regalar* sus millones. En un principio, la cosa no fue fácil. Cuando ofreció dinero para una iglesia, los púlpitos de todo el país clamaron que era aquel un "dinero manchado". Pero continuó dando. Se enteró de que un modesto colegio de las orillas del lago Michigan iba a cerrarse a causa de una hipoteca. Acudió al rescate, vertió millones en el colegio y edificó así la ahora mundialmente famosa Universidad de Chicago. Trató de ayudar a los negros.

Dio dinero a universidades negras como el Tuskegee College, donde hacían falta fondos para continuar los trabajos de George Washington Carver. Ayudó a combatir la lombriz intestinal. Cuando el Dr. Charles W. Stiles, la autoridad en esta materia, dijo: "Cincuenta centavos de medicinas curarían a un hombre de esta enfermedad que causa estragos en el Sur, pero ¿quién dará los cincuenta centavos?", fue Rockefeller quien los dio. Gastó millones en combatir la lombriz intestinal y libró al Sur de esta terrible plaga. Y fue todavía más allá. Estableció una gran fundación internacional —la Fundación Rockefeller—, destinada a combatir la enfermedad y la ignorancia en todo el mundo.

Hablo con emoción de esto porque quizá deba mi vida a la Fundación Rockefeller. Recuerdo muy bien que cuando estaba en China, en 1932, el cólera hacía estragos en Pekín. Los campesinos chinos morían como moscas. Y en medio de todo ese horror pudimos acudir al Centro Médico Rockefeller para que nos vacunaran contra la epidemia. Tanto los chinos como los "extranjeros" podían acudir allí. Entonces comprendí por primera vez qué hacían por el mundo los millones de Rockefeller.

En la historia entera no existe nada que se parezca siquiera remotamente a la Fundación Rockefeller. Es algo único. Rockefeller sabía que en el mundo entero hay hombres con grandes miras que inician nobles movimientos. Se emprenden investigaciones, se fundan colegios, los médicos luchan para combatir una enfermedad... pero con harta frecuencia toda esa tarea se interrumpe por falta de fondos. John D. resolvió ayudar a esos pioneros de la humanidad... no "apoderarse de ellos", pero sí darles dinero y ayudarlos a que se ayudaran a sí mismos. Hoy ustedes y yo podemos agradecer a John D. Rockefeller por los milagros de la penicilina y por muchos otros descubrimientos que su dinero ayudó a financiar. Pueden ustedes dar gracias por el hecho de que sus hijos ya no corren el riesgo de morir de meningitis, enfermedad que *solía* matar a cuatro de cada cinco. Y pueden darle gracias por los avances que hemos hecho en la malaria y la tuberculosis, la gripe asiática y la difteria, y muchas otras enfermedades que aún hoy azotan al mundo.

Y ¿qué decir del mismo Rockefeller? Cuando regaló su dinero, ¿conquistó la paz interior? Sí, quedó satisfecho al fin. Allan Nevins declaró: "Si las gentes creen que después de 1900 continuaba preocupándose por los ataques contra la Standard Oil, están completamente equivocadas".

Rockefeller era feliz. Había cambiado tan completamente que no se preocupaba en absoluto. En realidad, se negó a perder una noche de sueño cuando fue obligado a aceptar la mayor derrota de su carrera.

Esta derrota se produjo cuando la empresa que había edificado, la enorme Standard Oil, fue condenada a pagar "la más cuantiosa multa de la historia". Según el Gobierno de los Estados Unidos, la Standard Oil era un monopolio que violaba directamente las leyes antimonopolistas. La batalla duró cinco años. Los mejores cerebros jurídicos del país libraron una lucha interminable en lo que fue entonces el juicio contencioso más prolongado de todos los tiempos. Pero la Standard Oil perdió.

Cuando el magistrado Kenesaw Mountain Landis dictó su sentencia, los abogados de la defensa temieron que John D. Rockefeller soportara el golpe muy mal. Pero ignoraban por completo lo mucho que John D. Rockefeller había cambiado.

Aquella noche uno de los abogados llamó por teléfono a su patrocinado. Le explicó la sentencia con todos los miramientos posibles y, seguidamente, dijo con prevención:

—Espero que esta sentencia no lo afecte, señor Rockefeller. Confío en que dormirá usted bien esta noche...

¿Y el viejo John D.? Con su voz cascada contestó desde el otro extremo de la línea:

—No se preocupe, señor Johnson. Pienso dormir muy bien esta noche. Y no se sienta usted tampoco afectado. ¡Buenas noches!

Éste era el hombre que una vez tuvo que meterse en la cama porque había perdido 150 dólares. Sí, hizo falta mucho tiempo para que John D. se librara de las preocupaciones. Era un "moribundo" a los cincuenta y tres años y ¡vivió hasta los noventa y ocho!

ME ESTABA SUICIDANDO LENTAMENTE PORQUE NO SABÍA CÓMO TRANQUILIZARME

por PAUL SAMPSON

Hace seis meses me precipitaba por la vida a toda velocidad. Siempre estaba tenso, nunca en calma. Cada noche llegaba de mi trabajo a mi casa preocupado y exhausto por la fatiga nerviosa. ¿Por qué? Porque nadie me había dicho nunca: "Paul, te estás matando. ¿Por qué no paras un poco? ¿Por qué no te tranquilizas?".

Me levantaba de prisa por las mañanas, desayunaba de prisa, me afeitaba de prisa, iba en mi automóvil a mi trabajo como temiendo que el volante se me escapara de entre las manos y saliera volando por la ventanilla. Trabajaba de prisa, volvía de prisa a casa y por la noche trataba de dormir de prisa.

Acabé en tal estado que fui a consultar a un famoso especialista en enfermedades nerviosas, de Detroit. Me dijo que debía tranquilizarme. Que debía pensar todo el tiempo en tranquilizarme, incluso cuando estaba trabajando, manejando mi automóvil, corriendo, tratando de dormirme. Me dijo que me estaba suicidando lentamente porque no sabía cómo tranquilizarme.

Desde entonces he practicado las maneras de tranquilizarme. Cuando me acuesto por las noches, no trato de dormirme hasta haber relajado mi cuerpo y mi respiración. Y ahora despierto por las mañanas descansado... una gran mejoría, porque solía despertar cansado y tenso. Me tranquilizo cuando como y cuando manejo mi automóvil. Sin duda, pongo atención frente al volante, pero manejo con la mente, y ya no con mis nervios. El lugar más importante para tranquilizarme es el de mi trabajo. Varias veces por día paro todo lo que estoy haciendo y hago un inventario de mí mismo para comprobar si no estoy tenso. Ahora, cuando suena el teléfono ya no agarro el tubo como si alguien quisiera arrancármelo; y cuando alguien está hablando conmigo, me siento muy tranquilo.

¿El resultado? La vida es mucho más placentera y me siento totalmente libre de la fatiga nerviosa y de las preocupaciones obsesivas.

ME OCURRIÓ UN VERDADERO MILAGRO

por la señora de JOHN BURGER

La preocupación me había vencido por completo. Tenía la mente tan confusa que no veía el menor rayo de alegría en la vida. Tenía los nervios tan tensos que no podía dormir por las noches ni tranquilizarme durante el día. Mis tres hijos, muy pequeños, estaban dispersos, viviendo con parientes. Mi marido, recién salido del servicio militar, estaba en otra ciudad tratando de establecerse como abogado. Y yo sentía todas las inseguridades y temores del período de la posguerra.

Estaba amenazando la carrera de mi marido, las posibilidades de que mis hijos iniciaran una vida normal y feliz. También estaba amenazando mi propia vida. Mi marido no podía encontrar una casa y la única solución era construir una. Todo dependía de que yo mejorara. Cuanto más me esforzaba por lograrlo, tanto mayor era mi miedo al fracaso. Entonces nació en mí el terror de enfrentar cualquier responsabilidad. Ya no confiaba en mí misma. Me sentía como un fracaso total.

En el peor momento, cuando ya no parecía haber ayuda para mí, mi madre hizo algo que nunca olvidaré ni dejaré de agradecer. Me impulsó a luchar. Me echó en cara que hubiera renunciado, que hubiera perdido el dominio de mis nervios y de mi mente. Me dijo que me rendía en vez de enfrentar mi situación, que huía de la vida en vez de vivirla.

A partir de ese día empecé a luchar. Ese mismo fin de semana dije a mis padres que podían volverse a su casa, porque estaba dispuesta a actuar. Hice lo que hasta entonces me parecía imposible: me quedé a solas para hacerme cargo de mis dos hijos menores. Empecé a dormir bien, a comer mejor. Mi ánimo mejoró. Una semana después, cuando mis padres volvieron para visitarme, me encontraron planchando ropa y cantando. Tenía una sensación de bienestar porque había empezado a librar una batalla y estaba ganando. ¡Nunca olvidaré esa lección! Si una situación parece insuperable, hay que hacerle frente. ¡Empezar a luchar! ¡Sin rendirse!

A partir de entonces me esforcé por trabajar, por perderme en mi trabajo. Por fin reuní a todos mis hijos y me instalé con mi marido en nuestro nuevo hogar. Resolví que mejoraría lo bastante para ofrecer a mi encantadora familia una madre fuerte y feliz. Me puse a planear cosas para nuestro hogar, para nuestros hijos, para mi marido, para todo... salvo para mí misma. Estaba demasiado ocupada para pensar en mí. Fue entonces cuando ocurrió el verdadero milagro.

Me sentí cada día más fuerte. Despertaba con la dicha del bienestar, la dicha de planear el nuevo día que tenía por delante, la dicha de vivir. Y aunque la depresión se insinuaba en algunos momentos, sobre todo cuando me cansaba, me decía que no debía pensar o razonar conmigo misma en esos momentos... y poco a poco fueron menos hasta desaparecer por completo.

Ahora, un año después, tengo un marido feliz y exitoso, una casa hermosa y puedo trabajar dieciséis horas por día, y tengo tres hijos hermosos, saludables. ¡Y yo misma tengo paz mental!

CÓMO BENJAMIN FRANKLIN DOMINÓ LA PREOCUPACIÓN

Carta de Benjamin Franklin a Joseph Priestley que, invitado a actuar como bibliotecario para el conde de Shelburne, pidió consejo a Franklin. En su carta, Franklin explica un método para resolver problemas sin preocuparse.

Londres, 19 de setiembre de 1772

Estimado señor:

Ante un asunto de tan grande importancia acerca del cual me solicitáis consejo, no puedo, por falta de suficientes elementos de juicio, aconsejaros *qué* resolver, pero si os place os diré *cómo*. Cuando se presentan casos tan difíciles como el vuestro, son difíciles sobre todo porque mientras los analizamos no están presentes en nuestra mente todas las razones en pro y en contra. Pero en ocasiones varias de ellas se nos presentan, para dejar lugar a otras cuando desaparecen. Ello explica las sucesivas resoluciones o actitudes que, alternativamente, nos dominan, y la incertidumbre que nos mantiene perplejos.

Para solucionar esto, acudo al recurso de trazar una línea en una hoja de papel para dividirla en dos columnas. Sobre una de ellas escribo *A favor,* sobre la otra, *En contra.* Después, durante tres o cuatro días de reflexión, escribo bajo los diferentes títulos sugerencias de los motivos que en momentos diferentes se me ocurren *a favor* o *en contra* de mi resolución. Cuando los he reunido todos, emprendo la tarea de sopesar su respectiva importancia, y cuando encuentro dos (uno a cada lado) que parecen iguales, los suprimo. Si encuentro un motivo *a favor* igual a dos *en contra,* suprimo los tres. Si juzgo que dos motivos *a favor* son iguales a unos tres *en contra,* suprimo los cinco. Y procediendo así puedo descubrir dónde reside el equilibrio. Y si tras un día o dos de nuevas reflexiones nada ocurre de importancia a uno u otro lado, llego a una resolución de acuerdo con eso. Y aunque el peso de los motivos no puede calcularse con la precisión de las cantidades algebraicas; cuando cada uno de ellos puede ser analizado por sí mismo y el conjunto se muestra ante mí, creo que soy capaz de juzgar mejor y es menos probable que tome una resolución apresurada. Y en verdad me ha sido de gran utilidad esta suerte de ecuación en lo que podría llamarse un *álgebra moral* o *prudencial.*

Deseando sinceramente que podáis resolver lo mejor, os saludo, mi estimado amigo, con todo mi afecto...

Ben Franklin

ESTABA TAN PREOCUPADA QUE NO PROBÉ BOCADO DURANTE DIECIOCHO DÍAS

por KATHRYNE HOLCOMBE FARMER

Hace tres meses estaba tan preocupada que no dormí durante cuatro días y cuatro noches; y no probé bocado durante dieciocho días. Hasta el olor de la comida me provocaba náuseas violentas. No encuentro palabras para describir la angustia mental que soporté. Me pregunto si el infierno tiene torturas peores que las que sobrellevé. Me sentía a punto de enloquecer o de morir. Sabía que era imposible seguir viviendo de ese modo.

El cambio decisivo ocurrió en mi vida el día en que me dieron un ejemplar de este libro. Durante los últimos tres meses he vivido prácticamente con este libro, estudiando cada página, tratando con desesperación de encontrar un nuevo modo de vida. El cambio que se produjo en mi perspectiva mental y en mi estabilidad emocional es casi increíble. Ahora soy capaz de librar las batallas de cada día que transcurre. Ahora comprendo que antes, lo que me llevaba al borde de la locura no eran los problemas de hoy, sino la amargura y la ansiedad por algo que había ocurrido ayer o que el temor me hacía prever para mañana.

Pero ahora, cuando me descubro preocupándome por algo, me detengo de inmediato y comienzo a aplicar alguno de los principios que he aprendido estudiando este libro. Si siento la tentación de angustiarme por algo que debe ser hecho hoy, lo hago de inmediato para expulsarlo de mi mente.

Cuando me veo ante la clase de problemas que solían llevarme al borde de la locura, con toda calma procuro aplicar la técnica de tres pasos descrita en el capítulo 2 de la Primera Parte. Primero: me pregunto qué es lo peor que puede ocurrir. Segundo: trato de aceptarlo mentalmente. Tercero: me concentro en el problema y analizo cómo puedo mejorar lo peor que ya estoy dispuesta a aceptar... si es que debo hacerlo.

Cuando me descubro preocupada por algo que no puedo modificar —y que no deseo aceptar— me detengo y repito esta plegaria:

Dios, dame la serenidad para aceptar las cosas
que no puedo cambiar, el coraje para cambiar
las cosas que puedo alterar, y la sabiduría
para discernir la diferencia.

Desde que leí este libro, tengo la genuina experiencia de un nuevo y glorioso modo de vida. Ya no permito que la ansiedad destruya mi salud y mi felicidad. Duermo nueve horas por noche. Disfruto de la comida. Se ha levantado el velo que me cubría los ojos. Ahora puedo ver la belleza del mundo que me rodea y gozar de ella. Doy gracias a Dios por la vida y por el privilegio de vivir en un mundo tan maravilloso.

Le sugiero que también usted lea este libro; que se lo lleve a la cama; que subraye las partes relacionadas con sus problemas. Estúdielo; úselo. Pues éste no es un "libro de lectura" en el sentido corriente; está escrito como un "libro de guía"... ¡hacia un nuevo modo de vida!

AGRADECIMIENTO

*Quiero dar las gracias desde lo más hondo de mi corazón
a la señorita Villa Stiles por cuanto ha hecho para
ayudarme en la preparación de este libro y de*
Cómo ganar amigos e influir sobre las personas.

CURSOS DALE CARNEGIE

CURSO DALE CARNEGIE® DE COMUNICACIÓN EFICAZ Y RELACIONES HUMANAS

Probablemente es el programa más popular que se ha ofrecido con el objeto de fomentar una mejor relación entre las personas. Este curso está diseñado para ayudar a desarrollar una mayor seguridad personal, habilidad para llevarse mejor con otros dentro de la misma familia y en relaciones tanto sociales como de trabajo, incrementar la capacidad de comunicación de ideas, desarrollar en la persona una actitud positiva, aumentar el entusiasmo, reducir la tensión, la angustia y disfrutar de una vida más rica y plena.

No solamente miles de personas se inscriben en este curso cada año, sino que es utilizado por empresas, agencias gubernamentales y otras organizaciones para ayudar al desarrollo del potencial de su gente.

CURSO DE VENTAS DALE CARNEGIE®

Este programa, altamente participativo, está diseñado para ayudar a las personas que actualmente están dedicadas a las ventas o a la administración de ventas a que sean aun más profesionales y tengan mayor éxito en sus carreras.

Este curso abarca el vital y poco reconocido pero muy esencial elemento de la motivación del cliente y su aplicación a cualquier producto o servicio que se venda. Los participantes de este curso experimentan situaciones similares a las que se les presentan cada día en sus actividades y aprenden a utilizar métodos de venta motivacional para que de esta manera el porcentaje de cierres de venta sea aun mayor.

SEMINARIO DE DIRECCIÓN DALE CARNEGIE®

Este programa enfoca los principios de Relaciones Humanas de Dale Carnegie y los aplica al mundo de los negocios.

Subraya la importancia de los resultados equilibrados alcanzados con el desarrollo del potencial humano, para asegurar así un crecimiento tanto en la empresa como en los beneficios a largo plazo.

Los directivos participantes diseñan las descripciones de sus cargos orientados hacia los resultados y aprenden a estimular la creatividad de su gente, motivar, delegar y comunicar, así como resolver problemas y tomar decisiones de una manera sistemática. La aplicación de estos principios en el trabajo diario del directivo es enfatizada.

Si usted está interesado en saber más acerca de los cursos, dónde y cuándo se imparten en su comunidad, puede obtener mayor información escribiendo a:

Dale Carnegie & Associates Inc.
1475 Franklin Avenue
Garden City, New York 11530

ÍNDICE DE MATERIAS

ÍNDICE